时尚都市
快时尚的代价与服装业的未来

Fashionopolis:
The Price of Fast Fashion and the Future of Clothes

〔美〕 黛娜·托马斯（Dana Thomas） ——著

刘丽萍——译

重庆大学出版社

目录

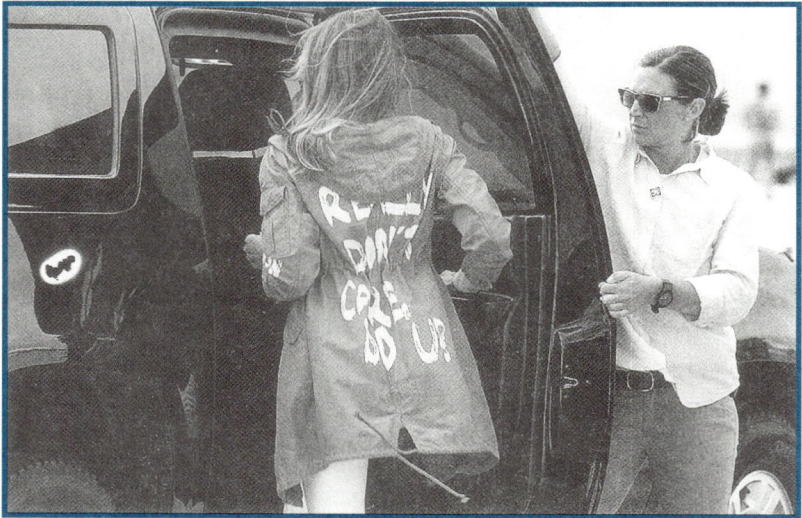

序

2018 年，美国第一夫人梅拉尼娅·特朗普（Melania Trump）前往得克萨斯州一个拘留中心，探望那里的非法移民儿童。当时她身穿一件西班牙快时尚零售商 Zara 售卖的绿色卡其长夹克，衣服背后印有几行白色的、涂鸦状的潦草字迹：

我真的不在乎，你呢？

权威人士认为，这件夹克宣扬了特朗普夫人对被关押的孩子、自己的公共职责或婚姻的真实感受。她的丈夫发推文解释道，夹克所印字样是针对"假新闻媒体"的。她的女发言人也声称"没有其他隐含信息"。从某种意义上说，她做的没什么不对。衣服上那几行字传达的信息响亮而清晰，它强有力地反映出我们现在的生活方式。

事实上，不管从设计、制造、销售还是穿着上说，这件夹克都是有史以来最具存在感的服装。

Zara 是世界上最大的时尚品牌。2018 年，它生产了超过 4.5 亿件物品。其母公司，总部位于西班牙的 Inditex 集团，2017 年销售额为 253.4 亿欧元，即 286.3 亿美元，其中 Zara 占三分之二，约合 188 亿美元。

这件夹克来自该公司 2016 年春夏系列，零售价为 39 美元。为了能够廉价出售并仍能获得可观利润，服装的生产被外包给发展中国家的独立工厂，这些工厂几乎没有安全和劳动力监督，工资通常位于贫困线或更低水平。

当特朗普夫人穿的那件夹克还在工厂里由工人剪裁和缝制时，八十多岁的 Inditex 联合创始人、时任董事长阿曼西奥·奥尔特加（Amancio Ortega）已是世界上第二富有的人（仅次于比尔·盖茨），净资产达 670 亿美元。

夹克衣身由棉制成。常规种植的棉花是农业污染最严重的作物之一。种植一公顷或两英亩半的棉花需要大约一公斤（2.2 磅）的有害农药。

衣服用着色剂染色和绘制图案，而旧衣服在填埋分解时，其着色剂会对地球和地下水造成污染。

平均而言（只是平均），一件衣服在被扔之前会被穿 7 次。但特朗普夫人因为在那次访问中穿上它而遭到抨击，因此她很可能再也不会穿了。所以，那件夹克会像如今大多数服装一样被扔进垃圾桶。

"我真的不在乎，你呢？"

每天早上醒来，我们都会面临一个基本的问题——"我要穿什么？"为了解决这个问题，很多人想到的是：我今天感觉如何？天气怎么样？今天我有什么特别的事要做？我想给别人表达或传达什么信息？

衣服是我们最初和最基本的沟通工具。它们传达了我们的社会和经济地位，我们的职业，我们的抱负，我们的自我价值。它们可以赋予我们力量，让我们充满感性。它们可以表达出我们对世俗的尊重或漠视。弗吉尼亚·伍尔夫（Virginia Woolf）在《奥兰多》（*Orlando：a Biography*）中写道："衣服的穿着选择尽管看起来很琐碎，但它却改变着我们对世界的看法和世界对我们的看法。"

当我坐在这里写这篇文章时，我穿着一条在孟加拉国制造的黑色棉质平纹针织连衣裙，带白色尖领和衬衫袖口。我在 Facebook 广告上看到这条裙子，点击链接，几天后它就被送到我家了。这条裙子让我看起来漂亮又时髦。但是，当我订购它时，我是否认真考虑过它是怎么生产出来的？我是否考虑过为什么它只花了我 30 块钱？我真的需要这件衣服吗？

不，不，绝对不!

不止我一个人是这样。

每天，数十亿人在购买服装时，对自己的购买行为会造成什么样的后果，压根儿想都没有想过，甚至也无一丝悔意。2013 年，媒体研究中心宣布购物正在成为"美国最受欢迎的消遣"。购物者现在抢购的服装数量是 1980 年的 5 倍。2018 年，每人平均每年购买 68 件服装。总的来算，每年全球人民需要购买 800 亿件服装商品。

时尚都市
Fashionopolis

如果真如专家预测的那样，到 2030 年全球人口将膨胀到 85 亿，在此期间，发达国家每年人均 GDP 增长 2%，发展中经济体每年增长 4%，在不改变消费习惯的情况下，我们将多购买 63% 的时尚产品——从 6200 万吨增长到 1.02 亿吨。据波士顿咨询集团和 Global Fashion Agenda 报告称，这个数量相当于"5000 亿件 T 恤"。

这一切都是精心设计的结果。在机场去往登机口的路上，你可以购满一个衣柜的衣服。在东京，你可以从自动售货机购得一套量身定制的套装。喜欢 Instagram 上的那身衣服？点、点、点。好了，这是你的了。走进一家时装店，高科技电子音乐（techno thumps）不绝于耳，到处闪闪发亮，灯光像沙漠里的阳光一样刺眼——呃，毕竟这样方便你更好地看到琳琅满目的商品嘛。购物狂热主义开始萌芽了。奇怪的是，这时价格变得毫无意义。你沉迷其中，兴奋不已，以至于都忘记了考量诸如质量这样的基本原则。有一天，我跟一位前时尚杂志的编辑在巴黎共进午餐时谈到这个话题，他沉思道："这就像在情趣商店一样。""或像在拉斯维加斯赌场，"我反驳道，"你花钱随意，甚至肆无忌惮，即使你可能已经被骗了，但你还觉得自己赢了"。

"人们期望跟上不断变化的趋势，回应'来买点别的东西吧'这种持续不断的吆喝。"伦敦时装学院可持续时尚中心主任迪莉斯·威廉姆斯（Dilys Williams）告诉我，"最初，前工业化时期，时尚的定义是将事物联结在一起，成为一个集体，同时也是我们用来相互沟通的愉悦的交际过程。现在，时尚的定义是服装的生产、销售和消费——只是一种用于赚钱的工业化系统。"

这种时尚不是可持续发展。一丁点儿都不是。

自从机械纺织机发明近两个半世纪以来，时尚一直是个肮脏、不择手段的行当，它利用人类和地球来获取丰厚的利润。奴隶制、童工和监狱劳工曾一直是供应链中不可或缺的一部分——现在也是。偶尔，某些错误行为会通过立法或工会压力得以纠正，但贸易协议、全球化和贪婪又使得这些努力功亏一篑。

直到20世纪70年代末，美国人购买的服装至少70%是美国生产的。而且，由于新政的实施，在20世纪的大部分时间里，品牌和制造商都应该按照新政严格遵守国家劳动法。但在20世纪80年代后期，服装业的一个新领域——"快时尚"出现了：在分包工厂以闪电般的速度大量生产时尚、廉价的服装，并在数以千计的连锁店中兜售。为了保持低价格，快时尚品牌大幅降低了制造成本，而世界上最贫穷的国家提供了最便宜的劳动力。正如全球化正方兴未艾一样，离岸外包也在整个行业中流行起来。尽管起初只占一隅之地，但快时尚的惊人成功是如此令人羡慕，它很快就重新设定了服装行业的生产与运作——从奢侈品到运动服，服装是如何构思设计、广告宣传和销售的。其影响是巨大的：在过去的30年里，时尚已从5000亿美元的业务（主要是国内生产）发展成每年有2.4万亿美元交易额的全球性业务。

这股风潮带来的危害后果潜伏待发……

首先是对发达经济体的劳动力打击。1991年，在美国购买的所有衣服中有56.2%是美国制造的。到2012年，这个比例降至2.5%。美国劳工统计局的数据显示，1990 年至 2012 年，美国纺织服装业失去了 120 万个就业岗位。 这意味着该领域四分之三以上的劳工机会流入拉丁美洲和亚洲。东海沿线和整个南方地区曾经欣欣向荣的工业中心，因工厂空无一人及长期失业的工人而逐渐消失，成为鬼城。 20 世纪 80 年代的英国，有 100 万人从事纺织业；现在，只有 10 万人。 西欧大部分地区的情况也同样恶化。 而这都发生在全球服装和纺织品的就业人数几乎翻一番，从 3420 万增加到 5780 万的时候。

离岸外包造成了西方巨额的贸易逆差。 2017 年，美国服装出口总额约为 57 亿美元，而进口额约为 826 亿美元。 2017 年，英国的服装 92.4% 是通过进口。 在欧盟，只有意大利设法稳住了形势，因为 "意大利制造" 这个标签意味着高品质，在奢侈品时尚市场享有盛誉。

有时，离岸外包会成为社会新闻。在 2012 年夏天，拉尔夫·劳伦（Ralph Lauren）因为把为美国奥运代表队设计的制服外包给中国生产而受到抨击。《福布斯》称其 "显然是一场公关灾难"。来自内华达州的民主党参议院多数党领袖哈里·瑞德（Harry Reid）说，美国应 "烧掉" 这些制服。 众议院议长约翰·博纳（John Boehner）是来自俄亥俄州的共和党人，他指责拉尔夫·劳伦及其高管 "本该料到会有这样的后果的"。

但这些令官员们感到不安的事情并没有让消费者感到慌乱，甚至恰恰相反。 消费者们清楚（其实劳伦也清楚），成本胜过一切。根据 2016 年的一项民意调查，当面临是购买在国外生产的 50 美元的裤子还是购买在美国生产的 85 美元的裤子的选择时，67% 的受访者表示他们会选择更便宜的裤子，即使有些家庭年收入超过 10 万美元，他们的反馈也是一样的。

快速时尚革命对整个行业来说都是非常有利可图的。2018 年，除沃尔玛（Walmart）家族的三个子女，世界上最富有的 55 个人中有 5 个是时尚公司的所有者。

快时尚时代的第二个牺牲品涉及发展中国家的人权问题。全球 6 个人中就有一个受雇于时尚行业，这使其超过农业和国防，成为劳动密集型产业之最。然而只有不到 2% 的人赚取的工资足够维持生活。

大多数服装工人是女性；有些是未成年的男孩和女孩。2016 年，H & M、Next 和 Esprit 就被发现在土耳其的分包工厂里，雇用叙利亚难民儿童缝制和拖运大捆大捆的衣服（据报道，这些品牌已经不再雇用童工）。有些工厂破旧不堪，很容易着火，更糟糕的是可能发生垮塌。由于薪酬极低，工人被迫寻找其他不那么体面的工作来维持生计。

"在斯里兰卡，我们遇到了一位牙痛的女工。她不得不靠借贷来支付看病费用，因为以她的工资是不够看牙医的。"一位非政府组织官员在旧金山举行的社会资本市场会议（SOCAP17，旨在推动建立资本与价值交叉的新的全球市场）上，向在场的人群说道。

"她无力偿还贷款，"这位倡导者继续说道，"因此她不得不去做一名性工作者赚钱还清贷款。与此同时，她还得在那些知名的大服装供应商的工厂里，为生产你我所穿的衣服继续干活。

第三个受害者是地球。时尚的快速发展和贪婪以各种方式摧毁了环境。据世界银行估计，每年近 20% 的工业水污染、空气中 10% 的碳排放量（生产 1 公斤布料产生 23 公斤温室气体）来自该行业。

时装业消耗了全球四分之一的化学品。一件棉 T 恤的制作需要三分之一磅的化学肥料和 25.3 千瓦的电力，世界野生动物基金会（WWF）表示，生产一件棉 T 恤所需的棉花需要多达 2700 升的水。

加利福尼亚大学圣塔芭芭拉分校的研究人员于 2016 年在研究报告中写到，无论是在工厂还是在家中洗涤时，合成织物都会将微纤维释放到水中。高达 40% 的微纤维会进入河流、湖泊、海洋，被鱼和软体动物摄取，然后一路进入居于食物链顶端的人类体内。同年，全球微塑料行动组织测试的 2000 份淡水和海水样本中有近 90% 含有微纤维。 2017 年，绿色和平组织在南极洲水域中也发现了微纤维。

在每年生产的超过 1000 亿件服装商品中，有 20% 未被售出——被称为"规模经济"的碎屑。Burberry 在 2018 年尴尬地承认，剩下的商品通常被掩埋、撕毁或焚烧。

在过去的 20 年里，美国人扔掉的衣服数量翻了一番，从 700 万吨增加到 1400 万吨。这相当于每人每年扔掉了 80 磅衣服。欧盟每年处置 580 万吨服装和纺织品。在全球范围为，我们丢弃了 21 亿吨的时尚产品。其中大部分被分流到非洲，我们自欺欺人地说，这个最贫穷的大陆需要免费服装。 2017 年，美国国际开发署（USAID）报告称，东非共同体（EAC）——一个由肯尼亚、乌干达、坦桑尼亚、布隆迪、卢旺达和南苏丹组成的共同体，每年进口价值高达 2.74 亿美元的旧衣服。仅肯尼亚每年就接受 10 万吨。其中一些用过的衣服是由二手商家以大幅折扣折价出售的。例如，一条牛仔裤在内罗毕的 Gikomba 市场上售价 1.50

美元。我们的时尚"贪食症"已经大大摧毁了非洲大陆的本土服装业务，于是，东非共同体于 2016 年开始实行为期三年的禁令，逐步退出二手服装进口。作为回应，特朗普政府在 2018 年威胁要发起一项贸易战，指出该禁令将导致美国失去 4 万个工作岗位。除了卢旺达之外，东非共同体妥协了，特朗普政府还将继续威胁这个小国家。

那剩下的滞销品怎么办？倒进垃圾填埋场啰。

美国环保署报告，美国人每年送往垃圾填埋场的纺织品大部分是衣服。在英国，每五分钟就有 9513 件服装被当作垃圾倾倒；纺织品是该国增长最快的废物源。大多数服装都含有合成材料，大多数合成材料都是不可生物降解的。与特朗普夫人穿的 Zara 夹克一样，那些能够分解的织物通常也含有污染土壤和地下水位的化学物质。

一些品牌对此进行了回应。2011 年，注重环保的美国户外装备公司巴塔哥尼亚（Patagonia）在黑色星期五那天（感恩节后的第二天，根据传统也是圣诞购物季的开始），在《纽约时报》上发布了一整页广告，广告上配了一幅拉链羊绒衣的照片外加一行字："不要买这件夹克。"广告中承认，这件衣服的生产"需要 135 升水，足以满足 45 人的日常需求（每天 3 杯）"，"产生了近 20 磅的二氧化碳"，产生了相当于"其重量三分之二的废物……这件夹克的环保成本高于其价格"（这则广告是在我们在水道中发现微纤维之前发布的）。"我们希望你们减少购买需求，并在花钱买这件夹克或其他任何东西之前考虑清楚。"

这种购买行为的宣传和运营广告的模式在世界各地成了新闻。但它实际想传达的信息却被置若罔闻。美国零售联合会报告称，美国人的消费额在这四天中创下了破纪录的 524 亿美元，比 2010 年的 450 亿美元增长了 16%。

"我真的不在乎，你呢？"

古希腊的"POLIS"意为"城市"。希腊哲学家柏拉图在《理想国》（*The Republic*）中以苏格拉底为主角，以对话的形式提出，理想的城邦应该体现四种主要的美德：智慧、勇敢、节制和正义。如果所有人都和谐相处，那么城邦将实现完美的平等，成为一个"公正的国家"。

18 世纪的英国城市曼彻斯特是我们今天所知道的工业革命和服装生产系统的发源地。因巨大的棉花生产规模而被命名为"棉都"（Cottonopolis）的曼彻斯特，是世界上第一个由役使着大批工人的商业巨头操控的大型制造中心。

一百年后，德国表现主义电影制片人弗里茨·朗（Fritz Lang）在他的默片《大都会》（*Metropolis*）中刻画了这种社会和经济不平衡的危害。这部科幻史诗预测了一个反乌托邦的未来，在那个未来里，为了那些在富丽堂皇的摩天大楼中幸福生活的少数人获得经济利益，一群下层劳苦大众在灰暗的地下工厂辛苦劳作。我们的技术在不断进步，我们的精神却没有。

在那个时代，棉都的资本主义和《大都会》里所表现的资本主义，除了利润之外别无所图。在今天的时尚都市，曼彻斯特和朗笔下的现象在全世界范围仍到处可见。

服装业贸易的历史是黑暗的，但也并非完全如此。在 20 世纪中叶的某个时刻，服装行业还是存在一些值得肯定的事情——人们至少知道是谁在帮他们裁剪和缝制衣服。他们去同一个教堂礼拜，或者他们的孩子可以一同上学，又或者他们是亲属邻里。虽然肯定也存在不公平现象，但不像今天这样；那时因为大家关系亲近，对很多事情消费者做不到视而不见。现在情况大不一样了。

我们自我感觉比我们的前辈更有学问、更平等、更人性。还有更清醒——我们认为 5 美元的 T 恤和 20 美元的牛仔裤一袋一袋地买，并不会带来严重的后果；我们甚至可能为世界另一头有需要的人带去好的工作。在访问了许多海外工厂并与数十名工人交谈后，我可以向您保证现实并不是这样的。

即便这样，在报告论述的过程中，我仍有理由心怀希望。通过勇敢的倡导者、工人、企业家、革新者、投资者和零售商们的艰苦努力，以及新一代有良心的消费者的由衷需求，服装行业将被迫转向更具原则性的价值体系。

世界各地的远见卓识者们正在重塑美国南部等农村地区的超本地化商业模式；（更加理性的）制造业正在重返纽约、洛杉矶和整个欧洲；更加环保的从棉田到流水线的牛仔布工艺；从巴黎时装秀到网上经销商的奢侈品整体的营销方式；能够真正制造出再生面料的科学发现；将彻底改变服装制造方式的技术进步；以及彻底而迅速的对我们购买行为的反思。

十多年前，慢食和有机食物运动促使我们更多地去了解我们吃什么，并思考饮食工业化的后果。然而时尚界没有兴起类似的运动。不过，这只是时间问题而已。

正如可持续食品运动一样,时尚的变革者们正在努力普及现代化的、可调和的原料生产和商品制造方式。许多人正致力于纵向整合服装业系统,保持整个过程的发展方向,避免全球不透明供应链带来的麻烦。未来的时尚都市可以朝着良性的方向发展,甚至是朝着公平的方向发展。

作为消费者,我们发挥着举足轻重的作用。现在是时候改变盲目的购物行为,从文化层面和精神层面都好好想想我们在做什么了。为了推动变革,我们必须要想清楚这一点。

只有这样我们才能做得更好。

当我们问自己"今天我要穿什么"的时候,我们能做到理智地思考,并带着一丝傲娇。

衣服搭配可以随意,但是衣着态度得有意。

现在是真正该关心的时候了。

Fashionopolis

第一部分

Part one

第一章

成衣帝国

2018 年 5 月第 71 届戛纳电影节的第三天晚上，澳大利亚女演员和评审委员会主席凯特·布兰切特（Cate Blanchett）身着一袭无袖泡泡裙摆礼服飘然走向红毯，赢得了万众瞩目，掌声不断。粗犷的花卉印花从上身开始以黑白线条为主，显得中规中矩，延伸到宽大的裙摆时骤然变化，爆发出形状饱满、色彩艳丽的印花图案。这款大胆而精致的礼服是由一位出生于希腊，在伦敦工作的名叫玛丽·卡特兰佐（Mary Katrantzou）的设计师设计的，尽管在此之前她的名字并不为人所知，但那晚过后，她设计的服装就变得炙手可热。

卡特兰佐是创造性推动时尚都市运行的人才之一：在她那伦敦的小工作室里，她原本梦想的是自己设计的款式能够在国际大都会的奢侈品零售商中以限量版销售。那也是时尚金字塔的顶点，是 Gucci 创意总监亚力山卓·米开理（Alessandro Michele）、Louis Vuitton 男装设计师维吉尔·阿布洛（Virgil Abloh）、纪梵希艺术总监克莱尔·怀特·凯勒（Clare Waight Keller）以及其他高级时装设计师在时尚界所处的地位。卡特兰佐和她的同伴所设计的服装被快时尚品牌抄袭，在连锁店中廉价兜售，成了时尚金字塔最底端的大众化品牌。这些"仿冒品"，也就是我们所说的假货，为那些商贩赚得盆满钵满。而与此同时，卡特兰佐从这些未经自己授权的作品的全球推广工作中得不到任何益处：没钱、没荣誉，也没有因为自己促进了潮流发展、推动了时尚对话而获得承认。劳碌的是她；获利的是他人；穿着的是我们。

听起来不公平吗？确实如此。正如梅丽尔·斯特里普（Meryl Streep）在电影《穿 Prada 的女魔头》（The Devil Wears Prada）中的"天蓝色毛衣"桥段中所阐述的那样，时尚界就是以这种涓滴式方式运作的。

这种运作的开端并不复杂，就是在位于巴黎以外、靠近戴高乐机场的地方每半年举行一次的普通贸易展览会，名为法国巴黎国际服装面料展览会。展会每年 2 月和 9 月举行，每次为期三天，来自 120 个国家的六万多名服装贸易专业人士纷纷前往维勒潘特的多功能会议中心，在这个世界上最大的面料、纺织品设计、皮革、配件和创新制造聚集地集中采购。2019 年 2 月举办的那次，共有 1900 家参展商参加。一个大厅用于纱线、织物和采购解决方案的展出。一个大厅用于皮革的展出，因为光皮革就有 1 万个展位。另外一个大厅用于配件的展出。一排排以办公室灰色为主调的展位连绵不断，其间点缀着代表当季流行趋势的各式装饰物，这些装饰物是由一些纱线公司和如彩通这类专业色彩公司，以及一群专门研究流行趋势的顾问团队打造的。法国巴黎国际服装面料展览会是每个大型时尚品牌，以及众多小型时尚品牌新的时尚季开始形成的地方。

2018 年冬天，我陪同卡特兰佐的面料专家——喜欢 Masion Margiela Tabi 系列靴子的 27 岁意大利重金属音乐迷拉法埃拉·曼德里奥塔（Raffaella Mandriota）逛了两天法国巴黎国际服装面料展览会——业内人士称之为"PV"。她在为 9 个月后在伦敦秀场上展出的 2019 年春夏女装系列寻觅所需材料。

她的第一站是意大利高端面料厂商 Canepa，也是她的常规供应商之一。在短暂寒暄和一杯意式浓咖啡之后，她飞快地翻开一架架布料，不管是提花面料、印花面料还是我们称为"底色"的纯色面料，每一样她都要扫一眼，哪怕只用十分之一秒，也要感受一下每一种面料的质地和柔韧性。每选中一样，她就将它拉下来放到桌子上，和其他已选好的堆在一起。她最多用了 10 分钟就选好了面料，公司代表立即帮她下单。

这个过程曼德里奥塔每天在展会上会重复 12 到 15 次，因此咖啡必不可少；她要做的事情也很多。虽然展会上的流行趋势可以清晰掌握，例如天然染料、泡泡纱、糖果色、金属纤维、麻类纤维、彩色丝绸，但呈现给曼德里奥塔选择的范围却很广：黑色雪纺上的橙色提花割绒；黄绿色的粘胶丝；白色涤纶方格纹织物；喷印着云天的灰色丝绸；缀有蓝色珊瑚绒图案的蓝黑绿色福图尼样式的褶裥丝绸。"这个漂亮，"她一边说，一边把那块珊瑚色样布放在她选好的那一堆里，"玛丽喜欢褶裥。"

曼德里奥塔小心翼翼、精打细算。"中国的丝绸变得如此昂贵，"她跟我说，"仅这个季度价格就涨了20%。中国的国内消费增加了，因此出口减少了。再加上污染，蚕难以存活。"

在采购的过程中，曼德里奥塔向她的供应商连珠炮似地发问："起订量是多少？""有有机或可持续性的面料吗？""还有什么其他色系可供选择？""你们可以在这上面印花吗？""你们能在羊毛上压花吗？""你们能用同样的提花技术来展现玛丽的设计吗？"在展会每天十小时，总共两天的工作时间里，她订购了至少一千个样品。

六个星期后，一个个装满样布的纸箱送达卡特兰佐在伊斯灵顿的一间由战前阁楼改成的工作室。她和她的助手们一遍又一遍地捋着样布，直到将一大堆杂乱的布料按照本季的设计主题整理入列。

1983年出生于雅典的卡特兰佐是一个典型的希腊美女，她有着一双咖啡色的眼睛，一头散及手肘的咖啡色秀发。她的家族从事零售业：她祖父创立的卡特兰佐体育商城是当时希腊最大的百货商店，直到20世纪70年代的一场政治骚乱将其烧毁。她的父亲从事安全警卫工作，她的母亲有一个室内设计商店和一间家具厂。

2003年，卡特兰佐前往美国，在普罗维登斯的罗德岛设计学院学习室内建筑。大二的时候，她搬到了伦敦，在中央圣马丁艺术与设计学院作为交换生学习室内纺织品设计。"我喜欢各式纺织品表面，"她告诉我，

"它给我一种我在建筑领域感受不到的直观性和亲近感。"

因着迷于纺织品设计，她留在了伦敦，并获得了纺织品设计学士学位和时尚学硕士学位，专注于印花技术。当时的时尚版画技术正在从主要是手工制作的丝绢网印花法（将一块蚀刻有图案的网布［原丝］拉伸在木框架上并用墨水刮擦）向数字印花技术（电脑绘图和制作）转变。2008 年 2 月，在她的硕士学位毕业作品展上，她将一块珠宝图案在十件形状相同的连衣裙上以错视的方式放大呈现出来。从此以后，将普通物品放大印制到布上就成为她的设计主题。在英国时尚委员会青年人才基金 NEWGEN 的资助下，她于次年 9 月在伦敦时装周推出了自己的品牌，并登陆了几家颇具影响力的零售商柜台，包括伦敦的 Browns，香港的 Joyce 和巴黎的 Colette。

2011 年，她获得了英国时尚大奖年度新人奖。她兑现了她的诺言——也就是在 2018 年初，她将自己公司的股份卖给了香港的 Yu Holdings，这是一家由一位雄心勃勃的 27 岁中国时尚科技投资人余晚晚（Wendy Yu）创立并经营的创业基金。（几周之后，余晚晚还宣布她的公司被授予大都会艺术博物馆时装学院策展主席的职位。）对于卡特兰佐，余晚晚专门拨出两千万美元的注入资金，鼓励其品牌成长，她说："我认为玛丽的品牌在未来十到二十年内可能会成为全球生活方式品牌。"

卡特兰佐想借下一季的新品发布庆祝其品牌成立十周年，她决定好好利用这个机会，以一种更加现代、更加成熟的方式改造以前的印花图案和勾画轮廓。至于主题，她选择了吹制玻璃香水瓶；复古邮票；自然界生物，如昆虫、蝴蝶和贝壳；艺术品。曼德里奥塔要求一些纺织品供应商改变她在展会上选中的提花样布样式，按照卡特兰佐新的印花设计重新做。

5月初，卡特兰佐坐在一张宜家木桌上，与曼德里奥塔和女装巨头乔治·阿默（Gregory Amore）一起讨论新的迭代方案。最初的方案是在一件提花织物———一种来自意大利工厂Ostinelli Seta的像被单面料的锦缎上，印上木纹状的蓝色菊花。卡特兰佐保留了此款面料和技术，但用她创作的抽象拼贴画取代了花朵图案：在鲜橙色、地中海蔚蓝色、古董金色和荧光白色的混合配色中，有成堆的各种宝石、小饰物和珍珠串，就像是打开了散落在珊瑚海底的海盗的宝箱那样。

对于基色的选择，卡特兰佐将来自不同公司的弹力棉府绸片，用她在彩通公司选择的色卡进行定制染色或者叫"取色样"，以判别不同公司的面料的上色情况。她对第一次测试结果并不满意：色调有点沉闷，仿佛用混浊的洗碗水冲洗过一样。而另一个供应商的布料染色结果显示出的颜色更加真实，布料质量也明显优良一些。她立刻产生了好感。

"这一款感觉要轻一些，也要厚实一些，"她一边抚摸其中一块样布一边说，"织得非常紧实。"

"嗯，这款很难得，"曼德里奥塔说。

"但是它的价格是其他面料的两倍，"卡特兰佐说。

"确实是。"

当最终选好的面料从工厂送达时，卡特兰佐抽了几块布料板并将它们送到孟买进行刺绣。（由于针线活在印度仍然是一项有价值的技能，因此孟买成为手工制作时尚饰物的中心。）服装样品由她的内部工作室或签约工厂制作。她在意大利有两个签约工厂，葡萄牙有一个，在英国有三个小型家庭工厂，可以小批量地做二十到五十件。 在整整六周的时间里，她都在她长期雇用的室内模特朱莉娅（Julia）——一位来自瑞典的长腿金发美女身上试验不同的搭配设计。"朱莉娅对美学有自己的看法，"卡特兰佐说，"她知道该怎么搭配，并给了我们很多建议。"

6月下旬，卡特兰佐在男装周期间租用了巴黎的一个展厅，同时还将她已经完成的、已更适应于商业化的女士"预展系列"一起展出。（这样买家就可以一趟既看了男装秀又逛了女装预展系列。）这个展厅展现出了巴黎鼎盛时期的光彩夺目：单层小公寓，带有古色古香的橡木镶板、人字形镶木地板和可以看到胜利广场的拱形窗户。一件件成衣，挂在衣架上或随意地展示在模特身上，都是那么色彩缤纷、美丽诱人。零售买家们仔细品味着每件商品，并在享用咖啡和小蛋糕的间隙，在一张张小桌子上就敲定了订单。卡特兰佐和他们坐在一起，倾听他们的意见和评论。有时她会采纳他们的建议，调整她的设计。

卡特兰佐保留了其中最闪亮、最出色的作品——类似于布兰切特在戛纳电影节上穿的那种，准备在9月份伦敦时装周期间作为正式的"展示系列"展出。某个星期六的晚上八点，零售商、编辑、博主和文人墨客纷纷前往伦敦北部的摇滚音乐会圆屋剧场参加时装秀。三十五个模型踏着空灵的背景音乐节奏［卡特兰佐的希腊同胞兼好友、奥斯卡最佳电子爵士乐作曲家范吉利斯（Vangelis）授权给她的音乐］，缓缓地一一从圆形秀场中走过。当模特们走过时，我认出其中有一些布料是曼德里奥塔在法国巴黎国际服装面料展览会上选的：用印有印章图案的欧根纱做成的沙沙作响的连衣裙；曼德里奥塔拿到日本打褶的精细透明塑料，做成了层层相叠的几何形状；白色薄纱，绣上了层叠的野花，制成了富有浪漫气息的迷笛连衣裙。当卡特兰佐欢快地走过秀场，并鞠躬致谢时，观众们都欢呼起来。第二天早上的新闻，评论家们也不吝赞美之词。Vogue.com 称其为："行走的多宝阁系列。"《纽约时报》的评论为："印花与多边形组成的豪华马赛克。"《女装日报》评论道："很有趣"，特别是"那些堪称绝妙的作品"，比如那件"前挂亮片点饰香水瓶的闪亮的长及地板的礼服"，还有那件"上面印有名画的飘逸的尼龙连衣裙"。

但在这些评论发布之前，卡特兰佐的秀场嘉宾们已经在社交媒体上上传了照片和视频片段，通常还是以现场直播的方式。快速时尚品牌的设计团队已经仔细研究了这些图片，关注"获赞"的数量——这是一种即时的、免费的市场研究方式，并选择窃取哪些设计，再随意地做一些改动，松散地重新诠释，然后再拿到海外工厂以每蹲 件非常廉价的劳工费进行生产。当我走出展会时，一位顶级在线零售业高管若有所思地说道："我打赌 Topshop（一间成立于英国的著名的国际化休闲时装品牌，销售服装、鞋靴、化妆品和首饰）已经开始研究这种蝴蝶印花了。"卡特兰佐的设计引导了全球流行趋势，但对此她却毫无发言权，也毫无名利可图。

"每个流行季，我们要用三个月的时间来设计这 40 张印花图案。"卡特兰佐告诉我。但窃取它们只需用智能手机相机功能轻轻一点。这无疑会破坏她的生意。这种做法同时也损害了"整个使用数字印刷的设计师群体的利益，因为数字印刷的复制是如此简单"，她说。她也清楚地认识到，我们一旦停止保护艺术家及其作品——无论是文字、图像还是设计，都会造成原创作品的减少、创意的骤减。

只需要几个星期的时间，这些"伪卡特兰佐设计"就会被那些低薪雇用的工人以劣质的面料大量生产，并通过零散的全球供应链进入到零售商店，以不到一百美元的价格销售。这个价格通常是更为精致、高品质的原版服装价格的十分之一，甚至更少。

这些成吨的服装可能只会穿几次就会被扔掉，在衣架上待了一两个星期以上还卖不出去的衣服会一次次地降价，降到低得不能再低，比如3.99美元一件。即使降到如此低的价格，它们还是会被顾客嫌弃地扒拉到一边，这时就显得更加悲惨无助了。最终，管理人员会撤下滞销的服装，将它们撕毁或烧毁。

这就是250年以来时尚企业大规模运作的特点：创意盗窃、漠视他人权益、腐败、污染。自从某位英国企业家明确认为更快就是更好之后，时尚业就变成这样了。

理查·阿克莱特（Richard Arkwright，英国第一家棉纺厂创办者，发明了水力纺纱机）当时并不受人欢迎。他是一名受过训练的理发师和假发师，他自负、好争论，总的来说很令人厌恶。苏格兰历史学家托马斯·卡莱尔（Thomas Carlyle）在1839年写道："他是一个普通到近乎粗俗、满脸横肉、大腹便便的兰开夏郡人，有时看起来像是在痛苦地思考着什么，但大多时候又像是领悟到了很多的样子。"

更讨厌的是，阿克莱特习惯窃取别人的成果，比如窃取刘易斯·保罗（Lewis Paul）的滚筒纺纱机和詹姆斯·哈格里夫斯（James

Hargreaves）的珍妮纺纱机的技术，加以改进，然后利用它们赚钱（他的几项发明专利被质疑，后来被告上了法庭）。1771 年，他将这些新式发明机器改改拼拼，竟在德比郡的克罗姆福德开设了世界上第一家水力纺织厂。随之而来的是，阿克莱特开启了从手工制造过渡到机器制造的工业革命，建立了我们今天仍然依赖的工厂系统。

工厂里的机器咔嗒咔嗒咔嗒地咆哮着，摇晃着五层楼高的厂房，棉花细丝像雪雾一样充满空中。工作时间很长：十三小时轮班，中间有一次休息吃饭时间；工厂每天只停工一个小时。工人住在阿克莱特建造的砖砌房屋中，并去阿克莱特建造的教堂参加礼拜。起初，工厂有 200 名工人；十年内，发展到 1000 多名。当地纺织工厂老板威廉·拉德克利夫（William Radcliffe）注意到，在 1770 年至 1778 年，"纱线纺纱已经发生了彻底的变化……羊毛完全消失了……棉花成了普遍的材料。"到 1790 年，阿克莱特在全国拥有近两百家工厂，而曼彻斯特则被称为"棉都"。

1810 年，一位名叫弗朗西斯·卡博特·洛威尔（Francis Cabot Lowell）的著名波士顿商人前往欧洲，表面上是为了看病治疗，事实上，他去那里是为了窃取阿克莱特的工厂系统。在这次历史上最大的工业间谍活动之一的事件中，洛威尔参观了曼彻斯特的工厂，记住了动力织机机械原理，回到马萨诸塞州后，依样重造了这些机器。三年后，他在位于沃尔瑟姆城市西部的查尔斯河上开设了波士顿制造公司，在美国纺织、编织由奴隶采来的棉花。

随着 19 世纪 30 年代平缝机的出现，服装成衣生产速度加快。但需求仍然有限，许多人仍自己做衣服穿。然后内战爆发了。南北两方军队都急需标准尺寸（也就是成衣）的结实制服。这就给了那些新式的缝纫机用武之地，用它们能够快速地制作出军队制服。新的工厂开业或扩建以满足需求。这种军服穿着方便、合身，深受部队士兵的喜爱，以至于战争结束后，他们仍会去买以同样方式制作的日常便装。制造商们马上嗅到了商机，于是就大批量地生产出了男装，接着是女装。这是美国服装业的起源。

美国早期的服装生产类别划分很清晰，分为两类：一类是不太讲究的服装，如在马萨诸塞州和宾夕法尼亚州的大工厂里，大规模标准化生产的工作服和内衣；一类是在纽约市下东区的工作室中，小批量剪裁、缝制的时尚、高品质服装，或称为"时装"。

为什么是在纽约？因为这里是美国最繁忙的港口，是欧洲的羊毛和丝绸靠岸的地方；因为这里是国家金融中心，银行家们迫切地想要投资于不断发展的服装业；还因为这里是最早的移民入境地点，每周都有成千上万的欧洲人坐船来到这里找工作。很多人都是来自匈牙利、俄罗斯，现在主要是来自波兰的犹太人，在这些国家，针线活是一种受人推崇的传统手艺。在 19 世纪末期，下东区有一半以上的居民从事服装生产，其中四分之三又都是犹太人。

他们制作的大多数服装样式都是受到巴黎高级定制时装店展示的服装设计的启发，或是直接复制过来的。其中最有影响力的是"沃斯"这个品牌，由英国移民查尔斯·弗雷德里克·沃斯（Charles Frederick Worth）于 19 世纪 50 年代创建于和平街。沃斯通常被认为是现代时装之父。在沃斯品牌出现之前，女士们通常是去找她们的服装设计师，并要求按照她们的喜好定制礼服。沃斯颠覆了这种方式，他先将设计好的一系列款式拿给客户们选择，他的客户中包括了引领时尚风潮的法兰西皇后欧珍妮[1]。然后他根据客户选中的款式开始量身定做。他的侧影出现在时尚杂志中，他成为引领时尚潮流的先锋，他让我们的生活喧嚣忙碌。沃斯开创了时尚设计的涓滴式运作系统，而处于这个运作系统最顶端的就是卡特兰佐那样的设计师。

随着纽约市服装行业的发展，制造业向北蔓延，一直延伸到曼哈顿中城区那些漂亮的新建钢架式阁楼群。这片楼群从第30街延伸到第42街，从第五大道延伸到第十大道，成为有名的时装区。在这片时装区中心新建了宾夕法尼亚车站，方便外地的零售商参观展厅。商业移民也随之迅速发展：1931年，纽约时装区的服装工厂数量超过了世界其他任何地方。

除了大萧条初期出现过短暂下滑外，美国零售业在整个20世纪30年代都蓬勃发展。"每个人都打扮得很时髦"，纽约设计师比尔·布拉斯（Bill Blass）在差不多六十年后回忆到。他确实没有夸大其词：那个时代人们穿着要正式得多，不戴上一顶合适的帽子是绝不会出门的，男人、女人都这样。"有些女人整天都在试衣间里度过，午餐的时候穿一身衣服，去酒吧换一身衣服，晚餐的时候再换一身衣服。而今天，你不管是上班、午餐还是晚餐都穿着同样的该死的深色正装。"他们逛的商场都是

---

1. 欧珍妮：Empress Eugénie，法兰西帝国皇帝拿破仑三世的妻子，法国最后一位皇后——译者注。

一些大型百货公司，像是纽约的梅西百货（Macy's）和伯格多夫·古德曼（Bergdorf Goodman）、达拉斯的尼曼·马库斯（Neiman Marcus）、伦敦的塞尔福里奇（Selfridges & Co）和哈洛德（Harrods）、巴黎的老佛爷（Galeries Lafayette）和乐蓬马歇（Le Bon Marché），以及一些专业零售商店，如位于 42 东区 49 街区 42 号的哈蒂·卡内基(Hattie Carnegie)等。

卡内基小姐眼光独到。在她的市内精品服饰店里，她以每件零售价 79.50 美元至 300 美元的价格卖掉巴黎的原版服装，以及那些自己按照原版制作的仿制品。《纽约客》杂志在 1941 年报道说，"有缀有粉红色玫瑰的黑色紧身裙，长及膝盖"，以及 "笔挺纤长的镶有荷叶边的紧身裙"。琼·克劳福德（Joan Crawford）直接发电报说："你觉得我会喜欢的，都给我送过来。"卡内基小姐还发布了一系列名为"观赏性运动"（Spectator Sports）的内部服饰，该生产线位于弗农山郊区，服装的价格为每件 16.50 美元。

布拉斯于 1939 年从印第安纳州的韦恩堡来到曼哈顿，周围的一切对于他来说都是如此新奇。"在那些日子里,观看一场百老汇剧目很带劲,也很昂贵。这自然比不过不用花一分钱就可以在周三的晚上在第五大道上逛街带来的愉悦,你可以一边逛一边欣赏百货商店在橱窗里推出的新款式,"他回忆说,"你可以从第 34 街的奥特曼商店（Altman's）开始,逛到第 57 街的波道夫商场,一路上还可以顺便逛逛东 49 街的哈蒂·卡内基商店。橱窗设计师们竞相表现出设计的原创性和大胆前卫。邦威特·泰勒百货公司（Bonwit Teller）甚至聘请像达利（Dalí）这样的著名艺术家来设计橱窗装饰"。

这股时尚热潮在第二次世界大战期间渐渐熄灭。随之而逝的还有那些带有荷叶边的紧身裙。"我们改穿西装了。"忠实的时尚追随者奥丽维亚·德哈维兰（Olivia de Havilland）曾告诉我说。工厂把注意力转向制服和其他战时必需品的生产。但在战后的经济繁荣时期，美国服装制造业又热情高涨地回归时尚：仅时装区就有 20 万名女装工人，美国 66% 的服装都出自她们之手。布拉斯就是服装制造商之一，他说："我必须得行事低调，并为能够有机会仿照 Dior 款式设计出 79 美元的连衣裙而心存感激。"

到 20 世纪 50 年代末，曼哈顿服装制造业的工作岗位向其他地方转移，包括布朗克斯、皇后区和布鲁克林，以及北部城市——罗切斯特、宾夕法尼亚和芝加哥。实际上，这就是国内版的离岸外包。这有经济方面的原因：随着房地产和劳动力成本的上升，纽约市的服装生产成本比宾夕法尼亚州东北部的高出 17%。曼哈顿的服装工人深受影响：在 1947 年到 1956 年间，他们的收入下降了 20%。

总部设在时装区的公司彻底改变了他们开展业务的方式。面料在曼哈顿工作室里裁剪，然后用卡车运送到城外的工厂，在那里缝制成衣服。制好的服装商品再用卡车运回城中展厅和城市仓库并出售给零售商。总统德怀特·艾森豪威尔（Dwight D. Eisenhower）新开通的州际高速公路系统使得运输更加便捷。但是这个流程过于复杂，完全是为了精打细算、节约成本。尽管如此，这种方式存留了下来，并标志着现代极度碎片化的全球供应链的诞生。

随着服装的生产开始偏离时装区，它被更具创意的东西——时尚设计所取代。布拉斯和他的同行们在第七大道或附近开设工作室，并委托周边的工厂进行生产，给时装区带来了一些起色。城中工人将一排一排的成衣制品从城市的人行道上拖到陈列室和运输仓库。1973 年，那里雇用的工人有 40 万人，是 20 世纪 50 年代鼎盛时期的两倍。为了寻找更多空间，纽约的服装制造业务向市中心延伸，特别是唐人街（现在那里主要是来自中国香港懂管理、会缝纫的移民），那里的实际价格和劳动力成本都要便宜得多。1965 年，下东区有 35 家华人所有的工厂；1980 年，发展到 430 家，雇用工人大约 2 万人。总而言之，美国人在 1980 年购买的服装中有 70% 是美国制造的。

随后，政客们的介入使得一切都改变了。

北美自由贸易协定，简称 NAFTA，是罗纳德·里根（Ronald Reagan）在 1980 年总统竞选开始时首次提出的。他倡议的"北美协议"就是将北部三个强国（美国、加拿大和墨西哥）视为一个共同市场，"跟以往不同的是，在这样一个共同市场里，三个国家的人民和商业活动不受国界限制，自由流动"。

贸易协议，特别是纺织品和服装贸易方面的协议并不新鲜。

第二次世界大战后，美国政府在美国棉花种植业游说成员的催促下帮助日本重建了纺织业；哈里·杜鲁门（Harry S. Truman）总统制定了一项低关税的"贸易而非援助"（trade-not-aid policy）政策。到 20 世纪50 年代后期，美国纺织工业开始尝到来自日本、韩国、新加坡以及中国的香港、台湾（后四者因出口贸易发达带来了经济的蓬勃发展，而被称为"亚洲四小龙"）的低成本进口产品带来的苦果。华盛顿对此采取了相应措施，不仅在艾森豪威尔时期，在接下来的几十年里也相应制定了更高的关税和复杂的配额和豁免政策来应对。

即使制定了更高的关税，时尚业高管们还是觉得海外制造比在美国国内制造更便宜，于是开始将一些业务向亚洲外包出去。虽然周转速度缓慢，因为船舶运输需要数周时间，但利润率却大幅上升。1960 年，在美国销售的女装中约有 10% 来自进口。到 20 世纪 70 年代中期，中国香港已成为世界上最大的服装出口地，专门生产低端西方服装。

"绝不可能！"纽约女装设计师丽资·克莱本（Liz Claiborne）在她的商业伙伴杰罗姆·查曾（Jerome Chazen）首次建议离岸外包时咆哮道，"我们怎么可能控制得了在千里之外完成的工作的质量？"

但查曾坚持认为，他无法在美国找到足够的生产力来满足公司蓬勃发展的需求。在加入克莱本之前，他曾在底特律的温克曼百货公司担任采购员，并从亚洲采购过一些商品。他想，也许这可能是一个解决方案。"我自己对这个想法非常满意"，多年后他在回忆录中写道。

克莱本显然并不满意这个提议。于是查曾又建议，要不先在一家中国台湾工厂小批量生产一款工艺要求较高的衬衫试试水。"几周后，第一批货物通过空运抵达我们办公室，丽资看了一眼立刻被惊艳到了，"查曾写道，"它比我们在国内做的都要好，而且它的成本远低于我们以前的成本。"质量好，成本低：查曾算是找到赚钱的秘诀了。

不久之后，丽资·克莱本有限公司就将大部分服装订单外包给亚洲工厂。这一策略性改变需要对公司的生产时间表进行大调整。"我们必须要求客户至少提前六个月下单，才能保证按时到货。"查曾解释说。为做到这点，"丽资和阿特（Art）会每两到三个月去一次香港，待在半岛酒店的套房里（该地区最豪华的客房）方便洽谈生意，"丽资·克莱本公司生产和采购部高级副总裁罗伯特·赞恩（Robert Zane）回忆道，"他们一直要等到工作完成，也就是要确定下一季的设计、生产工作安排好以后，才会离开。"

随后是里根革命的到来，随之而来的还有——正如竞选活动中所承诺的那样——繁重的自由贸易经济议程。服装交易往往是错综复杂的，比如美国允许加勒比国家向美国市场出口服装享有无限制配额，只要服装的面料是在美国纺织和剪裁的就可以。但他们也鼓励其他品牌像丽资·克莱本那样进行离岸外包。

由此产生的工作机会流失令美国工会很担心，于是他们成功地游说了国会将1986年12月定为"美国制造月"。联合决议强调指出"购买美国制造的重要性"，并警告说，进口过剩可能会永久性地降低本国的生产力……

工会和贸易团体也采取措施，发起了一场名为"快速响应"（quick response）式生产运动，而这场运动差点让他们前功尽弃。"快速响应"式生产，又被称作"QR"，是美国服装生产协会在20世纪80年代中期开发的一种高效系统，用来跟低成本劳动力市场的进口产品竞争。当时，生产专家估计美国服装行业每年损失250亿美元，就是因为采用了克莱本提倡的这种低效的商业模式：因为服装要在很远的地方进行生产，因此设计师们要提前一年设计好服装系列,商店也要提前 6 到 8 个月下单。零售商们只能预估哪些会成为热卖款式,但是一旦赌错了,他们就会陷入滞销困境,从而不得不进行低价出售或销毁。一个以销售创意为基础的行业实际上销售的是已过时的设计。

借助 QR 运动,品牌商和零售商们会在提交生产订单之前与焦点小组对外观设计进行测试,以获得受欢迎款式的数据。最初几次的订单数量少但频率高;并且只有在销售数据表明有追加订购的必要时才会再次下单。这样做的目的是降低库存量、提高库存周转率、避免商品滞销和降低降价销售率。这样一来,运行效率会更高、成本会更低、浪费会更小、损失会更小。在这种机制下,客户能够在恰当的地点、恰当的时机获得他们恰恰想要的商品。

管理战略咨询公司——科特沙蒙(Kurt Salmon Associates)加入了 QR 运动,帮助工厂将计划付诸实施。投资是巨大的:一间小型工厂的最低投资额为 10 万美元。回报也很慢:这种新的机制要得到完全实施需要一年的时间。

1987 年,美国国会技术评估办公室针对 QR 运动开展了一场名为"美国纺织和服装工业:一场正在进行的革命"的研究,想知道如果这项运动全面铺开,它将如何改变制造业。当时的研究结果在那个时候听起来肯定像是艾萨克·阿西莫夫(Isaac Asimov)科幻小说里的故事情节,但预见性却出奇地高:

我们的衣服来自化学材料和机器人,而不是棉花和缝纫机。除了设计和设备维护外，在纺织品和服装的生产中几乎用不上人力劳动。以"纺织之乡"著称的地方会寥寥无几。

化纤纺织公司、纺织品生产商、服装制造商和零售商通过复杂的沟通网络联系在了一起，并且能对市场趋势作出即刻反应。客户能够获得更多根据其特定口味量身定制的产品，并且样式和尺寸的选择范围更广。即便人们对衬衫和休闲裤的需求量很大，但可能也不及道路建设和航天飞船建造对纺织品和面料的需求量那么大。

世界各国之间激励出口和限制进口措施的激增使得公共政策的制定几乎与传统经济力量同等重要。当标签上出现"美国制造"几个字时，并不能保证这件商品的所有生产阶段都是在美国境内进行的。国内行业是由大型跨国公司和小型签约商店组成的。中型企业——这个存在了两个世纪的行业支柱，几乎消失殆尽了。

许多制造商决定不投钱搞这项 QR 运动。因此，要完全实现这一预言还需要数十年的时间。但是，实施了新机制的工厂已经足够多，从而引发了美国产量的激增和进口量的下降。

但是这又会持续多久？正如 1990 年哈佛商学院的一份报告提出的令人不安的质疑："难道国外竞争者们不会在快速反应概念上再次超越国内生产商？"

这"绝对不是无稽之谈"。

时尚都市

Fashionopolis

事实上，当时，在西班牙西北部港口城市拉科鲁尼亚（La Coruña），时尚总监阿曼西奥·奥尔特加·高纳（Amancio Ortega Gaona）正在思索如何将 QR 运用到国内中档服装公司 Zara 的经营中去。

奥尔特加一生都在从事服装生意：他是铁路工人和女佣的儿子，在 1949 年的时候替当地一家衬衫匠人作坊打杂跑腿，由此开始了他的服装事业。1963 年，他创立了 Confecciones Goa 品牌（把他的名字首字母倒过来拼写而成）。这个品牌专门生产毫无性感可言的家居服。1975 年，他和他当时的妻子罗莎莉雅·梅拉（Rosalía Mera）在拉科鲁尼亚的托尼购物街上开设了一家名为"Zorba"的时装店。当他们发现镇上有一家咖啡馆也叫 Zorba 时，他们就将自己的店名改为"Zara"。

在服装方面，奥尔特加沿用了老式的成衣模式，即每季度推出由西班牙本土生产的仿冒名牌当季款系列。这种模式运作良好，到 1989 年，Zara 由一家发展到了 85 家，他赚得盆满钵满，日子过得很好。但是他想要的不止这些。

那么 QR 就是关键。如果奥尔特加能够将其快速的生产与零售相结合，那么他就可以推动流行趋势、加快销售、提升利润。由于他的销售市场在国内，距离短，因此他可以快速配送商品到商店，将其迅速销售出去，也能即时补货。没有什么当不当季款的，Zara 经常把新款当促销款卖。频繁地上新也使得客户光顾的次数越来越多，当然买回家的衣服也越来越多。奥尔特加将他的新方法戏称为"即时时尚"（instant fashion）。而就是他的这个"即时时尚"改变了服装行业的商业范式。

随着需求的增长，他开始横跨直布罗陀海峡，在摩洛哥开展外包业务。那里的劳动力资源比西班牙丰富，劳动力成本也比西班牙便宜得多。并且这些工厂离西班牙很近，因此方便进行质量控制和快速配送。总之，结果就是：利润率更高了。

奥尔特加的竞争对手们，例如 Gap，Urban Outfitters，H & M 和 Benetton 也纷纷开始效仿。跟 Zara 一样，他们剽窃顶级时装屋的那些款式，照着大概的样子重新搞了些"简洁版"，然后以低价卖给中端市场的消费者。所有的这些品牌因生产和销售速度快，被统称为"快时尚"。这些"快时尚"品牌即将重塑地球。

罗纳德·里根提出将美国、加拿大和墨西哥统一为"共同市场"的设想十年后，美国总统乔治·布什（George H. W. Bush）和加拿大总理布莱恩·穆罗尼（Brian Mulroney）终于迈出了第一步，签署了《加拿大—美国自由贸易协定》。在此之后不久，他们说动了墨西哥总统卡洛斯·萨利纳斯·德戈塔里（Carlos Salinas de Gortari）加入，并将该协定重新命名为"北美自由贸易协定"。之后就是长达数年的谈判。

北美自由贸易协定将取消大部分关税，支持者认为，这对美国企业而言是福音，因为墨西哥对美国商品的平均关税为10%。它还将创建一个拥有 3.6 亿消费者的自由贸易市场，每年的经济总产值为 6 万亿美元。人们会购买更多的产品，从而推动美国工厂生产更多的产品。1993年 9 月，为赢得国会批准，比尔·克林顿（Bill Clinton）总统开始了政治助推活动，他坚称"北美自由贸易协定意味着工作机会、美国人的工作机会、高薪的美国人的工作机会"。

并非所有人都赞成签订《北美自由贸易协定》。罗斯·佩罗（Ross Perot）——这位曾以无党派人士身份参与 1992 年竞选总统，与克林顿和乔治·布什争夺总统宝座的得克萨斯州亿万富商预言，北美自由贸易协定最终会使美国工业向墨西哥寻求廉价劳动力，需求如此饥渴，仿佛都可以听到"巨大的吮吸声"。他还大肆宣称，8500 万美国人可能会因此失业。《纽约时报》社论上的评论认为 8500 万这个数字也太"荒谬"了。确实是有点夸张，但是他论点的核心部分是真实存在的——确实有公司将业务转移到了墨西哥和其他地方。截至 2006 年，北美自由贸易协定造成了至少 100 万个工作岗位的流失（据一些分析人士估计，这一数字还要高得多），并毁掉了大量曾一度辉煌的国内产业，尤其是纺织品行业业和服装行业。

即便如此，政府仍继续就鼓励离岸的贸易协议进行谈判，忽视了监管法规的制定和执行。2001 年，中国加入了世界贸易组织（WTO），后者是总部位于日内瓦的规范全球贸易的政府间协会。2003 年，世界银行大肆宣扬称，由于贸易补贴、壁垒和关税的取消，到 2015 年将会有 3.2 亿工人的工资得到增长，并超过每天 2 美元的贫困线。三年后，世界银行对该数字进行了修正：离岸外包业务都涌向廉价劳动力市场，但将只有 600 万到 1200 万工人的工资得到增长。

同时，从 2003 年到 2013 年，即使美国征收的服装进口关税高达 13.2%——几乎是大多数进口商品所要支付的关税的十倍，中国对美国的服装出口还是增长了五倍。由此证明了时尚产品的生产成本有多低：即使征收如此高的关税，供应链中包括品牌所有人在内的每个参与方都仍然可以赚得可观的利润。

这是怎么回事？

原因就是快时尚的全球大爆炸。

整个 20 世纪 90 年代，与其他服装行业一样，快时尚蓬勃发展。到 2000 年，全球在服装和配饰上的零售支出达到约 8280 亿美元，主要市场占有额度均等：美国占 29%，西欧占 34%，亚洲占 23%。此销售额主要来源于快时尚。2001 年，Zara 在全球拥有 507 家商店，衣服从设计打板到商店销售的流程仅需五到六周；同样的流程，传统品牌需要六个月。同年 5 月，Zara 的母公司盈迪德集团在马德里股票交易所上市了该公司 26% 的股份，而奥尔特加持有的股份超过 60%。

首次公开募股所带来的暴利为进一步的商业扩张保驾护航。在 2001 年至 2018 年间，随着贸易壁垒的降低和全球化的迅速发展，Zara 在 96 个国家 / 地区开设了近 1700 家新店，总计达 2200 家。通常，这些精品店会开在靠近 Louis Vuitton 和 Gucci 之类的奢侈品牌商店附近，以沾沾那些高大上的品牌店面的光，顺带也吸引几个财大气粗的顾客。

一直以来，盈迪德集团公司行事低调。没有采访报道、没有广告、没有照片——甚至连奥尔特加本人的照片也没有（他的公开照片少之又少）。他的私人生活鲜为人知：他和他的妻子罗莎莉雅（与他共同创立了盈迪德集团公司）于 1986 年离婚，罗莎莉雅于 2013 年去世。他于 2001 年再婚。我的一位曾是《女装日报》（*Women's Wear Daily*）商业撰稿人的朋友告诉我，十年来他几乎每天都打电话给盈迪德集团总部要求采访，每次都会被回绝："现在不行。"但是在 2015 年，一家刊登服装企业正面新闻的网络平台——《时尚商业评论》（*Business of Fashion*）的创始人伊姆兰·阿梅德（Imran Amed）和他的一位记者接受了由盈迪德集团出资组织的拉科鲁尼亚总部之旅，之后在掌权人严格审核同意后终于发表了一篇描述该公司运作情况的文章，文中充满了溢美之词。阿梅德惊叹于他所见到的一切："生产规模如此之大，从他们在决定衣架数量到仓储方式的思维方式中就可见一斑。每一步他们都做到了极致优化。"

在拉科鲁尼亚厂区里，数据中心会一天 24 小时，一周 7 天不停歇地忙于处理有关公司供应链、销售、社交媒体、环境排放、能源消耗等方面的信息，作为减少时间成本、资源消耗和金钱浪费的依据。盈迪德集团的首席通信官赫苏斯·埃切瓦利亚（Jesús Echevarría）扬扬得意地跟《时尚商业评论》说："在这里，你可以掌控整个世界。"

盈迪德集团每周两次向该集团的 6500 家时装店及其电子零售店发货。要想知道这种不间断式的上新和库存补货周期是如何影响销售的，试比较一下：对于大多数快时尚品牌的时装店，消费者的光顾频率为每年 4 次；而在 Zara，这个频率为每年 17 次。

如果某款商品在一周内没有售罄，则会被下架，订单也会被取消。如果某款商品真的能吸引消费者（拉科鲁尼亚的数据分析师能马上观测到），那么就会在西班牙、葡萄牙和摩洛哥的工厂里（这些工厂离配送中心都很近）再次下单，再小批量地生产一批。一个月左右以后，这款商品寿终正寝，然后被另一个新的流行款式取代。

Zara 灵活的运营模式使它的利润大约是同行的 4 倍，同时这也解释了为什么奥尔特加经常出现在《福布斯》年度全球富豪榜的前十名中，有时还会排名第一。作为盈迪德集团的最大股东，他个人在 2009 年至 2014 年间净赚了 450 亿美元。他于 2011 年宣布退休，并于 2017 年让出了集团的完全控制权；2018 年，他每年仍然会收获 4 亿美元的股息，福布斯公布的资产价值为 700 亿美元，这使他成为仅次于杰夫·贝索斯（Jeff Bezos）、比尔·盖茨（Bill Gates）、沃伦·巴菲特（Warren Buffett）、贝尔纳·阿尔诺（Bernard Arnault）和马克·扎克伯格（Mark Zuckerberg）的全球第六大富翁。2017 年，Zara 的销售额略低于 190 亿美元。

和以前一样，其竞争对手们依葫芦画瓢，在全球开设了数百家分店。 数字和通信新技术的应用进一步精简了运营流程，缩短了制造周期并提高了产量。 在 2000 年至 2014 年间，每年生产的成衣数量翻了一番，达到了 1000 亿件，或者像麦肯锡研究人员形容的那样——地球上每个人平均每年拥有 14 件新衣服。 供应链的碎片化愈演愈烈。面料的纺织和染色在一个地方，剪裁在另一个地方，然后缝制换个地方，装拉链和钉纽扣又在不同的地方。到最后一步——比如牛仔布做旧、刺绣时，地方又换了。几乎每个步骤都是通过签约或分包的形式外包出去，以前是这样，现在也是；很少有时装公司拥有自己的工厂。

首选运输方式是海运。尽管耗时较长，但成本大大低于空运。为了加快流程，并进一步缩减预算，有传言称，某家大型快时尚公司在货船上装配了缝纫机和其他生产设备，以便在国际海上运输期间还能继续制作衣服。

由于快时尚公司每一步都在追求最低的成本，因此它们可以做到大幅降低零售价格而不会影响利润。在 2000 年至 2014 年间，美国的实际消费价格猛涨了 50%，但服装价格却下降了。商店遍布 5 美元的 T 恤和 20 美元的连衣裙，这些价格几乎与大萧条时期为刺激消费，哈蒂·卡内基商店里给连衣裙定的价格相同。这确实能刺激消费。正如麦肯锡报道的那样："普通消费者每年购买的服装数量增加了 60%。"人们以空前的速度消耗衣服。"一次性衣服"变得很正常。

有人认为，Zara 等品牌通过将高端设计带入大众市场使得时尚民主化。美国版 *Vogue* 编辑安娜·温特（Anna Wintour）曾对我说："拥有时尚感的人越多越好。"但这也消费了我们的不安全感和越来越短的关注力。我们很容易受社交媒体、电视、广告牌、新闻媒体上铺天盖地的时尚形象的影响，它们像是在乞求我们、奚落嘲讽我们，让我们沉迷于这些（用一位执行总监的话来说）"临时珍宝"（temporary treasure）。

快时尚的目标受众是 18 岁至 24 岁的年轻人，这个年龄段的人对衣服的喜好不会持续很长时间。根据零售咨询公司科特沙蒙的研究，这些消费者中有三分之一会每两周购买一次时装，而 13% 的人会每周购买一次。他们喜欢在线订购，并且年龄在 18 至 20 岁之间的那些年轻人中，有 20% 希望即日送达，拿到衣服后立即穿上，并摆个 pose，拍几张自拍，然后发布在其社交账号或图片分享软件上。完事之后他们就扔掉衣服、捐赠或转售出去，然后接着买新的。

这种快时尚把其他时尚行业也带入了旋涡。法国设计师让·保罗·高缇耶（Jean Paul Gaultier）在 2016 年感叹道："甚至连设计师系列也被迫采用工业化的节奏和规模……只为能够与 Zara 和 H & M 等快时尚巨头相抗衡。"在经历了 40 年仓鼠转轮般的运营模式之后，他于 2015 年放弃了成衣制作，只专注于定制高级时装。"这种运营机制不能继续下去……生产那么多，哪有那么多人来买啊。我们只顾生产、生产，却没有去想这些衣服注定都没人会穿。"他说，"一味地生产更多的衣服只会让更多的衣服无人愿穿。"

但不管怎样，我们还是该买的买，该扔的扔，这刺激了快时尚继续去窃取其他设计师的想法。在 2010 年代初期，卡特兰佐实在受不了爱尔兰零售商 Primark 的窃取行为，她为自己找了个律师。她并不是第一个控告时尚品牌侵犯版权的人。2011 年，《福布斯》发布了一份报告，指出 Forever 21（一家总部位于加利福尼亚州洛杉矶的美国快时尚零售商）已被起诉约 51 次。所有案件都已结案，且赔偿金额通常未公开。有时候一些财务补贴金额会被透露出来，但是与这些快时尚品牌聚敛的不义之财比起来，简直微不足道。2011 年，Primark 向纺织品设计公司阿什利·王尔德（Ashley Wilde）支付了 14 万美元的罚款。同年，Primark 获取了超过 3.09 亿英镑（约 4.8 亿美元）的利润。

即使回报很小，但卡特兰佐仍认为这样做是值得的——她主要是为了阻止 Primark 传播仿制品。她告诉我："经过好几个月的讨论，他们直接无视我们，说他们实际上借鉴的并不是我的作品，而是一位我听都没听说过的巴西设计师的作品。我又专程去看了看那位巴西设计师的作品，结论就是：他抄袭了我的作品，而且是赤裸裸的抄袭。"感觉是为了给自己增加一层法律保护，快时尚商人们转而去抄袭那些还不太出名的抄袭者。

　　"这个案子持续了八个月，"她继续说道，"最后，Primark 同意撤下所有涉案商品。但是到那个时候，商品都没有了。"她瞪圆了眼睛看着我，叹了口气说，"卖都卖完了，还撤什么撤。"

第二章

快时尚之殇

在洛杉矶时尚区中心一栋破旧的 11 层哥特复兴式办公大楼——本迪克斯大厦的顶层，通过略微半开的金属门，我窥见了在光线昏暗的房间里，工人们弯腰在机器上缝制衣服的场景。成堆的布料堆在油毡地板上。到处都是线、碎屑和灰团。

突然，门一扇接一扇地被猛然关上。嘭! 嘭! 嘭!

"哇，动作挺快的嘛，"玛丽拉·马丁内兹（Mariela "Mar" Martinez，昵称"玛"）说道。她负责管理在洛杉矶的非营利性成衣工人工会中心。有人认出她了，并相互通风报信。

我们往下走到八楼。那层楼的车间门已经关闭并已锁上。有不速之客造访的消息已传遍整栋楼。我们从走廊的尽头向街对面望去，看到了联合工艺大楼——另一栋 20 世纪初修建的市中心塔楼，里面也有很多违背伦理的血汗工厂。它的艺术派装饰外观逐渐破损坍塌。有几扇窗户用石灰水重新粉刷过，看不到里面。透过几扇破烂的窗扇上的裂缝，我们可以听到里面有缝纫机在咔嗒咔嗒作响。

我们乘本迪克斯大楼的电梯回到了平层，然后向街对面走过去。大厅里有一个收银台和一个正在使用公用电话的拉丁裔男子。马丁内兹跟我解释说，大多数洛杉矶血汗工厂里的工人来自拉丁美洲，而大多数血汗工厂的老板是韩国人。我们从楼梯爬到三楼。窗玻璃都坏了。一个三十岁左右的男人，也许是这里的经理，坐在生锈的防火通道的台阶上吸烟。"你敢从这里走下去吗？"马丁内兹问我。防火通道的钢缆很细，固定墙壁的器件也已有百年历史，感觉如果有超过三个人在上面就会承受不起，直接垮下来。防火通道只修到了二楼，所以如果你走到二楼了，要想下去还不得不往下跳，下面就是一个垃圾箱。

"我把这叫作洛杉矶的白噪声，"我们一边设法回到街上，马丁内兹一边告诉我，"没有人看到或即使看到了也不愿意承认，但它的的确确就在这里。"

如今，洛杉矶已成为美国最大的服装制造中心。该行业始于 20 世纪初，那时当地的针织厂开始专门生产泳装，当时的品牌包括 Cole of California 和 Catalina。第二次世界大战后，泳装制造业继续发展，成为一股"加利福尼亚式风尚"（一种面料轻薄的休闲时尚剪裁）在全国范围内流行开来。最终，在 1990 年代初，洛杉矶取代纽约成为美国的时装生产之都——中心城区的房地产价格上涨和北美自由贸易协定对时尚区来说是致命一击。2017 年，加利福尼亚时装协会主席伊尔莎·梅契克（Ilse Metchek）告诉我说，当地服装业的年收入约为 420 亿美元。马丁内兹估计，洛杉矶有 45000 名从事服装生产的工人。其中大约有一半的工人是合理合法的，是按照加利福尼亚的最低工资水平——当时的最低工资是每小时 10.50 美元——支付工资的。

另一半属于非法劳工，在一些非法工厂为美国当地品牌缝制服装，偷偷摸摸地干着时薪仅为 4 美元的工作。没有加班费。没有医疗保障。工作环境差得吓人。然而,靠这些血汗工厂供货的大型中端品牌却宣称，其服装是"美国制造"的。就好像这样的声明自然而然地会让人觉得，这些在美国生产的服装就要比离岸外包出去的服装更可靠和有保障，且质量高级些。仿佛它们更真实、更正直和具有更高的品质。这种企业行销策略一边公然地违反美国劳动法，一边讨巧地迎合消费者的爱国主义情怀。

美国的血汗工厂一直都存在。理查·阿克莱特时代，几乎每个工厂都是血汗工厂。在 19 世纪末和 20 世纪初，纽约的下东区也是如此。当工会和劳工法将其取缔后，他们转入地下继续干。由犯罪组织经营的美国血汗工厂已成为隐蔽的人口贩运和洗钱中心。有时，搜查出一个血汗工厂就可能成为新闻，且报道出来的查获现场通常都很恐怖。1995 年，联邦特工突袭了位于洛杉矶郊区艾尔蒙地地区的一家秘密服装厂，这家工厂四周被铁丝网和带有尖刺的栅栏包围着，还有哨兵站岗。在工厂里，他们发现了72名被奴役的泰国工人，价值75万美元的钞票和金条，还有一本记账本，上面记载了数十万美元现金的转账记录。

由于目前反对全球化的声音越来越强烈，持反对全球化观点的贸易保护主义者呼吁购买"美国制造"，美国国内血汗工厂变得越来越普遍，尤其是在洛杉矶，因为这里有大量非法移民。2016年，由马丁内兹与美国加州大学洛杉矶分校劳工中心（UCLA Labor Center）合作发布的一项研究报告指出，在被调查的洛杉矶服装工人中，有72%的人反映工厂很脏；60%的人反映工作的地方通风不良，导致了呼吸系统疾病；47%的人反映洗手间脏得令人恶心；42%的人说他们工作的地方有老鼠。调查发现，存在上述情况的品牌包括Forever 21，Wet Seal，Papaya以及Charlotte Russe。

2016年，美国劳工部指控上述品牌及其他南加州服装制造商违反了基本的联邦保护法，要求它们支付工人最低工资和加班费（按85%的工作时间计算），并责令制造商们支付130万美元拖欠的工资和赔偿金。（Forever 21和另外一家服装零售商Charlotte Russe之后表示，他们对待劳工问题很认真。Forever 21还补充道："这些被指控的厂商是完全独立于Forever 21的，他们所做的业务决策与我们没有关系。"）这份报告的另一位执笔人詹娜·沙杜克-埃尔南德斯（Janna Shadduck-Hernández）后来说，这些生产商大多数都"刚好位于时尚区的中心，距离市政厅有20个街区。"

这就是吸引马丁内兹参与这场斗争的原因。她是一位二十多岁的年轻女孩，从小生活在距离美国中南部一处服装工人中心只有几英里的地方。她的父母都是市里合法的制衣工人，她的父亲负责用绣花机绣花，母亲则为时装品牌裁剪样品。她高中的时候就活跃于各种人权活动中，在布朗大学读本科时加入了"美国学生反对血汗工厂组织"（USAS）。这个青年组织致力于通过组织倡议和抵制运动来改变现状。布朗大学毕业后，她回到了洛杉矶，加入了服装工人中心，协助组织运动。每周她会花两个下午，在位于洛杉矶街道的一栋破旧的低层楼房的中心办公室里与工人会面，在密不透风的无窗房间里让工人们畅所欲言，倾听他们的抱怨与不满。

最常见的是"无薪加班，或工资盗窃"（wage theft）：老板支付工人的工资大大低于州或联邦的最低工资标准。通常，她会直接与雇主联系并尝试协商解决。如果案件特别严重，她会联系州和联邦机构，例如美国劳工部的工资和工时司，然后这些机构就有可能会通过突袭检查的方式展开调查。马丁内兹会跟调查官一起参与扫荡调查。她说，有时她竟然会发现标明"非血汗工厂制造"的品牌标签。当被抓现行后，这些品牌商还狡辩，声称他们并不知道自己"认可"的承包商将衣服分包给了血汗工厂。分包在服装行业中很普遍，导致供应链分化断裂，工人很容易就陷入危险之中。

马丁内兹或者政府官员会就工人们损失的收入（即最低工资与实际支付的工资之间的差额）提出索赔。供应链中的每一方（分包商、承包商、品牌商、零售商）都拒不承担责任。她说，工厂"将关闭商店，或以其他名字重新注册营业。雇主的身份证是假的，或者注册人信息一栏其实另有其人。这些都会破坏案情"。

当马丁内兹设法要到赔偿时，用她的话说就是要到的金额通常"甚至不及实际欠款金额的一半"。"我们要求的工资赔偿不包括罚款的话是五万美元，而我们实际追回的只有五千美元，最多一万美元。这还是有工人代表参与的情况。如果没有工人代表参与进来，承包商只会给一两百美元，而很多人还是会接受，因为总比一分钱都没有的好。"

在这样的赔偿协商会议之后，马丁内兹继续说道："品牌商会告诉承包商，'要么你来赔钱，要么以后就别想从我们这里接到活。'他们就这样把自己的责任撇得干干净净。如果品牌商真的不给活干，承包商将无钱支付欠薪。我不是说很同情承包商，但是他们也只是这个体系中的棋子而已。如果洛杉矶的每个制衣工人都提出工资赔偿要求的话，那将是数以百万计的金额，可是这数百万美元已经落到首席执行官的腰包里了。"

她闷闷不乐地看着我说："跟你说吧，所有人都知道自己穿的这身狗屎是在血汗工厂制作出来的，但所有人都置若罔闻。没有人在意！"

为了使工厂顺利运营，理查·阿克莱特需要棉花，而且是很多棉花。多亏了大英帝国的全球贸易路线网络，棉花的供给不成问题。18世纪，英国在美国和加勒比海地区的殖民地经济基础就是棉花。奴隶们种植棉花、收割棉花并将其装载上船，送到阿克莱特在英国的工厂。正如《共产党宣言》的合著者卡尔·马克思（Karl Marx）后来评述的那样："没有奴隶制，就不会有棉花。没有棉花，就不会有现代工业。"

为了纺棉花，阿克莱特需要大量的工人。成百的穷人从城镇和乡村涌入工厂。他们中大多数是妇女，男人们留在农场上耕种庄稼。在阿克莱特工厂建成前，妇女们主要负责料理家务、抚养孩子，阿克莱特工厂把她们变成了经济支柱。阿克莱特工厂还雇用了无人看管的未成年人，付给他们的钱只有成年人的一小部分。

弗里德里希·恩格斯(Friedrich Engels)的父母，一个是德国纺织大亨，一个是曼彻斯特棉花业的学徒。他目睹了英国工人的生活工作状况，感到十分震惊，并将其写进了他 1845 年出版的《英国工人阶级状况》(*The Condition of the working class in English*)。在书中他写道，纺织厂工人"毫无人权可言"，深陷贫困，境况糟糕得难以想象。曼彻斯特工人阶级的平均预期寿命为 17 岁。霍乱、天花、猩红热这样的流行病在利物浦的致命性"是农村的三倍，而且酗酒的人激增，经常看到有人喝得醉醺醺、走路跟跟跄跄……倒在排水沟里"。英国工厂里有一半的工人是女性，因为与男性工人相比，她们的价格更低、更懂得服从。到 19 世纪 40 年代，18 岁以下的工人和 18 岁以上的工人人数一样多，男孩和女孩各占一半。他们通常从 8 岁或 9 岁就开始进工厂工作。

棉都工厂里的孩子们长期站立，这阻碍了他们的生长，并引发了诸如慢性背痛、静脉曲张和腿部感染性溃疡等疾病。仅 1843 年的夏天，《曼彻斯特卫报》就报道了几起事故：一个男孩的一只手被夹在两个轮子之间，磨得粉碎，后来死于破伤风。一个孩子被齿轮卡住，并活活被碾死了；一个女孩被皮带困住，在机器上转了五十圈。不难想象，童工们曾试图逃跑。一些孩子躲在储藏室里睡觉，结果就是被老板发现，然后一顿殴打。罗伯特·布林科（Robert Blincoe）曾在工厂做过童工，他1832年出版的回忆录中的故事如此凄惨，人们相信正是受到这本书的启发，才有了后来的奥利佛·退斯特[1]。

成年人同样深受其害。长期扭曲着身体站立工作数小时，操纵重型机械，以及搬运重物，使得妇女的骨盆变形，导致她们流产或难产死亡。晚班工作期间遭遇强奸很普遍，怀孕率也随之飙升。工人们因吸入工厂地面的纤维尘埃而引发了呼吸道感染、哮喘、"吐血"和肺结核。一些工人因受一些诸如"被机器切去了整个手指、半截或整只手、胳膊等"这类的伤而残废了。恩格斯称，纺织工作是一种新的奴役方式。

公众的强烈抗议最终迫使英国政府通过了一系列有关工厂环境和工资的法律。但是新法规还是被无视了，因为正如恩格斯指出的那样，与"某些利润"相比，罚款是"微不足道的"。然而，在他看来最棘手的是英格兰富人的伪善。他写道，他们做了一些慈善举动便称自己为"人类的伟大恩人"，而事实上，这样的慈善捐赠只是把被掠夺的受害者们的财产的百分之一归还给他们而已。他认为这才是万恶之首。

当服装业在19世纪向美国转移时，随之而来的还有劳工虐待。那里的许多慈善事业也都是假惺惺的表面功夫，毫无实质作用。但是也有例外。1890年，两个年轻而富有的进步主义者——一位是在内战期间失去丈夫的寡妇约瑟芬·肖·洛厄尔（Josephine Shaw Lowell），她的丈夫是弗朗西斯·卡伯特·洛厄尔（Francis Cabot Lowell）的侄子，另一位

---

1. 奥利佛·退斯特：（Oliver Twist，狄更斯小说《雾都孤儿》中的主人公）——译者注。

是嫁给了股票经纪人的塞法迪犹太人莫德·内森（Maud Nathan）。她们两位共同创建了纽约市消费者同盟——一个由中产阶级妇女组成的非营利性倡导团体，致力于改善当地服装业的就业条件。她们这样做既出于公德心，也有私心成分：她们看到剥削女工和童工的报道后很难受，同时也担心传染病会污染她们的衣服。

随后，美国众议院对美国服装业展开了调查，并获取了大量改革的支撑证据，但是后面什么措施都没有。因此，激进主义者弗洛伦斯·凯利（Florence Kelley）将废除美国的血汗工厂作为自己长期奋斗的目标。作为美国消费者联盟 [1] 的第一任秘书长，她认为，现代的机械化和精简的配送方式是降低生产成本的最有效方法，而不是降低工资。的确，她认为血汗工厂的存在增加了成本，因为它使得工厂主们不愿意将机器更新换代。她呼吁抵制血汗工厂，说道："如果人们让马歇尔·菲尔德（Marshall Field，芝加哥百货商店零售商）和其他跟它一样的服装零售商们知道，他们是不会从后者那里购买血汗工厂生产的衣服的，那么就不会再有血汗工厂了。"

1899 年，美国国家消费者联盟推出了"白标"策略。服装上贴有"白标"就说明这款服装的制造商是遵守州制定的就业和安全法规以及该联盟标准的。"白标"赋予了消费者权力，促使他们在购物的同时还怀有社会公德心。"我们可以去买正当途径生产的、干净便宜的内衣；我们也可以去买通过可耻的方式生产的、不卫生的廉价内衣，"凯利说，"以

---

1. 美国消费者联盟：National Consumers league，该联盟成立于 1899 年，是一家全国性的非营利组织，职责是团结当地的消费者组织。

后，我们的选择，我们自己负责。"

一些零售商看到这个政策就退缩了，但费城百货公司巨头约翰·沃纳梅克（John Wanamaker）却没有。他加入了联盟改善工厂条件的运动，在商店里推广有"白标"认证的服装，并让橱窗设计师在布罗德街的玻璃橱柜中摆满了展示架，向众人展示血汗工厂和获得"白标"认证的工厂之间的差异。这些橱窗展示的照片后来还参加了国际贸易巡展。五年内，就有 60 家美国制造商获得了在自己生产的服装上使用"白标"的资格。

尽管如此，许多工厂还是修得很简陋，并且经常违反健康和安全法规。一个常见的违规行为是为了防止员工盗窃，竟然将紧急出口锁住。这种做法会招致灾难，就像 1911 年纽约的三角内衣厂（Triangle Shirtwaist Factory）火灾一样。逃命的工人们冲上摇摇欲坠的火灾逃生通道，然后通道垮塌了。几十个工人从窗户和屋顶上跳下来，其中许多人头发和衣服都烧着了。这次火灾共导致 146 名员工死亡，其中女性 123 名、男性 23 名。在 2001 年 9 月 11 日前，这是纽约市最严重的工作场所灾难。

为了对这种情况进行反击，弗朗西丝·珀金斯（Frances Perkins）出现了。她积极倡导工人权利，并在 1910 年成为纽约市消费者联盟的执行秘书，与弗洛伦斯·凯利并肩作战。在三角内衣厂火灾事件之后，珀金斯加入了纽约州负责监管工厂的工业委员会。20 世纪 30 年代，总统富兰克林·罗斯福（Franklin D. Roosevelt）任命她为劳工部长，这使她成为美国首位女性内阁成员。她是迄今为止任职最长的劳工部长，在她任职的 12 年里，通过了许多具有里程碑意义的法案，创建了包括公共工程管理局在内的机构。其中，通过的《社会保障法》（*Social Security Act*），规定了失业保障金、社会保障金和退休金；以及《公平劳工标准法》（*Fair Labor Standards Act*，FLSA），该法规第一次提出了美国的最低工资保障线，确保工人享有加班费，禁止雇用童工，并提出了每周40小时工作制。《公平劳工标准法》的颁布和实施使美国制造业得到整顿，并步入了黄金时代。

但时装区是个例外。比尔·布拉斯（Bill Blass）回忆说，这个地方仍然"到处都是煤灰和毛絮，就像批判现实生活主义作家德莱赛（Theodore Dreiser）笔下所描述的那样"，"制造商们想尽办法维护自己高高在上的地位和权利，即使我们中的一些人刚从战场回来，身上还穿着军装，都不准与雇主乘坐同一部电梯。我们只是这笔肮脏生意背后的打工仔，我们要终结第7大街上的所有肮脏生意。"

直到北美自由贸易协定通过之后，服装制造业转移到海外，而这些工场中的大多数都倒闭了，上述现象才有所改观。在海外，老式的血汗工厂体系死灰复燃。在发展中经济体中，劳动法的限制远没有那么严格，而且几乎没有法律监督。因此，在国会1993年通过北美自由贸易协定之后的六个月内，众议院劳工管理小组委员会就举行了几次关于洪都拉斯一家工厂（美国女装品牌Leslie Fay的外包工厂）虐待工人的听证会就不足为奇了。

Leslie Fay长期以来一直是美国时尚界的标兵。Leslie Fay创立于1947年，其创始人弗雷德·波梅兰茨（Fred Pomerantz）是一位喜欢抽雪

茄的服装公司高管，他从 11 岁起就在曼哈顿的时装区工作。Leslie Fay
是以他唯一女儿的名字命名的。这个品牌以靓丽的连衣裙而闻名，这些
裙子由位于威尔克斯 - 巴里的工厂里的工会工人缝制而成。弗雷德 1982
年退休时，该品牌已遍布全国一万三千多家百货公司和专卖店，年营业
额达 5 亿美元。

弗雷德的儿子约翰毕业于沃顿商学院，在公司工作了几十年。在他
中年时通过杠杆收购将公司私有化（在经济繁荣的 20 世纪 80 年代，这
种做法很常见）。两年后，前公司经理们和独立投资者们进行了第二次
杠杆收购，使约翰·波梅兰茨获得了高达 4100 万美元的收益。凭借着
如此巨大的财富，他和他的妻子劳拉（Laura）成为"新社会阶层"（这
是对那个年代的超级富豪的称呼）的亮点。

1986 年，Leslie Fay 再次在证券交易所上市，1990 年销售额达到了
惊人的 8.59 亿美元。那时，约翰任公司董事长；他的妻子劳拉那时担
任公司高级副总裁，她的家族经营零售业，她曾是投资银行家。1993
年 1 月，正在多伦多进行商务旅行的约翰·波梅兰茨接到了首席财务官
保罗·F. 波利森（Paul F. Polishan）的电话，电话那头的波利森不安地说
道："我们遇到了麻烦……或许还不是个小麻烦"。

众所周知，小型私人服装公司每个季度都会对财务数据——在计算
实际销售完成并获得利润之前的销售订单额和利润做下手脚，以使全
年的财务数字看起来很理想。但是 Leslie Fay 是一家上市公司，数据就
没那么容易操控了：该品牌声称获利 2400 万美元，而实际上却亏损了
1370 万美元。

消息传出后，公司股票暴跌，股东提起了集体诉讼，两个月后，Leslie Fay 就成了《美国破产法》第 11 章破产保护条例的保护对象。波梅兰茨发誓说他从来不知道有财务欺诈现象。他说，这是某些无耻的员工的个人行为。（波利森后来被起诉，并最终入狱。）

威尔克斯 - 巴里总部的高管们发起了一项削减成本计划运动。在那之前，波梅兰茨一直拒绝外包业务，因为他认为在国内制造（从工厂到零售商店的周转更快）是明智的业务开展方式。他还说，他觉得选择在国内进行生产是他的道德义务。

破产后，所有的良好理智和道德风度都荡然无存。Leslie Fay 将生产转移到洪都拉斯，距离管理层所在的宾夕法尼亚州东北部很远。很快，明显看得出来，就像其他许多在美国以外进行生产的美国服装公司一样，Leslie Fay 的高管们并不清楚自己的品牌服装的实际生产情况。

令人尴尬的是，直到 1994 年他们才从威尔克斯 - 巴里举行的国会听证会上的一位证人那里得悉了工厂的情况。国家劳工委员会（位于匹兹堡的举报商业非法行为、致力于制止侵犯人权和侵犯劳工权利行为的非营利组织）将二十岁的洪都拉斯女孩多尔卡·内奥米·迪亚兹·洛佩兹（Dorka Nohemi Diaz Lopez，她一直在 Leslie Fay 的工厂里做衣服）带到了公司管理层面前。洛佩兹告诉委员会的成员说，工厂里有的女孩才 13 岁，时薪才 40 至 50 美分，而 Leslie Fay 美国工厂里的工人每小时工资为 7.80 美元。洪都拉斯工厂的条件就像以前的曼彻斯特一样。这些女孩轮班十二小时或更久。室温通常超过 100 华氏度，也没有干净的饮用水。她作证说：“门是锁着的，没有他们的允许，你不能出去。”

威尔克斯 - 巴里的反对声音也很强烈：下岗工人的孩子们写信给波梅兰茨，问他为什么要辞掉他们的父母；牧师在主日讲道中公开谴责公司；被辞掉的工人们举行抗议活动；该地区的报纸刊登了社论专栏，强烈谴责了波梅兰茨转向海外生产的行为。"我们一直觉得工厂就像我们大家的家一样，"在 Leslie Fay 工厂当了 38 年机器操作员、现年 56 岁的珍妮·科瓦莱夫斯基（Jeannie Kowalewski）对小组委员会说。

波梅兰茨有些不知所措。他在给国会小组委员会的信中写道："这是一个虚假的问题。将技能要求低的工作（离岸外包）……是北美自由贸易协定谈判的中心问题，而且谈判都已经结束了啊。"

许多美国服装公司，包括一些家喻户晓的名字，例如 Kathie Lee Gifford，J. Crew，Eddie Bauer 和 Levi Strauss，都面临类似的指控。作为回应，一些公司开始起草"行为准则"：公司期望其供应商遵守的一系列标准。或者应该叫期望的标准，因为没有一条是强制性的，一切都是基于自愿。对行为准则制定的需求揭示出时尚界最大的、看似无法解决的矛盾：如何以最低的价格生产商品，同时确保安全、人性化的工作条件和体面的工资。

Levi Strauss 的执行管理委员会于 1992 年 3 月（北美自由贸易协定之前）通过了时装界的首个行为准则。该准则是由 Levi's 被称为"采购准则工作组"（SGWG）的内部工作组制定的。该公司称其准则是为了"确保在合同工厂为我们生产产品的工作人员受到合理对待和尊重，并在安全健康的工作条件下工作"。"采购准则工作组"以《联合国世界人权宣言》和国际劳工组织的规则为指导原则：无童工或强迫劳动，没有性别、种族或民族歧视，遵守法定工作时间，合理的工资，享有福利保障，享有结社自由和集体谈判权，以及其他为公司生产服装的制造商们应遵守的健康、安全和环境方面的标准。

该品牌的动机令人怀疑。李维·斯特劳斯取消了与美国塞班岛一家工厂的合同（据报道该工厂侵犯了工人的权利）后不久就引入了该行为守则。该工厂里的景象跟一些发展中国家的工厂一样糟糕：破旧的宿舍、无休止的加班时间、肮脏的厕所、紧锁的消防通道，整个工厂四周都用带有尖刺的铁丝网围起来，并且有武装警卫巡逻。由于该工厂厂址所在地塞班岛也是美国领土的一部分，因此在那里外包生产的公司（包括 Levi's，Gap，Ralph Lauren 和 Liz Claiborne）都可以在商品上贴上"美国制造"的标签。在 Levi's 推行其行为守则后的几天，美国劳工部在同一家族经营的十多家塞班岛工厂中发现了有违联邦健康与安全法规的行为，并提起了诉讼。最终，工厂老板向工人支付了 900 万美元的拖欠工资。

为了执行这些法规，品牌商们雇用了独立的监督员来进行监管。监管人员巡视工厂前会提前通知，因此在这之前工厂会被打扫得干干净净，并且有人指导工人如何回答监管人员的提问。即使到了现在也是这样。据报道，在某些国家多达一半的工厂篡改了员工记录，以通过检查。监管员不监管，贿赂现象猖獗，丑闻层出不穷。

2003 年，美国说唱明星肖恩·库姆斯（Sean "P-Diddy"Combs）和杰斯（Jay-Z）就被卷入了一桩丑闻：他们各自创立的嘻哈时尚品牌 Sean John 和 Rocawear 的衣服都被发现是在洪都拉斯的血汗工厂制造的。在当年 11 月举行的参议院民主政策委员会听证会上，现年 19 岁的制衣工人——洪都拉斯女孩莱达·伊莱·冈萨雷斯（Lydda Eli Gonzalez）通过翻译讲述了她在东南纺织厂（Southeast Textiles，SETISA）所遭遇的恐怖经历。SETISA 的订单约 80% 来自 Sean John；其余的 20% 来自 Rocawear。

SETISA 所在的工业区被一圈高墙所包围，入口处铁门紧闭，有武装哨兵站岗。官方公布的营业时间为上午 7 点至下午 4 点 45 分，时薪为 75 至 98 美分，但有强制性免费加班。Sean John 衬衫在布鲁明戴尔（Bloomingdale's）等美国百货商店的零售价为 40 美元。该工厂每天生产一千多件。冈萨雷斯作证说："一件衬衫的价格要比我一周的工资还多。"

她继续说："监工们会站在旁边，对我们大喊大叫，喊我们动作快点或者咒骂我们，骂我们是（该死的）蠢驴、婊子，甚至更难听的话。"室温很高，工人们"整天都汗流浃背"。织物纤维和灰尘使他们的头发"变成了白色、红色或是其他我们正在制作的衬衫的颜色"。据报道，饮用水被排泄物污染了。工人被禁止讲话。他们只能在早上和下午各上一次卫生间，并且在进去之前还要搜身；通常，卫生间里是没有卫生纸或肥皂的。女工要接受妊娠测试，如果有人测出来是阳性，就会被解雇。他们每天一到工厂就要被搜身，随身带的任何东西，包括糖果或口红，都要被没收。晚上下班出厂时还要被再搜一次身。

库姆斯知道这个丑闻将给他的品牌带来致命打击，于是迅速作出反应。十周之内，美国国家劳工委员会[1]宣布 SETISA 工厂的生产主管和副主管都被解雇。现在，加班是自愿的并且是有偿的；浴室的锁已经打开，武装警卫被废除了；安装了空调和净水系统。所有的工人都被纳入国家医疗保障体系，且允许建立工会。据说妊娠测试也会被废除。

然而，工资仍然低得不能再低。

"工作只是为了有口饭吃，真的。想要存点钱根本不可能。什么都买不起。这只是为了生存。"冈萨雷斯告诉参议院小组委员会的成员说，"与两三年前相比，我的生活并没有什么改善。我们的生活陷入了困境。"

说到困境，没有哪个地方会像孟加拉国那样，让人觉得困境缠身、难以摆脱、痛苦万分。

孟加拉人民共和国位于孟加拉地区，是夹在印度和缅甸之间的一小块区域。据 2019 年统计，该国有 1.68 亿公民，其中约有四分之一生活在贫困线以下。它是世界上第九大人口大国，在人口密集型国家中居第十位。

世贸组织的数据显示，在 2018 财政年度，四千万工人生产了价值超过三百亿美元的出口成衣或 RMG，这使得孟加拉国成为仅次于中国的第二大服装生产国。孟加拉国服装制造商和出口商协会会长斯迪库尔·拉曼（Siddiqur Rahman）告诉我："我们的外汇中有 83% 来自服装生产行业。五千万人要靠服装制造业生活。我们的经济也要靠服装制

---

1. 美国国家劳工委员会:NLC，后来称为全球劳工和人权研究所，Institute for Global Labour and Human Rights。

造业。"政府计划在五年内将产出翻一番。

孟加拉国的服装制造业始于 20 世纪 70 年代脱离巴基斯坦的独立战争之后，起步相对较晚。当时韩国已将出口美国的服装和纺织品配额用到了极限，因此，制造企业家们便转向孟加拉国的乡村建造和装备工厂。与以前的情况一样，新的制衣工厂一建立，贫穷的年轻妇女就蜂拥而至，或是被家里人派到这些地方工作。那里的工资低得惊人，工作时间长得令人难以置信，这使得孟加拉国成了另一个曼彻斯特——最廉价的服装生产地。

成千上万的工厂修建了起来，然而这些简陋的工厂通常都没有得到许可证，甚至连一些基本的安全预防措施都没有，比如接地线或设置消防通道之类。尽管如此，这些工厂的安全保卫设施却是一流的，就是为了把工人关在里面和防止偷盗。孟加拉国的工厂距离品牌商的总部十万八千里，发生在这些工厂里的事情就不为人所知了。

非政府组织的倡导者们也在努力推动变革，如国际劳工权利基金（ILRF）的负责人朱迪·吉尔哈特（Judy Gearhart）。国际劳工权利基金成立于 1986 年，设在华盛顿市区，是一家非营利性人权组织，旨在维护"全球经济中工人的尊严与正义"。吉尔哈特从 1992 年开始，在北美自由贸易协定谈判期间就在为墨西哥的工人争取权利。2011 年加入了国际劳工权利基金，担任执行董事。她做事干练、从不拖泥带水，为人和蔼可亲，对自己从事的事业怀着毋庸置疑的热忱。

国际劳工权利基金长期驻扎在孟加拉国，以打击那里的童工现象。但是悲剧仍然发生了。2005 年 4 月 11 日，光谱针织实业有限公司（Spectrum Sweater Industries Ltd.）——一家位于孟加拉国首都达卡（Daraka）郊区萨瓦尔（Savar）的九层楼简陋工厂，在午夜后不久坍塌了，事故造成 64 人死亡，80 人受伤。之后，吉尔哈特告诉我："我们深入推进了对服装行业的调查工作。我们开始调查工厂的火灾和倒塌缘由，并与'洁净服装运动'（Clean Clothes Campaign）和'工人权利联盟'（Worker Rights Consortium）密切合作，与那些跟'不干净的工厂'有合作关系的公司作斗争。"

国际劳工权利基金的策略有三方面：推进法律和政策改革；对企业更多地问责；支持并加强工人和当地工人组织的影响力。但是阻力依然存在。制衣业为孟加拉国政府带来了巨大的收入，且不仅仅是在税收方面。国际劳工权利基金的组织和传播总监利亚纳·福克斯沃格（Liana Foxvog）告诉我，2018 年，孟加拉国议会议员中有 10% 的人是制衣厂老板，有 30% 的人其家庭成员中有人是制衣厂老板。"所以，你可以想象这是怎样的一种利益勾结"。同样，腐败、贪污也不难想象了。如同一百多年前的纽约一样，这终将导致灾难性的后果。

2010 年 12 月，位于达卡郊区的一栋 10 层楼高的 That's It 运动服制衣厂发生了火灾，尽管 Gap 刚刚才派人视察过工厂。灾难现场如出一辙：出口被锁，工人们慌乱中跃窗逃命。事故造成一百多人受伤，29 人丧生。不幸的不止他们。在 2006 年至 2012 年，有五百多名孟加拉国服装厂工人在工厂大火中丧生。因为 That's It 运动服厂是 Gap、Tommy Hilfiger 和 Kohl's 这些大品牌的供应商，因此此次事故成了国际新闻，并有人呼吁要进行改革。

工会和非政府组织与品牌商们坐下来讨论工厂安全问题，并敲定了一项具有法律约束力的协议，名为《孟加拉国消防和建筑安全协议》（ *Bangladesh Fire and Building Safety Agreement* ）。但品牌商们迟迟未在协议上签字。直到 2012 年冬天，That's It 运动服制衣厂致命火灾发生一年多后，纽约 ABC 新闻再次报道了此次事件，并借此质询了设计师 Tommy Hilfiger 及其首席执行官为什么要在这种没有任何消防措施的工厂里生产衣服。直到那时，PVH 公司（旗下品牌有 Tommy Hilfiger，Calvin Klein，Van Heusen，IZOD，Arrow，Michael Kors，Sean John 和 Speedo）才同意在《孟加拉国消防和建筑安全协议》上签字。六个月后，德国零售连锁店 Tchibo 也在上面签字了。但是之后就没有品牌签字了，而该协议需要有四家公司签字后才能生效。

在安全协议被搁置八周后的十一月的一天晚上，位于达卡郊区阿苏里亚的一栋九层高的塔兹林时装厂（Tazreen Fashion factory）的四楼里，23 岁的苏米·阿贝丁（Sumi Abedin）正在缝纫机上工作，她回忆道："突然有个人跑过来，大喊道'着火啦'。"

而她的经理和主管信誓旦旦地跟所有人说没发生什么大不了的事。

他们告诉工人们："哪里有火灾，快回去继续工作。"然后锁上了门。

随后火警警报响起。主管和保安人员仍然坚持认为这只是一次火灾演习，并要求他们继续工作。

"五到七分钟后，我闻到了烟味，"阿贝丁回忆道。"我跑到门口，门是锁着的，又跑到楼道口，门还是锁着的……烟雾是从楼下传上来的。"

她设法爬到了二楼，但走不通了。楼道"被大火吞没了"。

有1100多名工人被困在里面。开着的门道和楼梯间很狭窄，逃生通道不但少而且摇摇欲坠。工人们试图拆除窗户上的安全栏，终于有人把安全栏拆下来了。那个人赶紧跳了下去。然后又有人跟着跳下去。

"我也跟着跳了。"阿贝丁说。

她摔断了胳膊和脚。与她一起跳下的同事却撞到地上摔死了。

在这次事故中总共有200多人受伤，至少117人死亡，其中近一半的尸体被烧得面目全非。这是自一个世纪前的三角内衣厂大火以来最严重的一次服装制造业事故。调查人员后来在发现的标签、衣服和文件资料里找到了西尔斯（Sears）、沃尔玛和迪斯尼在那里代工生产的证据。然而这三家都声称他们没有授权塔兹林厂生产商品。

利亚纳·福克斯沃格（Liana Foxvog）告诉我：值得注意的是，即使塔兹林事件在全球媒体中闹得沸沸扬扬，但是"仍然没能迫使品牌商们"签署《孟加拉国消防和建筑安全协议》。这使得像索赫尔·拉纳（Sohel Rana）这样无耻的服装厂老板觉得自己不可一世。

索赫尔·拉纳曾是个流氓恶棍。在他三十多岁时，他以蛮横霸道的做生意方式与招摇过市的生活方式而出名。他经常带着一帮人，骑着摩托车绕着萨瓦招摇转悠。他还善于与白道打交道，他摆平了政府官员和警察，这使他可以明目张胆地贩毒和殴打异己，而不受法律制裁。他父亲在20世纪90年代后期卖掉了家里乡下的土地，并在萨瓦买了一小块土地，他就跟着他父亲一起做生意。有了警察撑腰，拉纳从曾经的商业伙伴那里抢了一块地，又通过伪造契约的方式把临近的另一块地也霸占了。执法部门在这件事情上始终保持沉默。正如拉纳迫害过的其中一名受害者所说："警察都很怕他。"

2006年，拉纳盖了一栋六层楼的建筑，用来做制衣厂房、商店和银行。这栋建筑修得很快，也很粗糙，完全没有且无须考虑城市分区规划法律或安全法规。2011年，拉纳设法获得了许可，又建了两层楼。当地人怀疑这是私下行贿的结果，这在萨瓦司空见惯。一位当地的前政客承认，这个建筑群"迅速扩张、毫无规划可言"。出现了"很多像拉纳广场（Rana Plaza）风格的建筑物"。

2013年4月23日的上午，拉纳广场里的五家制衣厂的工人们正忙着缝制衣服，突然一声爆炸震动大楼，紧接着大楼从二楼开始像地震断层线那样被劈开。"裂缝是如此之大，我都可以把手伸进去。"矮矮胖胖的年轻女孩希拉·贝古姆（Shila Begum）回忆道。五年前的那个时候她正在五楼的Ether Tex服装厂（Ether Tex Ltd.）的缝纫机上工作。

惊慌失措的工人们涌入大街。管理层喊了一位工程师来检查损坏情况。这位工程师觉得应该立刻封闭这栋危险建筑。这个提议被当时正在拉纳广场会见记者的索赫尔·拉纳否决了。据报道者称，拉纳说："这只是墙上的灰泥掉了，仅此而已。没什么大不了的。"工人们当天都被送回了家，但第二天早上被命令回去上班。

第二天也就是星期二的上午8点左右，马哈茂德·哈桑·赫里多伊（Mahmudul Hassan Hridoy）听到有人在敲门。原来是他的老板兼邻居上门提醒他今天得回厂上班。赫里多伊，27岁，身体状况良好，性格温和，他刚在那个周末迎娶了恋爱三年且怀着他的宝宝的女朋友。两周前，他辞掉了薪水不高的幼儿园老师的工作，然后到位于拉纳广场的时装品牌供应商 New Wave Style 公司当质量检查员，薪水比以前高得多。由于他有数学才能，因此管理层向他保证，他在那里会晋升得很快。"这就是我到拉纳广场工作的原因，" 2018 年我俩在萨瓦的肯德基午餐会面时他告诉我。

他听了老板的话，然后乖乖去上班，像其他所有人一样。希拉·贝古姆也是其中一员。在正午烈日下，我和她走在萨瓦的街道上，她回忆道："我当时真的很恐慌。"工人们全都回去上班了，因为他们担心如果不回去的话，月底就拿不到工资。孟加拉国当时的最低工资为每月 38 美元（按当时的汇率计算），按经济学家计算得出的结论，38 美元相当于生活开支的三分之一，这其中包括了住房、食物和衣服等基本需求所需的开支。（在 2019 年 1 月，孟加拉国的最低工资线提高到了每月 95 美元，但仍然仅相当于生活开支的一半。）

希拉·贝古姆告诉我说："停电的时候，我正在忙着手头的活，为一个法国品牌制作蓝色牛仔裤，就像你身上穿的这种。几分钟后，发电机开始运转。"随着发动机的隆隆声，大楼开始震动。"接着楼就塌了。"说完她看着我。她的黑眼睛暗淡茫然，好像有人把她内在的希望之光熄灭了。

她继续说道："水泥天花板砸在我手上，我的头发被缝纫机缠住了。挣扎了很久，我才把头发从缝纫机里顺出来，但我无法将手从水泥堆里扒出来。"16 个小时后，她的邻居也作为数百名紧急响应人员之一，加入现场救援队伍，并把她救了出来。她说："他们在现场用铁棍和铁管把我撬了出来。他们说我的肠子散得到处都是。我昏迷了 27 天才醒来。"

当周围变得漆黑一片、寂静无声时，赫里多伊正在七楼验收牛仔裤。他回忆说，发电机开始运转了，"感觉我脚下的地板像在移动。然后，什么感觉都消失了。"当他在瓦砾中睁开眼睛时，他意识到自己被困在了水泥柱下。当他慢慢看清周围的事物时，他发现与他面对面躺着的是他的在二楼担任缝纫机操作员的好朋友费萨尔（Faisal）。"我不确定发生了什么。"赫里多伊低声说。"我想应该是我这一层楼的地板一直往下掉，掉到了他在的那一层楼。"费萨尔的头骨被砸碎了。"他的脑浆都洒出来了。"

赫里多伊哭了起来。"我不能忘记他的头在我面前裂开的情景，"他抽泣着说，"那些记忆仍然困扰着我。"

拉纳广场坍塌事件造成 1134 人死亡、2500 人受伤，是现代历史上最致命的服装工厂事故。

"在那场事故中，我失去了所有朋友，"贝古姆说，"许多人的尸体至今未找到。"

斯德哥尔摩时间凌晨 5 点，H & M 可持续发展负责人海伦娜·赫尔默森（Helena Helmersson）被一阵电话铃声吵醒。电话那头是她在萨瓦的主要负责人，正在跟她重述拉纳广场坍塌的恐怖瞬间，并向她保证，H & M 没有以正式的名义在那里生产任何服装。也就是说，她被事先预警，H & M 的承包商有可能把业务分包给了拉纳广场的某家生产车间；

而且在事故调查完成之前，谁也没法确定。鉴于 H & M 是孟加拉国最大的服装出口商，即使这次 H & M 的外包工厂没有卷入其中，但仍可能受到劳工权利组织和消费者的抨击，以此抗议离岸外包的种种劣迹：缺乏监督和安全执法，侵犯人权，复杂而难以追踪的供应链。两个小时后，早上七点，赫尔默森与 H & M 首席执行官卡尔 - 约翰·佩尔森（Karl-Johan Persson）会面，谨慎周密地制订公司的应对措施。

H & M 的回应声明里写道："H & M 没有在事故大楼中的任何一家纺织工厂代工生产。需要记住的是，这场灾难是孟加拉国的基础设施问题，而不涉及纺织行业特有的问题。虽然我们的供应商工厂没有涉及此次事故，但这并不意味着我们会旁眼冷观。我们会积极投入，为建设性地解决这一问题尽一份力。"

然后，大多数品牌仍然保持缄默。

"拉纳广场事件后，没有哪家品牌会敢于出面承认它们在那里有工厂"，福克斯沃格告诉我。

为了弄清楚在那里生产的有哪些品牌，好几队研究人员花了几个月的时间在瓦砾堆中寻找蛛丝马迹，搜寻标签、浏览进口数据库和工厂网站以搜寻采购信息。她说："这是真正的三角互证（triangulation）。"

当证据摆在眼前时，沃尔玛仍然声称公司并未授权将业务转包给拉纳广场的工厂，法国的家乐福（Carrefour）也否认在那里生产，而杰西潘尼（J. C. Penney）和李库珀（Lee Cooper）、艾康尼斯（Iconix）则毫不回应。即使确认了有十几个美国和欧洲品牌在那里进行生产，但大多数品牌还是躲避责任，拒绝向受害者家属和幸存者赔偿，并且由于还没有相应的保障工人权利的协议，因此这些品牌也没有支付赔偿的义务。

这一次，在毫不留情的媒体报道的猛烈攻击之下，品牌商们开始紧张了。塔兹林火灾和拉纳广场坍塌事件的相继发生，说明事态确实很严重了。他们必须得做点什么。然后，品牌商们想到了被他们完全忽略了两年的倡议——《孟加拉国消防和建筑安全协议》。

在六周内，包括 Primark，Inditex，Abercrombie & Fitch，Benetton 和 H & M 在内的 43 家公司签署了该协议，并将其更名为《消防和建筑安全协议》（ *the Accord on Fire and Building Safety* ）。截至 10 月，该协议已有 200 名成员，其中包括迅销公司（Fast Retailing，优衣库的母公司）和美鹰傲飞公司（American Eagle）。

大量其他品牌（主要是美国品牌）以责任认定问题为由拒绝加入。7 月，沃尔玛宣布实施《孟加拉国劳工安全联盟》（ *the Alliance for Bangladesh Worker Safety* ），该安全条款与《孟加拉国消防和建筑安全协议》类似。签署的品牌包括：Gap，Target，Hudson's Bay Company（旗下品牌有 Saks Fifth Avenue 和 Lord & Taylor）和 VF Corporation（旗下品牌有 Lee Jeans，Wrangler，The North Face 和 Timberland）。但是该联盟条款没有法律效力，非政府组织认为它不及《孟加拉国消防和建筑安全协议》那么有效率、有诚意。福克斯沃格解释说，《孟加拉国劳工安全联盟》的"影响较小，适用于较小的工厂"。并且《孟加拉国劳工安全联盟》是自愿加入的，而经数十年来的火灾和倒塌事件证明，凡是自愿加入的组织都起不到什么作用。

对拉纳广场事件的新闻报道直言不讳，也不可避免。随后的意识宣传运动也搞得有声有色。但是美国人并没有改变他们的服装购物习惯。2013 年，他们在时装方面的支出为 3400 亿美元，是购买新车投入的两倍多。其中大部分时装是在孟加拉国生产的，其中一些就是在拉纳广场坍塌事件之前由那些工人生产出来的。

2018 年 4 月，我去了趟孟加拉国，看看自拉纳广场事件以来，那里的制衣厂情况是否有所改善。

我的结论是：有些改善，但还不够。

首先，有些改善。

在五年中纠正了 1600 家工厂中的 97000 起安全违规行为，例如给门上锁，没有设消防通道和布线存在安全隐患等。政府已经关闭了 900 家不符合标准的工厂。

纽约大学斯特恩商业与人权中心在我去孟加拉国的前一周发表了一份研究报告，称孟加拉国制衣厂仍需要进行价值 12 亿美元的维修，以"补救仍然存在的危险状况"，并呼吁由专门的工作小组来监督这些违规行为的鉴定和整改。尽管《消防和建筑安全协议》才实施了三年，已经有改善的迹象了。

我目睹了一家名为"Rizvi"的时装有限公司在遵守《消防和建筑安全协议》后所作出的改变。公司大楼在通往萨瓦的路上，是一座有着淡紫色外墙的六层楼建筑，这栋楼是达卡证券交易所前总裁沙克尔·瑞兹威（Shakil Rizvi）于 2014 年建造的。大楼内有 2000 多名工人操作着 1450 台机器，每月可以生产 200 万至 250 万件服装。

Rizvi 时装有限公司非常干净、安全。工厂车间分为不同的工作组，组员大多是未满 30 岁的年轻男女，每个组分工不同：有的在为 Primark 品牌制作板岩灰棉内裤；有的在为 Deltex Organic 品牌生产镶有荷叶边的糖果粉色毛圈短裤；有的在为 Fruit of the Loom 品牌制作白色棉质汗衫。从缝纫机操作员到质量检查员，每个人都戴上了口罩以防止吸入布料纤维。戴着面罩的清洁女工推着一个像拖把一样的扫地机（自制的 Swiffers 清洁器）不停地在过道里拖上拖下，以保持工厂的整洁。荧光灯灯光很明亮，并且玻璃墙又使阳光可以充分地照射进来。巨大的通风扇保持室内空气的凉爽和流通，尽管室外温度快逼近 100 华氏度了，但生产车间里的温度还是可以承受的。

由于建造工厂时依照的是当时孟加拉国的建筑法规，这就意味着电线是裸露在外的，并且从天花板上悬吊着，没有任何消防安全措施。然后，《消防和建筑安全协议》监管员来巡查了几次，情况就有所改善。现在，裸露的电线已经用绝缘布缠上并封装好了。安装了精密的火灾报警系统，紧急探照灯，装有灭火器、斧头和头盔的消防架，每月有一次消防演习，成立了消防安全团队，领头的人要穿着 Day-Glo 荧光黄色背心，这样工人就可以轻松地找到他们。工厂五分之一的工人都要接受当地消防部门的培训，学习急救、灭火和救援的基础知识。"这将是一个长期持续的过程。"我和工厂的《消防和建筑安全协议》推行经理安瓦尔·侯赛因（Anwar Hossain）一边在厂里逛，他一边告诉我说。

与血汗工厂相比，改进后的工厂还提供了其他福利：公司资助创办的食堂，在那里工人可以以成本价购买三明治和饮料；医务室；日托中心。在日托中心，向屋内看去，我看到两个工人的女儿，一个还在学走路，一个大概有 7 岁，正玩得开心。工厂晚上不开工，每个周五也就是穆斯林的圣日那天也不用上班。工厂晚上和每个星期五关闭。接着，侯赛因带着我穿过停车场来到了"水泵房"。这是一栋独立的建筑，装有复杂的液压系统，与一个储有 15 万加仑水的私人地下水库相连接。他和他的团队都以此为傲。按照《消防和建筑安全协议》要求实行的安全预防措施得到了回报：Rizvi 有限公司从未发生过火灾。

但这并不意味着孟加拉国的血汗工厂就此消失了。

"我看到过情况很糟糕的工厂，"我和我的向导开车去达卡，他把车停在达卡的一间工厂附近时告诉我说，"我们刚刚开车路过的那几家就糟糕得很。"

我们即将参观的这家工厂建在一处荒废的后街上，虽然建于 21 世纪初期，但看起来却如此破败不堪，像是那个时代好久之前修建的一样。四名穿制服的保安人员坐在入口处的小桌子旁，因为上了点年纪所以看上去似乎并不怎么唬人。其中一个人将手抬到脸庞，微微地点了点头，跟我说："愿主赐予你平安。"

我们沿着大楼唯一的楼梯上行来到了二楼的接待区。墙壁上不知道溅了些什么脏东西。老板和他的团队邀请我们跟他们一起喝茶。他们让我坐在一把旧的农用椅子上，椅子的油漆都剥落了。我的翻译在塑料凳子上坐了下来。老板坐在他的 Formica 牌桌子后面的一张陈旧的粉红色 Naugahyde（美国人造皮革品牌）旋转椅上，椅子四处裂缝，里面的填充物都跑了出来。

一个穿着紫红色纱丽、围着橘红色棉面纱的眼距宽宽的小女孩悄无声息地一溜烟闪过。

"她看起来真小。"我轻声地对翻译说。

"可能 15 岁吧。"他同样轻声地回答道。

在我们的联系人和老板聊了五分钟之后，他们准备带我们到厂里看一看。楼梯间里（也是这个大楼唯一的出路）到处堆满了准备出口俄罗斯的大纸箱，一点都不好通过。在平台的墙上，以孟加拉语和英语贴出了标题为"企业社会责任倡议"的大型标牌，还列出了工厂应遵循的所有安全和劳动规定。联系人低声说："那些都是假的。"

靠近门口放了几个红色的消防桶，上面满是垃圾。黑色的大塑料水箱破裂了，里面还剩了一半的水。我们走进缝纫室，里面狭长、昏暗。一百多名工人，有年长的，有年幼的，有些看起来很显然只有十几岁，他们都坐在破旧的机器后面，以疯狂的速度缝制衣服。就像我刚刚看到的那个女孩一样，这些女工都穿着鲜艳的纱丽，围着头巾。每个人都光着脚。尽管墙上还贴着"安全第一、请戴口罩"的标语，但没有人这样做。电线是裸露在外面的。窗户都钉了栅栏，很多窗户的框都烂了。碎布屑、杂散的线和成堆的服装成品乱扔一地。天气酷热至极，得有华氏100多度。小型风扇吹得灰尘到处乱飞，却起不到一点儿冷却作用。

还有更多类似阁楼的楼层，每个楼层负责不同的任务。在成品间，桌子上堆满了黑色牛仔裤。年轻的男女工人赤脚站在碎纸板上检查裤子质量、剪掉线头、修补瑕疵。在裁剪室，工人们还在手工绘制和剪裁纸样，而如今正常的工厂里都是用计算机系统来操作了。成匹的布料随意地散落一地，如果这个地方着火的话，这又成了阻碍逃生的障碍物。负责裁剪布料的是个二十多岁、瘦得都快营养不良的年轻小伙子，他右手挥舞着一把旧的电动手锯，在一叠五英寸厚的牛仔布上快速地从右手边割向左手边，而他的左手就只戴了个金属网手套，好像那样就可以防止机器割断他的手指一样。然而在现代工厂里，布料切割都已经自动化了。

回到街上后，联系人告诉我们，工厂老板是一对夫妇，他们都是眼科医师，从未露过面。他说沃尔玛和利德尔（Lidl）都在那家工厂生产商品，但他不知道到底是直接承包还是分包的方式。我们感谢他之后，又坐上我们那没有安全带的陈旧的丰田 Uber 车上路了。路上嘟嘟车、踏板车和公共汽车不停地鸣笛，我们只能在车里傻坐着，我的翻译则在手机上用谷歌搜索，看看还有哪些工厂可以去看看。终于搜到一个网站，首页上的照片里，工人们微笑着在明亮、整洁的设施中操作，而管理团队则坐在整洁崭新的办公室隔间中工作。

据介绍，该公司成立于 9 年前，拥有 700 名工人和 600 台机器。它生产的服装"100%用于出口"，并声称其客户包括法国的 Camaïeu，加拿大的 Roadrunner 和英国的 CJ Apparel。我想知道这些工厂的客户（例如从堆在楼道里的纸箱上的地址栏看到的那家俄罗斯公司）是否曾考察过这些工厂。

塔兹林的老板德尔瓦尔·侯赛因（Delwar Hossain）最终被捕，并被指控犯有过失杀人罪，这意味着他知道自己对工厂安全的无视可能会导致人员死亡。这个案子 2015 年就开始审理了，但由于原告找不到证人出庭，就一直拖到 2018 年 11 月（也是塔兹林事故六周年纪念日）都还没有结束。

2016 年，索赫勒·拉纳和其他 17 个人，包括其父母、拉纳广场的工程师、萨瓦市长、三名政府监管员及城市规划师，均被指控犯有包括杀人罪在内的多种罪行。一年后，拉纳因未向反腐败委员会透露自己的真实财产而被判处三年徒刑。由于罪犯向上级法院上诉，因此针对谋杀罪名和其他指控的审判仍旧悬而未决。尽管效率不高，但这两起案件的审判在孟加拉国服装业中都是前所未有的。

吉尔哈特（Gearhart）告诉我，在 1998 年的时候，只有大约 15% 的公司在公司行为守则中包含了结社自由和集体谈判条款，而现在这两项都是常规条款了。各大品牌都在将生产厂商公布出来（这在 5 年前想都别想），甚至当有工人死亡时，他们还会支付赔偿金。

与孟加拉国服装制造业其他方面的进步一样，其推动力都是拉纳广场事件。事故过后，品牌商们突然觉得压力重重（有可能是真心出于内疚，但更可能的是害怕声誉因此受损），不得不为死去和致残的工人支付点钱。"但他们不管这叫'赔偿金'，"福克斯沃格补充说，"这叫拉纳广场抚恤金。"由洁净服装运动组织反复商讨确定下来的这笔 3000 万美元的捐赠，由品牌商承保，以减轻死者家属和遭受毁灭性创伤的工人的负担。但是想要获得这些钱没有这么简单。

希拉·贝古姆的伤势很重：她必须穿医用紧身衣，右前臂上缠上矫正带。她告诉我："我的肾脏被压到，严重受损。我几乎不能用右手。"

她还说她没有得到政府补偿，也没有得到任何品牌的赔偿。现在她残疾了，没办法工作，她丈夫又去世了，她没有其他经济来源。这迫使她不得不让她 14 岁的女儿辍学。虽然教育是免费的，但她再也负担不起书籍和午餐等杂费。对于日常开支，她承认："我得乞求家里人给点钱。"她开始哭泣。她看着我们面前空空荡荡的拉纳广场，说："我不想活了。"

新婚的赫里多伊拄着拐杖走路，还饱受头痛的困扰。有时他睡着的时候会使劲扯自己的头发。在他漫长的康复期间，他的妻子离开了他并堕了胎。"那场事故毁了我的生活，"他边说边擦了擦眼角的泪。

事已至此，赫里多伊还是努力地重新生活。赫里多伊是我在萨瓦遇到的几十名幸存者中唯一一个成功从拉纳广场善后信托基金中争取到自己的赔偿金的人。他用那些钱开了一家小药房。他还成立了萨瓦拉纳广场幸存者协会，该协会由 300 名成员组成，每个月在他的药店里小聚一次，以互相帮助，走出困境。有时，这样的友情帮助还不够：分别在2015 年和 2016 年，两名协会成员在自家客厅里上吊自杀了。

政府仍然反对结社和工会自由。工厂中的性虐待和身体虐待仍然猖獗。等到工厂都垮了，工人们还没拿到赔偿金。

即使是与品牌商签了合同的，但在他们面前，工人和工厂主还是显得软弱无助。2016 年夏天的一个晚上，一群激进分子持枪袭击了达卡一家海外侨民和外国人经常光顾的精品咖啡店，劫持了 40 名人质，并杀死了 20 人。从那以后，孟加拉国就常受到恐怖主义的威胁。在继而展开的营救中，五名武装分子、两名警察和两名咖啡店员工被杀。时装销售代表立即取消了预定的行程，并撤出了在该国的工作人员，这使那里的工人和工厂主都慌了神。"如果他们不来孟加拉国生产衣服了，我们该怎么办啊？"一位缝纫女工大哭起来，她还是两个孩子的母亲。西方人光顾的连锁酒店用水泥筑起了屏障，搭设了金属探测器、X射线机，安排了警卫用炸弹探测棒对进出人员搜身检查。服装制造业又回到了以前的老样子。

随后就是工人争取工资权益的长期抗争，要求工厂主支付的工资起码能养家糊口。2016年，工人举行抗议活动，要求立即加薪。工厂主和政府对此进行了报复：有55家工厂关闭了一周；1500名工人被解雇；35名工人被抓进监狱，24人还不能被保释。"那真是太黑暗了，"吉尔哈特回忆道，"我们从来没有像现在这样过，这么多的工人被逮捕或拘留了那么长时间，或被拒绝保释。"

宾夕法尼亚州全球工人权利中心主任马克·安纳（Mark Anner）告诉我，所有这一切都是因为"服装行业十分在意季度收益"。"如果每三个月股东就跟你提一次要求更多利润或威胁要退股，你怎么去制订长期计划呢？这种涓滴式的运行机制对工人有何影响？"或对整个孟加拉国有何影响？吉尔哈特说："如果工人赚得体面的工资，经济就会增长，因为这样他们才有能力买午餐和理发。如今我们对工人的投资体现在哪里？他们真的只是整个行业运行体系里的小小齿轮吗？"

第三章

水洗牛仔之罪

　　读到这儿，你有可能正穿着牛仔裤。如果
没有，那也有可能你昨天穿了牛仔裤，或者你
明天会穿牛仔裤。人类学家认为，在任何时刻，
全世界都有一半的人穿着牛仔裤。牛仔裤的年
产量是五十亿条。美国人平均拥有七条牛仔裤，
一周每天换一条，并且每年都要购买四条新牛
仔裤。"我希望是我发明了蓝色牛仔裤，"法国
女装设计师伊夫·圣罗兰（Yves Saint Laurent）
坦言，"它们有表现力，又不夸张，够性感，
又显得朴素，这些都是我喜欢的衣服格调。"

时尚都市

Fashionopolis

除了内衣和袜子等基本服饰，蓝色牛仔裤是有史以来最受欢迎的服装。当拉纳广场的工厂倒塌时，那里的工人正在缝制或检验的服装大多都是牛仔裤。在 Levi's 将牛仔裤的生产统统离岸外包之前，它们一直是美国纺织和服装制造业的支柱。牛仔裤的制作过程会造成极其严重的污染，牛仔裤的穿着使用也一样。

牛仔裤将时尚好坏全貌体现得淋漓尽致。

真正的蓝色牛仔裤是由棉制成的，棉是人类最古老的作物之一。据说，人类是在公元前 3500 年开始种植棉花的（尽管一些考古学家认为棉花的种植可以追溯到公元前 6000 年）。古希腊历史学家希罗多德（Herodotus）将棉花描述为"比从绵羊身上剪下来的羊毛更漂亮、更人性的一种毛料"。当马其顿国王亚历山大大帝（Alexander the Great）在公元前 327—前 326 年攻打印度时，他的部队就是用他们称之为"植物毛料"的棉花做的床上用品和马鞍垫。公元前 63 年，罗马官员朗图路斯·司宾提尔（P. Lentulus Spinther）为庆祝阿波罗神节，在剧院的上方安装了棉制的遮阳棚。20 年后，恺撒（Caesar）在恺撒宫广场以及从恺撒宫到国会大厦的路上都用这种棉制帐篷遮挡起来。

每年在 100 多个国家和地区中，大约 8200 万英亩（3340 万公顷）的土地上种植了约 600 亿磅（或 1.214 亿包）棉花。印度是产棉量最大的国家，中国紧随其后，美国排第三。人们用的渔网、咖啡滤纸、书本装订线、绷带、一次性尿布甚至钞票中都能找到棉花的踪迹：美国的纸币中有 75% 是棉，25% 是亚麻。然而，棉花最普遍的用途是制作服装：60% 的女性服装中都含有棉花。对于男性服装来说，这个比例是 75%。

对于蓝色牛仔裤而言，则是100%纯棉制作。

因其带来的舒适感和保暖性，棉花成为我们最普遍种植的植物之一。经过一番加固、喷涂、加工之后，就像《花花公子》（PLAYBOY）杂志插页里的图片一样，变得几乎看不出原来的样子。

非有机棉（行内称为"常规"棉）是最脏的农业作物之一。尽管棉花耕地只占到世界耕地的2.5%，但是为了保护这种常规棉的生长却用掉了世界上五分之一的杀虫剂或者说超过十分之一的农药。世界卫生组织（World Health Organization）将美国十种最受欢迎的棉花农药中的八种归类为"危险"化学品。

常规棉的种植对水的需求量也非常大：收获一千克棉花，平均需要2600加仑（或1万升）水。常规棉的处理过程中需要的水更多：一件T恤和一条牛仔裤大约需要5千加仑水。如果时装生产量保持目前的速度，那么到2030年，对水的需求量将超过世界水供给量的40%。

关于牛仔布和牛仔裤的起源有很多典故。一些历史学家声称，这种经久耐用的靛蓝棉质斜纹布起源于法国南部城镇尼姆（Nîmes，法语又称de Nîmes）。有人说，热那亚（Genoa，法语又称Gênes）的克里斯托弗·哥伦布（Christopher Columbus）在航船的帆上使用的就是这种织物，而船上的热那亚水手们则穿着蓝色棉织裤。

当今的时尚研究者们认为，我们今天所说的粗斜纹棉布（denim）是由新罕布什尔州曼彻斯特市的一家纺织厂在19世纪开发的，当时被称为"牛仔布"（jeans）。这种织物的结构一直都很简单：其外部被称为经线，由两到三根通常为深蓝色的纱线合编成型；底下一层称为纬线，是由白色或另一种浅色的单根纱线组成，使得整个织物具有 3D 效果。有一种牛仔布的质量更高，称为"镶边牛仔布"（selvedge），它是在一种更老式、更窄的梭织机（大约有 60 英寸，是普通织机宽度尺寸的一半）上编织而成的，有一排连续的纬线。镶边牛仔布更紧实、更坚固，并且外部边缘的编织方式——自带边缘，可以避免磨损。镶边牛仔布的狂热粉丝们会故意露出接缝边缘来炫耀，就像海军少尉卷起袖口展示军衔一样。

最初，新罕布什尔州的纱线是用美国南部种植的天然靛蓝来染色的。靛蓝是人类最古老的天然染料之一，是从木蓝植物的叶子中提取出来的。木蓝植物的第一次人工种植是在 18 世纪中叶的美国，在英国裔安提瓜人伊丽莎·卢卡斯（Eliza Lucas Pinckney）的奴隶种植园里。她把她父亲（安提瓜的副总督）寄来的种子播种到了她的家族在南卡罗来纳州的一片种植园里。像棉花一样，木蓝植物也是由奴隶耕种，并很快成为南部殖民地最赚钱的作物之一。

粗斜纹棉布一直作为一种小众纺织品存在，直到 1870 年代初，内华达州里诺市一位叫雅各布·戴维斯（Jacob Davis）的裁缝写信给他的布料供应商李维·斯特劳斯寻求帮助。李维·斯特劳斯是在巴伐利亚出生的移民，在旧金山做布料生意做得很成功，雅各布·戴维斯写信给他，想让他帮忙批量生产一款他最新设计的服装：在关键受力点处带有金属铆钉的工装裤。这款工装裤在矿工、农民和工人中都大受好评，忙得戴维斯直喊："我都生产不过来了。"

戴维斯建议，如果斯特劳斯能够承担 68 美元的高额专利费，那他们两个人就合作做生意，一起在旧金山生产铆钉裤子。戴维斯在信中附了这款裤子的两种版本：一种是用称为 "duck"（源于荷兰语 "Doek"，指的是一种亚麻布面料）的浅绿色帆布面料，另一种是用粗斜纹棉布。斯特劳斯很喜欢这款裤子，于是去申请了专利。1873 年 5 月 20 日专利申请通过。戴维斯在旧金山安顿下来，连续几周都在那里监督第一批 Levi Strauss & Co. 牛仔裤的生产。这款裤子的布料是由新罕布什尔州一家名叫 "Amoskeag" 的制造公司生产的，裤子的生产制作则是在俩人在市场街新开的有 50 名服装女工的工厂里。今天，大多数牛仔裤的设计和销售都来自 Levi Strauss & Co.。它是有史以来最成功的服装品牌之一。

世界上保存下来的最早的 Levi's 牛仔裤被存放于公司总部——李维斯广场（Levi's Plaza）历史档案馆叫作"保险库"的展馆里。这座李维斯历史档案馆修建于 20 世纪 80 年代初，位于旧金山内河码头对岸，是一栋棕色砖墙、深色玻璃的办公综合大楼。负责监管"保险库"展厅的是公司品牌历史官特蕾西·潘内克（Tracey Panek）。她是一位善良、敏锐的中年妇女，让人不禁想起小学的图书馆员。

在 2017 年一个阳光明媚的秋天，身穿一条黑色 Levi's 牛仔裤，一件蓝色旧牛仔夹克和一件鲜红色的高领衫（也许是对公司标志性的猩红色标签的致敬）的潘内克迎接了我，并带我到"保险库"展厅参观李维斯最经典的怀旧服装收藏。我们首先看的是一条 1879 年生产的牛仔裤。潘内克戴上她的白色棉手套，打开三个防火保险箱中的一个，拉开抽屉，然后小心翼翼地提起裤子，把它放在长长的档案桌上。

这条裤子又短又肥，呈淡淡的蓝白色，大腿部位的灰怕是有一百多年了，洗是绝对洗不掉的。潘内克解释说，由于那时的牛仔裤并不便宜，矿工们修修补补，大家换着穿，直到实在穿不了为止。她说："我称它为第一条'耐穿的裤子'，因为你可以补了又补，然后再拿给其他人穿。"

1890 年，斯特劳斯和戴维斯推出了一款新的牛仔裤裤型，名为"501"，以编号命名。潘内克给我看了一条那个时代的牛仔裤。由称为"XX"（超强耐磨的意思）的牛仔布制成，吊带裤上用纽扣替代皮带环，纽扣门襟，裤子上有四个口袋：前面有三个，其中一个小的口袋用来放怀表；一个在后面。1901 年的时候又在臀部位置加了一个口袋。此后"501"这款裤型就一直保持不变。斯特劳斯从他的蓝色牛仔裤帝国事业中获得的利润使他成为加州最富有的人之一。他的穿着很讲究：他身高约一米六七的样子，略显结实，总是穿着深色呢制西装加马甲，戴真丝领带和高顶礼帽，完美得无可挑剔。他从不穿公司生产的牛仔裤。

他一直未婚，声称"我的事业就是我的全部"。他于 1902 年去世，享年 73 岁。他将近 166.7 万美元的遗产中大部分留给了当地的慈善机构，而公司则留给了他的四个侄子。其中一个侄子——西格蒙德·斯特恩（Sigmund Stern）和斯特恩的女婿沃尔特·哈斯（Walter Haas）负责管理公司。他们对牛仔裤的设计进行了现代化改造，用拉链代替了纽扣门襟，吊带裤皮带环代替纽扣。他们继续从 Amoskeag 公司购买牛仔布，同时他们又在南部增加了一个新货源：位于北卡罗来纳州格林斯伯勒的科恩兄弟白橡纺织厂（Cone brothers' White Oak Cotton Mills）。

科恩纺织厂（Cone Mills）由摩西·科恩（Moses Cone）和凯撒·科

恩（Ceasar Cone）于 19 世纪 90 年代中期创立，这两兄弟与斯特劳斯一样都是巴伐利亚裔。听到斯特劳斯在西部的成功事迹，他们嗅到了赚钱的商机，并将一家已停产的钢铁厂改建成了一家名为"Proximity Manufacturing"的牛仔布工厂，因为它确实离棉田和轧花厂挺近的。1905 年，他们开设了第二家工厂，即白橡树棉纺厂，该工厂是以矗立在周边已有二百年历史的高大雄伟的白橡树林命名的。

在那里生产的大部分牛仔布都是用合成靛蓝染色而成。这种靛蓝由德国化学家阿道夫·冯·拜尔（Adolf von Baeyer）研发，并于 1897 年由巴斯夫（Badische Anilin und Soda Fabrik，一家德国的化学公司）投产销售。跟天然靛蓝不同，合成靛蓝不受季节限制，不受枯萎病和气候破坏的影响。的确，它是由多种化学物质制成的，我们现在就知道其中几种对环境有害。但这种合成靛蓝供应稳定，而且便宜。这意味着像科恩这样的工厂可以每年十二个月不休地织染牛仔布。到了 1914 年，天然靛蓝业务已全军覆没，再也没有起死回生的机会。白橡树棉纺厂最终成为世界上最大的牛仔布生产商，而摩西则被称为"牛仔布之王"。

1915 年，李维·斯特劳斯的侄子们与科恩兄弟会面，商讨从白橡树棉纺厂采购牛仔布的问题。双方迅速达成一致，最终签订了历史书中记载的所谓的"金色握手"协议。从那时起，科恩兄弟公司成为李维·斯特劳斯 501 牛仔裤的独家牛仔布供应商。喜欢蓝色牛仔裤的人越来越多，并且呈稳步增长态势，直到 20 世纪 70 年代，蓝色牛仔裤突然在世界各地大热起来，这股热潮源自第七大道。

随着妇女解放运动和休闲装的流行，纽约的时装设计师们设想出了

时尚都市

Fashionopolis

一个新的时装类别：设计师牛仔裤（designer jeans）。设计师牛仔裤修长的腿部和包裹得很好的臀部设计，体现出了那个时代的享乐主义精神和麦迪逊大街式的张扬。"牛仔裤要的就是性感，"卡尔文·克莱恩（Calvin Klein）说，"裤子越紧，卖得越好。"

为了说明他的这个观点，1980 年，克莱恩邀请了 15 岁的女演员、模特波姬·小丝（Brooke Shields）为其牛仔裤品牌拍摄宣传广告。波姬·小丝穿着牛仔裤和灰褐色衬衫，四肢伸展地坐着，并用她孩子般的声音柔声说道："你想知道我和我的这条裤子中间穿了什么吗？什么都没有。"这则广告因太过挑逗，美国广播公司和哥伦比亚广播公司立刻将其禁播。但是它已经发挥了它魔力般的效应：广告首次亮相后，克莱恩就售出了40 万条牛仔裤，随后的每个月售出 200 万条。牛仔裤的销量飙升至历史新高：仅 1981 年，牛仔裤的购买量便超过了 10 亿条。

在 20 世纪 70 年代以前，许多售出的牛仔裤都是由未预缩处理的、坚硬的牛仔布制成的。（预缩棉自 20 世纪 30 年代初以来就存在，但直到 20 世纪 60 年代，预洗技术已经成熟时才被牛仔布行业采用。）买未预缩处理的牛仔裤通常会买大一到两个码，然后，为了使裤子更合身，你要么拿去洗一下，或者（最好是）穿上裤子坐到盛满水的浴缸里。真的是这样哦。

要想让裤子变得软一点，你只需要穿穿就好了，而且要多穿。要花六个月的时间才能使牛仔裤穿着合身。好几年之后，裤脚和口袋边缘可能已开始磨损，或者膝盖部位开始裂缝。裤子布料开始褪色，变成灰蓝色，上面还有一些"猫须"（从裤子大腿根部的地方向外散开的旭日形的条纹线）。想要让牛仔裤达到最佳状态需要花很长的时间和精力。

直到20世纪80年代石洗普及，牛仔裤的穿法才发生了改变。将未预缩处理的牛仔裤与浮石一起扔入工业洗衣机中，然后让其在里面翻滚直到牛仔布磨得差不多了为止。（洛杉矶休闲服装公司Guess曾有一套将牛仔裤石洗7个小时的做法，这在现在看来时间太长了，简直是对环境的恐怖性破坏。）有时，还会用酸、砂纸、木锉和锉刀对牛仔裤进行进一步处理，让它看起来具有以前要穿很久才能达到的磨旧感。整个操作过程被命名为"精工"，并在"水洗房"（规模很大，每天可处理数千条牛仔裤）中完成。

一些"水洗房"，尤其是作为美国牛仔裤精工处理中心的洛杉矶的"水洗房"，技术含量很高，并遵循严格的工人安全和环境规范条例。但其他更多的"水洗房"则不是这样，比如2018年4月一个闷热的上午，我在胡志明市看到的那家就不是。

越南的纺织和服业起步很早，但发展很慢：数百年来，当地的妇女将丝绸纺制成精美的布匹，用来做居家纺织品和服装，但一直到20世纪中叶的时候才大量出现像阿克莱特一样能够大量生产纺织品和成衣的大型工厂。几十年来，服装和纺织品制造业仅占越南国内生产总值的一小部分：当我于1993年初访问越南，并从河内南部驱车前往岘港时，我是看到了几家工厂，但我也看到处处是大片大片绿如翡翠的稻田，很明显，越南的经济主要还是靠农业。

贸易协定和经济全球化改变了这种状况。到2018年，越南大约有六千家纺织和服装生产公司，雇用了 250 万名工人，占越南出口总额的 16%，收入超过 300 亿美元。有专家认为，到 2020 年，这一数字将上升至 500 亿美元。

工厂的主要工作是负责牛仔裤的精工处理。2012 年，越南生产牛仔裤的营业额为 6 亿美元；到 2021 年，这个数字预计将翻一番。

在胡志明市的工业郊区，我和当地的一位牛仔布料专家一起开车来到一家外面大门紧闭，里面破败不堪，像仓库一样的工厂。工厂里面大约有 200 名越南年轻人在这里工作，荧光灯光线昏暗，室内温度至少都有华氏 100 度。大风扇呼呼转着，试图让房间降降温，但是起不到一点作用。

崭新的深蓝色牛仔裤在金属桌和小推车上堆成了小山。身穿乳黄色 T 恤衫、裤子（通常是牛仔裤）和高过膝盖的橡胶靴的年轻人将这些牛仔裤放进二十多台怪兽一样的大洗衣机中。另外一群同样穿着橡胶靴的年轻人把一团团湿漉漉的牛仔裤从洗衣机里拽出来。地板上积了一层一英寸深的海蓝色的水。这些工人都没有戴手套，他们的手都被染成了黑色。

有些机器有点老旧了，每洗一千克（三条）牛仔裤需要 20 升的水。其他的机器用水则少一些，每千克牛仔裤仅消耗 5 升水。制造商们心里明白"这有多浪费水，"我的向导告诉我说。

这不只浪费水，且成本高昂，因为必须对废水进行处理。我在小镇的另一边看到了一条运河，牛仔水洗室的废水就常年排放到那条河里。现在那条河里的水就像焦油一样，恶臭熏天，难闻得都让我想吐。值得庆幸的是，现在越南规定水洗室的废水不能直接排入水道。

但是，想要让工厂老板们改变乱排污水的做法真的没那么容易。

一位牛仔裤专家告诉我："他们关心的是用水洗牛仔裤，而不是担心地球的生态。"

这些被洗过的湿淋淋的牛仔裤又被搬送到一个个巨大的木箱里，推到另一个房间，再扔进大型烘干机里。一些牛仔裤会用化学物品进行处理，然后在大烤箱中烘烤，以造成"猫须"的效果。这个过程称为"干法处理"。

身穿天蓝色 T 恤衫的年轻男女工人（每个部门都有其指定的颜色）在令人窒息的房间里，正在手工打磨牛仔裤的膝盖和大腿的位置，就像木匠在木头上做工一样。有些人戴着医用口罩以防止吸入牛仔布粉尘，但大多数人没有戴。

他们劲头十足地打磨着手中的活计，激情饱满得着实让人震惊：每条牛仔裤从原始到磨旧状态一分钟都用不到。工人们非常专注，没人说话，也没人关心周围发生了什么。一个小小的疏漏就会被扣薪水。在我参观期间，这些打磨工人每周六天、每天打磨至少 400 条牛仔裤，这还不算加班期间打磨的牛仔裤。

这就是那些手工劳作工人痛苦的工作状态。而那些操作机器的苦命工人工作的强度甚至更大。我看见过一个女工拿着一个看起来像超大的牙钻的机器裁剪短裤的样子，机器发出阵阵嚣叫，刺耳得甚至可以震破水晶。十秒钟的工夫，就把牛仔短裤的前后口袋和褶边磨成时尚的多孔样式，一分钟就完成了六条。一整天都是如此。她在这样一个不打喷嚏都很难的房间里居然不用戴口罩。

　　棉花专家萨莉·福克斯（Sally Fox）向我解释说，其实这种情况并非必然。萨莉·福克斯在萨克拉门托（Sacramento）西北部的卡佩谷（Capay Valley）拥有一个面积达 130 英亩的名为"绿色农场"（Viriditas Farm）的农庄，她就住在农庄里一个加倍宽的拖车房里。一个秋天的早晨，我和她一起坐在她那拖车房里的一张简朴木桌旁聊天，客厅里摆满一堆纸板箱和一排排橡木文件柜，里面全是关于棉花的一些档案资料：研究报告、订单、色板。窗户是开着的。农场里一片祥和宁静，只听到美利奴绵羊（merino sheep，一种优秀的绵羊品种，是细毛羊的主要品种）在草坪上咩咩叫，公鸡在谷场里打鸣，北风吹过屋前的树荫发出沙沙的声音。

　　福克斯身高一米七，留着齐耳短发，头发边缘有些花白，笑起来很真诚。她穿着一件水蓝色的棉麻无袖上衣和一条褐色牛仔裤。61 岁的她脸上皱纹不多，且不带一丝妆容，碧绿的眼睛清晰明亮。

　　我去见福克斯是因为她被业内许多人士称作"现代有机棉之母"。她是北加州人，12 岁时就靠替人照顾小孩的收入买了第一根手纺锤，然后开始纺羊毛、纺棉，纺她能找到的任何东西。1979 年和 1980 年她响应美国政府"和平队"（Peace Corps，为"促进世界和平和友谊，为感兴趣的国家和地区，提供有能力且愿意在艰苦环境下在国外服务的美国男性和女性公民，以帮助这些国家和地区的人民获得训练有素的人力资源"而成立的一家志愿服务组织）的号召去了冈比亚，帮助那里的人通过自然的方法来对抗虫害。在过去的四十多年中，她一直在亚利桑那州和加利福尼亚州进行有色有机棉的育种和养殖。

伴随海岛棉（Gossypium barbadense）的人工种植，彩棉出现了，并且颜色多种多样：有棕色、棕褐色、绿色、蓝色。我们坐在她的拖车里聊天的时候她告诉我说，中国人种了一种浅黄色的棉花用来织布，织出来的布叫作"南京棉"（nankeen）。这种布在美国殖民地区很流行，"每个人都想要一条用'南京棉'做的裤子。"

硕士毕业后，她去了加利福尼亚靠近戴维斯的地方，在那里给一位独立植物育种专家罗伯特·丹内特（Robert Dennett）工作。有一天在清洗温室时，她打开一个抽屉，发现了一袋棕色棉花。她还记得那袋子里的棉花纤维又短又细又粗糙，但她却非常喜欢，她想，如果能用这种棉花来织布，肯定很受人欢迎，因为不需染色了。

她向美国农业部订购了这种棉花种子，然后将其种植在丹内特温室里的花盆中。

福克斯对长出来的棉花很满意，于是在加利福尼亚棉花种植之都贝克斯菲尔德（Bakersfield）附近种植了四分之一英亩这种棉花。她说："第二年，我租了一英亩土地，然后又租了五英亩，接着又租了十一英亩……棉田一直在扩张。"她在这种棉花里发现了一种叫作"单宁酸"的物质，这种物质不仅可以使棉花变色，还具有天然抗病和抗虫功能，于是她开始了有机棉花的种植。她说，当时"没有人在种植有机棉"，"一个都没有"。

她创立了 Natural Cotton Colors Inc., 一家销售她命名为"FoxFibre"

的有机彩棉的公司。与此同时，她开始与独立时装设计师合作并签订生产合同。 其中一个合作伙伴就是 Levi's。福克斯的棉花被用来纺织成褐色牛仔布，而她的朋友丹·迪桑托（Devi Disanto）——当时也是 Levi's 的设计师，将这种布用来制作一款新的牛仔裤。我们在她的农场见面的那天上午，她正好就是穿的那种牛仔布制成的牛仔裤。

李维斯和福克斯商定了一份为期三年的协议。她给西得克萨斯州的农民提供彩色棉籽，然后农民们组成一个合作社，一起种植、纺线，并织成牛仔布。李维斯公司随后会从那里购买成品牛仔布，并将其制成衣服。第一年，农民用福克斯的种子种了 100 英亩棉花，做出来的牛仔布被李维斯公司买走。第二年，订单增加到一千英亩地用的棉籽。第三年增长到了三千英亩。"农民们赚了很多钱，"福克斯回忆道，"他们高兴极了。"

感到高兴的不止农民们，还有李维斯公司。她说，牛仔裤和夹克"非常受欢迎"。

当福克斯的棉花地达到一千英亩的时候，李维斯的老板（也是斯特劳斯的曾曾曾外甥）鲍勃·哈斯（Bob Haas）告诉她："这将改变世界。如果你可以提供十万英亩棉花地用的种子，我可以做到改变整个世界。"

她回答说："我需要两年时间，但我可以做到。"

"那就去做吧。"他说。

这次，福克斯和哈斯没有签订合同。她告诉我："我之所以立下这样的目标，是因为我非常想尽力减轻这种巨大的环境灾难。""我赔上我所有的身家，以此一搏。我用了所有的种子，花了一百万美元去做这件事情，期望能种出十万英亩的棉花。"

当福克斯忙于该项目时，李维斯公司陷入了管理危机。

1996 年，李维斯公司报告年度销售额突破了 71 亿美元（超过耐克）之后，哈斯发起了杠杆收购。虽然这项交易赋予了李维斯公司在其他相关企业里的投票权，但产生了 33 亿美元的债务，这些债务在股票市场上市，使公司的财务状况岌岌可危。

事实证明，1996 年是李维斯公司收入增长的最后一年了：让人始料未及的是，随后的几年，由于新兴品牌的不断涌现，市场竞争异常激烈，公司因此失去了市场份额，销售额一路下滑。公司开始裁员。

福克斯去旧金山与新的管理层见面，哈斯仍然是首席执行官。她还记得当时，公司的副总裁嘴里一直不停地念叨着他有多讨厌棕色和绿色，语气里充满了厌恶。"你什么时候见过绿色的车？"他说。

李维斯取消了棉花订单。

福克斯的公司 Natural Cotton Colours 申请了破产。

她从她那超宽的拖车房里向外望去，一直望向外面的北加州大草原，沉默不语。

"我失去了所有的一切。"

在 20 世纪的大多数时间里，李维斯公司在服装界算得上业界良心。一部分是因为李维斯公司的掌管人——斯特劳斯的后代——哈斯一家都是虔诚的犹太人，他们秉承斯特劳斯的优良传统，投身救济和慈善事业；还有部分原因是该公司的总部设在了崇尚政治自由的旧金山。20 世纪70 年代，李维斯首席执行官小沃尔特·哈斯（Walter Haas Jr.）聘请了一位宗教伦理学家，以向其咨询如何成为一个更有社会担当的企业。该公司在 70 年代中期的时候，因印度尼西亚贪污腐败现象猖獗，而将业务撤出该国；又因南非政府的种族隔离政策而选择不进入南非市场。在 20 世纪 80 年代初，李维斯公司成为首批正面应对艾滋病流行的美国公司之一，制订了公司行为标准以显示对患艾滋病员工的支持。

小沃尔特的儿子鲍勃曾是参与援助科特迪瓦建设的"和平队"志愿者。当他 1984 年接管公司的时候仍然秉承这一精神理念。1990 年他曾说："这真的不是一厢情愿的爱管闲事。一家公司的价值观——它所代表的形象、员工的信念，对其成功至关重要。"

但是现在生意不景气了。青少年市场已转移到像 Gap 和 Tommy Hilfiger 这样的时髦品牌，时尚消费者转向了新的热门专业品牌。为了弥补收入的急剧下降，李维斯公司开始在像柯尔百货（Kohl's）这样的折扣店进行销售，这进一步削弱了其声誉。摩根士丹利旗下的迪安威特公司（Mean Stanley Dean Witter）服装分析师乔西·埃斯基维尔（Josie Esquivel）曾就此说道："李维斯公司失去了自我定位。"自此，李维斯公司名望不再。

随着名望一起消失的还有其道德方向。随着销售量的锐减，公司的价值观也随之消失。1997 年，即北美自由贸易协定签订后的第三年，李维斯公司以劳动力成本过高为理由，关闭了在美国和欧洲的 14 家工厂。

"那些工厂、那些工厂里的员工为李维斯公司效力了几十年，工厂关闭的打击对他们来说简直太残酷了。"这是我从安娜贝勒·尼科尔斯（Annabelle Nichols）那里听到的描述。安娜贝勒·尼科尔斯是一名南方女性，2016 年我见到她的时候，她已经 74 岁了，但腰板仍然硬朗。尼科尔斯曾在田纳西州诺克斯维尔市的李维斯位于樱桃街的工厂里当制衣工，一干就是 40 年。

诺克斯维尔的工厂是李维斯公司在北美最大的工厂。它于 1953 年建立，厂房以前曾是烟草仓库。厂内分为四个区域，每个区面积大约相当于一片足球场，区与区之间由水泥砌成的墙和钢制滑动门隔开。几乎所有的员工（占 95%）都是女性。尼科尔斯说，她们的工作时间是星期一至星期五，从早上 7 点到下午 3：30；星期六是从早上 6 点到下午 3：30。她们每天要制造两万条蓝色牛仔裤、卡其裤和"正装裤"。其余 5% 的员工是男性，他们主要从事管理工作，没有女性从事管理工作。监督工人的女性被称为"主管"，但她们的工资和级别都要低于男性管理者。尼科尔斯 1961 年就开始在那儿上班，那年她 19 岁。7 年后，她被提升为主管。

1997 年 11 月 3 日，星期一，即选举日的前一天，工厂里如同往日一样，机器的轰鸣声如同机枪炮一样震响着厂房地板。这时，广播里传出不容置疑的命令声，要求工人关闭机器。

空旷的厂房安静下来后，广播里的声音显得更加凄厉：

"我有一个噩耗……"

广播宣布工厂将于那年年底停止运营。

工人们站在各自的工位上哭了起来。

当时，李维斯公司在全球 50 多家工厂雇用了 37500 名员工。其中有 32 家工厂设在美国，5 家设在加拿大。李维斯公司宣布将立即关闭包括樱桃街在内的 11 家工厂。这波及了大约 6400 名生产工人，其中诺克斯维尔就有 1800 名，占李维斯公司北美员工总数的 34%。

李维斯公司发誓，公司绝不会将工作外包出去：公司发言人对外宣称，裁员的原因是消费者在服装上的支出减少了，20 世纪 80 年代消费者在服装上的支出占其收入的 7%，到 20 世纪 90 年代这个比例下降到了 4%。公司为所谓的"失业工人"提供了丰厚的遣散费和职业咨询。仅在那一年，李维斯公司就裁掉了其全球员工总数的 43%。

没有什么能真正缓解失业工人的痛苦。尼科尔斯失业了一小段时间，然后又在田纳西州史密斯维尔的军装制造厂Omega Apparel 找到了一份工作，在那里担任生产经理。

不是每个人都那么幸运。她告诉我："我们失去了很多好人。""有几个在那之后就去世了。"

李维斯公司的销售额持续下滑，年收入下滑至 51 亿美元，三年内下降了 28%。公司宣布关闭更多工厂，以"赋予公司更大的灵活性"，李维斯美国区总裁约翰·埃尔马廷哲（John Ermatinger）如是说。美国纺织品贸易及产业雇工联盟财务主管布鲁斯·雷纳（Bruce Raynor）看出了端倪，评论一针见血："李维斯是想采取底层竞争的策略。"

为使工厂关闭行动顺利开展，并扭转公司局面，李维斯公司聘请了曾担任百事可乐北美公司的总裁，50 多岁的菲利普·马里诺（Philip Marineau）来担任首席执行官。他是第一位掌管公司的非斯特劳斯家族成员（哈斯仍担任董事长）。马里诺表示，他将采用与佳得乐（Gatorade）

和激浪（Mountain Dew）相同的销售策略，他声称他并不是在讽刺什么，其实做软饮料生意"与搞时尚业务并没有什么不同"。

他说，计划很简单：李维斯"必须从一家自主生产的公司转变为服装的创造者、营销商和分销商"。换句话说，它将把所有生产分包出去，然后再一层一层地向下转包出去。

这意味着李维斯拥有的剩余几家工厂也即将关闭，其中包括 1906 年在旧金山瓦伦西亚街开设的"妈妈工厂"（Mother Factory），以及位于乔治亚州蓝岭——位于阿帕拉契山脉的一个拥有 1400 年历史的城镇的一栋运作了 43 年的厂房。一年前，李维斯公司已在蓝岭工厂辞退了 300 多名工人。现在剩下的 400 名工人也被解雇了。

受波及的都是些蓝领工作，例如制作皮带环、固定铆钉和缝牛仔裤拉链。大多数工人每小时赚 8 至 14 美元，有些人的年收入仅为 2 万美元。虽然工资给得低，但李维斯公司采取了另外的方式进行弥补——积极投身社区建设：为医院、学校、养老院、公共图书馆和少年棒球队捐款。2001 年，它向消防部门提供了 1 万美元，用于建设新的通信系统。每个圣诞节，公司都会向当地医疗中心的老年人派发小袋的洗浴用品或少量现金。几年来，公司捐款数千美元为镇上购置了第一台移动式心脏除颤器，并出钱购买了一套液压救助工具用于车祸现场救援，为美容培训课添置卷发器，为体育场增设了场地照明灯。一位高中校长道格·达文波特（Doug Davenport）说："他们所做的一切让我们拥有了许多我们本无法拥有的东西。"

一切都结束了。公司董事会的一些只图短期利益的决策，例如离岸外包，致使美国各生产小镇遭受了经济和社会的毁灭性打击。蓝岭工厂就成了这一现象的典型案例。

蓝岭工厂所在的州政府开设了一家职业介绍所，以帮助被李维斯解雇的工人找到新工作，但考虑到他们当中只有少数人具有高中文凭，所以这并不是一件容易的事。当地孩子不再去镇上的活动中心上游泳课了，因为这些曾经的工人家庭再也负担不起 20 美元的报名费。许多人为了寻找工作而搬离小镇，从而降低了入学率，这又使得校董会不得不解雇教师。年财政收入的下降，导致了公共服务的削减。范宁县的体娱主管伯尼·霍奇金斯（Bernie Hodgkins）说："资金将会很紧张。""我感觉这会毁了这个小镇。"

蓝岭工厂一事把李维斯公司推上了全国舆论的风口浪尖，各大报纸媒体纷纷谴责这一举动。但这丝毫没有减缓马里诺裁员的进度。恰恰相反，他总共解雇了 25000 名李维斯员工。他在接受《旧金山纪事报》（*San Francisco Chronicle*）采访时为自己的行为辩护："从正义的角度来看，没有理由说圣安东尼奥的人比巴基斯坦的人更应该得到这些工作。"

据报道，在解雇所有这些工人的过程中，仅 2004 年一年马里诺就获得了包括薪水、奖金和长期激励报酬在内的 630 万美元，并且在接下来的两年里，他还将获得额外的 400 万美元奖金。两年结束后，也就是在他 60 岁的时候，他辞职了。他的退休金是每年 120 万美元。

而李维斯的销售额仍在下滑——仅有 41.9 亿美元，这几乎只是十年前销售量顶峰时的一半。

破产后，莎莉·福克斯又重整旗鼓。通过"农场置换"的方式，她用自己在克恩县的农场换成了布鲁克斯的农场，也就是那年十月早晨我们坐着聊天的那个地方。"两个农场面积差不多，但这里的环境更漂亮。"她一边说，一边无限迷恋地望着窗外绵延起伏的农场。当初她开着辆卡车，后面拖着个拖车房（后来她就干脆住在里面，然后在 2003 年的时候她把它改宽了两倍），带着一些棉花种子就来到了这个地方。她一点一点、不停地培育和种植棉花，以保证品种的存活率。她在自己的网站上出售自己生产的产品（纱线、袜子、毛衣）来挣钱。她卖的这些产品都是 100% 棉。

她的新公司 Mother Nature 长年生产棉花。福克斯告诉我，第一年，棉花"长势旺盛，长成了一棵大树"。第二年，它就开花了。"如果你想让棉花在第一年就开花，就必须施加其他办法迫使它开花，那就是不要浇太多水、施太多肥。土壤不够肥沃就会使它开花，这就是为什么棉花一直被誉为贫瘠土壤作物的原因——这是面对土壤贫瘠一筹莫展的时候可以发挥效用的植物，不用急着在作物田里猛施肥料。如果没有足够的资金来使土壤恢复肥力，那么你可以考虑种种棉花，还能赚些钱呢。"

但是在 20 世纪 80 年代，巴斯夫化学公司（BASF）研发出一种基于缩节胺的生长促进剂 Pix。这种生长促进剂可以有效地让棉花每年都开花：这种促进剂可以刺激棉花开花。由于各地棉农（除欧盟以外，因为希腊和伊比利亚半岛的产棉量很小）的收入是按总产棉量而不是按土地面积来计算的，因此这一科学突破颠覆了棉花产业。棉农们开始对棉田进行大量灌溉以促进棉花生长，接着施用 Pix。福克斯说："一英亩棉田的产棉量突然一下子就从一包增加到了六包。"到 20 世纪 90 年代末，大多数的传统棉农都在使用 Pix。

为了抑制杂草生长，美国跨国农业化学和生物技术公司——孟山都公司（Monsanto）于 1997 年推出了商业化的转基因棉花品种，称为"抗除草剂棉花"（Roundup Ready Cotton）。这种棉花品种经过基因改造，可以抵抗孟山都公司自己出品的 Roundup 除草剂——一种基于草甘膦的用途广泛的除草剂。也就是说，Roundup 除草剂除了棉花以外，可以杀死其他所有东西。为了让棉花产量更好，Roundup 除草剂和抗除草剂棉花一样都不可少，要买就得两个一起买。孟山都公司的竞争对手也推出了其他类似的产品。而传统的棉农也开始使用这类产品：2018 年，美国 94％ 的棉花是转基因的。在亚拉巴马州、阿肯色州、路易斯安那州、密西西比州和密苏里州，99％ 的棉花是转基因的。佐治亚州的棉花百分之百为转基因。

Roundup 是世界上使用最广泛的农药，它占全球草甘膦除草剂市场的 40％。时尚环保主义者们对这项科技创新的成果是否会对地球产生危害心存疑虑。1994 年，Patagonia 的创始人伊冯·乔伊纳德（Yvon Chouinard）对 Roundup 的危害进行了研究，得出的结论是：Roundup 是有毒的。于是他承诺 1996 年之后就只采购有机棉。20 年后，乔伊纳德的担忧得到了证实：2015 年，国际癌症研究机构——世界卫生组织的一个分支机构，将 Roundup 和其他几种含草甘膦的除草剂归类为"可能对人类致癌"的化学物品。2018 年，拜耳（Bayer）收购了孟山都公司，并宣布将淘汰"孟山都"这个百年老字号,因为在环保主义活动家看来，这个称号已成为企业之罪恶的代名词。

为了帮助棉花抵抗各种病虫灾害，棉农们开始使用拜耳公司生产的涕灭威（Aldicarb）——一种氨基甲酸酯杀虫剂。涕灭威是使用最为广泛的农药之一。事实证明，它对人类和野生生物均具有毒性。接触会导致视力模糊、头痛、恶心、流泪、出汗和打战，大剂量摄入还可能致命。据说南非的窃贼就是用涕灭威来毒狗。

令人担忧的是，据报道美国有 16 个州在地下水位发现了涕灭威的痕迹。在奥巴马总统执政期间，环境保护署制订了一项计划，计划在 2018 年前逐步淘汰涕灭威。但 2017 年特朗普政府接管联邦机构后，涕灭威淘汰计划的网站上就一直没更新过。

尽管牛仔布体现出时尚业所存在的各种弊端，但人们对它的热爱仍丝毫未减。布兰迪斯大学海勒社会政策与管理学院院长戴维·韦尔（David Weil）告诉我说，时尚消费能够这样持续循环下去的原因有很多，这不仅是因为"来自包括私人和公共部门的资本市场的压力"。从原材料到劳动力的供应链已被破坏。他说："那些正当合理的行为已经不复存在了。"

他认为，要改变这种局面，州政府和联邦机构必须"与这些公司的高层进行公开交涉，让他们采用更有效的激励措施来制订价格结构，以促进消费行为的改变"。

他说，品牌商们最终不得不接受少赚点钱的观念。

他说，这也意味着"消费者将或多或少地多花些钱"。"如果消费者想只花 11 美元就买来一件心满意足的衣服，那就请醒醒吧！"

简而言之，时装行业需要好好估摸一下了。如今的时装业高管们"想在供应链的方方面面都插一脚，事无巨细到管生产、管运输、管条形码，连集装箱也要管，控制欲之强简直难以想象"，韦尔说，"如果染料用得不对，他们也会撤销订单。他们就是管得这么细。"

"不过，"他继续说道，"从某种程度上说，毕竟他们又没有在拉纳广场的工厂里上班，所以想要保证那里的工厂都遵守了消防紧急逃生规则是不可能的。要想解决这一问题，要么将消费者、非政府组织施压和与政府合作相结合。"

要么，他说，就要提出"一种完全不同的生产模式"。

Fashionopolis

第 二 部 分

Part two

第四章

纵向经营——棉田到工厂

在亚拉巴马州的西北角，从 R & B 音乐的录制圣地马斯尔肖尔斯，穿过田纳西河，就是弗洛伦斯——一个拥有 39000 人口的小镇。在北美自由贸易协议之前，弗洛伦斯是世界棉制 T 恤之都。

"他们所用的棉花购自附近的种植园，"时装设计师娜塔莉·查宁（Natalie Chanin）和我在她的咖啡馆 The Factory Café 里，一边吃着自家农场采摘的纯天然食材制作的培根生菜番茄三明治、喝着冰茶，她一边告诉我说。她的餐厅位于城镇边缘的一个老工业园区里，里面有 20 栋楼，每栋楼只有一层，都很宽敞，她的餐厅就在 14 号楼。她的餐厅主张用当地食材，拒绝使用现在泛滥的基因改良蔬果或施打激素的肉类，而是选用有机蔬果、自由生长的家禽作为食材入菜（farm-to-table）。

查宁从小在弗洛伦斯长大，祖上有八九代人都生活在美国南部。她有着英国人一样白皙的皮肤，头发灰白光亮，淡褐色的眼睛洋溢着喜悦，眉毛乌黑，声音甜美如图珀洛蜂蜜一样。

她还清楚地记得曾作为服装生产中心的家乡有着怎样辉煌的过去。我们吃午饭的这个地方恰好曾是肖尔斯地区第三大服装公司——Tee Jays 服装生产公司的厂址。在 20 世纪 90 年代初期，即北美自由贸易协定之前，Tee Jays 是每年有 5 千万美元薪酬开支的大厂。

查宁说："以前这栋大楼里就有一台编织机，而染房就在我们身后。""这里——"她把手一挥，示意我们所在的这个宽敞的房间，"以前就是缝纫的地方。曾有一排排的机器，成百上千的折边器在这里。Ralph Lauren，Tommy Hilfiger 和 Walt Disney 的服装都在这里生产"。

北美自由贸易协定通过后，美国的 T 恤衫生产转移到了海外。Tee Jays 等本土制造商停止运营。"北美自由贸易协定摧毁了这家公司。"Tee Jays 前老板特里·威利（Terry Wylie）告诉我说。像许多经济上主要依靠纺织业的南方城市一样，弗洛伦斯陷入了金融和社会危机。查宁说："1993 年的时候，在这两个街区范围内就有五千名工人。而且这还不包括其他服务行业的工人，比如餐馆、日托中心和加油站。这个镇上以前有 20 间染房。这里的制造业一垮，其他的也都跟着垮了。"

现在，已经过去 25 年了，查宁和她的朋友——路易斯安那州出生的时装设计师比伊·里德（Billy Reid）正努力振兴弗洛伦斯，恢复其作为"文艺复兴城市"的辉煌。

查宁和她的 30 名团队成员一起管理着 Alabama Chanin 工厂。Alabama Chanin 是一个专门生产女士服装的品牌，其特色是飘逸的有机棉连衣裙和智能剪裁，且从原料到制作都在当地。里德（Reid）将公司总部和其中一家店（2018 年我采访他的时候他在全国已经开了 12 家店）设在了镇上的主道——法院街上。他的标志性形象就像《纽约时报》时尚作家描述的那样——"酒鬼邋遢风"：皱皱巴巴的泡泡纱材质的西装外套 、挺括的亚麻裤、毛了边的工作衬衫、棉质无袖长衫和各种高品质的镶边牛仔裤。

为了给公司配备人员，查宁和里德招募了一群都市年轻人，这样，加上查宁的 30 名员工，里德现在有 70 名员工。大量创意的涌入，催生了许多新业态，包括美食酒吧、精品酒店、小型酿酒厂，还有由格莱美奖得主、当地音乐家约翰·保罗·怀特（John Paul White）共同创立的 Single Lock Records 唱片公司。每年 8 月，里德都要对外举办为期三天的盛大舞会——Shindig，展现南方特色的美食、音乐、时尚和文化，吸引了许多南方游客。2016 年 8 月，由查宁主办的第 8 期 Shindig 舞会非常成功，那次我也参加了。舞会在工厂咖啡厅举行，查宁还为数百人提供了丰盛的福利晚宴，以支持南部食物文化联盟（Southern Foodways Alliance，一个研究南部食物文化的当地机构）。

查宁和里德的所作所为被称为"慢时尚"：世界各地越来越多的设计师、商人和制造商加入了这场慢时尚运动。为应对快时尚和全球化，他们放慢了步调、降低了经济上的野心抱负，让自己有更多的精力去专注于创造具有内在价值的物品，改善客户体验并减少对环境的影响。他们也希望通过这场悄无声息的革命改善其家庭和雇员的生活质量。

慢时尚倡导的是本地化和区域主义，而不是大众化。在采用现代技术使生产更清洁、更高效的同时，慢时尚仍尊重工艺、尊重传统。它讲的是如何善待工人，和查宁口中的"去街上那个你认识也喜欢的人那里买东西"。

她尽量与那些志趣相投的时尚界人士合作：从萨莉·福克斯那里采购棉花，与纳什维尔的年轻设计师伊丽莎白·帕佩（Elizabeth Pape）合作创立直接面向消费者的服装品牌——伊丽莎白·苏赞（Elizabeth Suzann），与纽约制造的女装品牌 Maria Cornejo 关系很好，并且经常参与参谋议事。当一些有理想抱负的设计师与她取得联系，询问她是怎么做的，她都会尽量作出回应。她说："给年轻一代的设计师一些帮助，我觉得这点很重要。"每天下午两点，她都会开放工厂以供大众参观，"我们尽量保持公开透明"。

她还认为教育是关键。她在工厂里开设了制衣学校——一个教授缝纫的延伸项目，并出版了关于缝纫方面的书籍。查宁说："到我们这里来学习的有些是设计学校的学生，他们以前只知道把设计画出来，再把它们发出去，然后衣服就做好送过来了。""他们对服装的制作过程真的是缺乏认识，这些重要的知识就这样被忽视了。"

2001 年查宁制作了一部名为 *Stitch* 的纪录短片，讲述了南方绗缝艺术，并与她的第一个系列作品一起展出。自 2016 年以来，她一直与密西西比大学的南方文化研究中心合作，录制南方的缝制历史。2019 年 4 月，她首次在针线项目专题讨论会（一个每年举办一次，以"制造、音乐和社区"为主题的庆祝活动，主要关注物质文化、纺织史、棉花和女性劳工方面的议题）上发言，并介绍了她的一些研究发现。她说，她是想通过这个教育计划将缝制工艺"保留"下来，她说："这种缝制工艺作为一种技能，正在这个国家消失。"对查宁而言，当务之急是：我们应该"能够制造衣服"。她问道："如果我们丢失了像缝纫这样的手工艺知识，那对我们的文化会有什么样的影响？"

　　查宁从小在棉田边长大。她的外公曾在田纳西河谷管理局工作，她爷爷是位木匠，两个都是农民。她笑着说："我妈妈总是念叨她要靠摘棉花才买得起上学穿的衣服。"查宁的外婆和曾祖母在弗洛伦斯的 Sweetwater 纺织厂工作，生产军用内衣。她的母亲是中学数学老师，父亲是木匠和商业承包商。

　　他们都向查宁传授了自给自足的重要性。她的外婆和奶奶都会在家里做些缝纫手工，她说："一个人就可以把家里每个人的内裤、睡衣什么的都做好，"她们还教她怎么做。查宁小时候经常在祖母的阁楼里玩过家家，把老式连衣裙、斗篷和披肩轮换着穿在身上，一玩就是几个小时。她告诉我："从那时候开始，我就爱上了服饰。"她 20 岁的时候就生下了儿子扎克（Zach）。作为一位年轻母亲，她在北卡罗来纳州立大学学习时装和纺织品设计。1987 年一毕业，她就移居纽约，在第七大道为一家青少年运动服品牌担任设计助理。在那里的经历使她重新审视自己的职业梦想。

她说："我在国外待过很长时间，目睹了很多我认为并不正确的事情——你认为人类不应该做的事情。"她也耳闻了一些恐怖的事情。查宁回忆说，她有一个在 Gap 工作的朋友，"她告诉我，她去参观了印度的一家染厂，那里的染料废水就直接倒入河中。在这条河下游十英尺的地方，就有孩子在那里担水回去喝。他们喝的可是蓝色染料啊。整条河都是蓝色染料。我想：'如果做时尚就得那样干的话，那我情愿不做时尚。'"

1990 年，她移居奥地利维也纳，并成为一位 MTV 造型师。她于 2000 年回到纽约，当时只想休假一段时间，并在切尔西酒店（Chelsea）住了下来。她经常去逛 Goodwill（美国的二手商店），在那里买了些 T 恤。她将那些 T 恤剪成小块，又重新拼接在一起，并用带有绳结和穗须边的别致的绣花进行装饰。这个灵感来自她在第 26 街的跳蚤市场淘到的那件古董紧身胸衣。她回忆说："我分不清里外，那件衣服被剪开过，又加了些元素进去。这就是我当时对生活的感受——由里及表、从上到下地颠倒倾斜。于是，我把 T 恤衫从里面翻过来，露出衣服里面的制作痕迹。这就形成了我们的设计风格。"

为了完成一个系列，查宁需要帮助。她在时装区发起了研讨会。她说："我试图让他们去尝试那些别致的刺绣，但是没有人能理解我的想法。突然，我意识到，这看起来不就像是缝被褥的做法吗？如果要达到我想要的效果，我得回到亚拉巴马州，那里的人们还在手工缝制被褥。"

她说，她打算在自己从小长大的乡下租一套房子，"因为我想，我可以在那里找到会缝制被褥的人"。亚拉巴马州的绗缝历史悠久，2012年前有 Freedom Quilting Bee 绗缝合作社，之后又有 Gee's Bend Collective 被褥布匹合作社这样的机构将绗缝手工艺保留和流传下去。

查宁的姑妈最近买下了一栋红砖房，那是查宁的爷爷在 1949 年为他最好的朋友挨着自己的家建造的。查宁搬了进去，安置了几台缝纫机和一张桌子，找了几个会绗缝的手艺人帮她制作刺绣。亚拉巴马州项目就此诞生了。

当制作完成的衣服越来越多，已经足够用来拍照和出售的时候，查宁将这些衣服样式整理成一个小型录[1]，并发送给零售商看。其中一本就送到了朱莉·吉尔哈特（Julie Gilhart）——当时巴尼斯（Barneys）高端时装店的著名时尚总监。吉尔哈特善于发现和提拔年轻的时尚人才。那本时尚穿搭集吸引住了她，随后她去切尔西拜访了查宁，并告诉查宁说："你的这套时尚穿搭集既充满艺术感，又非常漂亮。"吉尔哈特很满意，她回忆说："娜塔莉的 T 恤有很多种风格，而且这个系列的主旨也明确——雇用亚拉巴马州的当地妇女、鼓励手工艺文化。""这个系列我很喜欢，这单我们定了。"其他几家零售商也紧随其后下了单，其中包括洛杉矶的 Ron Herman 和伦敦的 Browns。这个系列的 T 恤零售价最高卖到了 400 美元一件。"设计师品牌商是娜塔莉的常客，"吉尔哈特说，"她的产品销路很好。"

在那之后，查宁又开发出了更完整的系列，一个结合 20 世纪 30 年代和 20 世纪 40 年代风格的连衣裙和套装系列，就像《欲望号街车》里

---

1. 小型录:look book，业内称为"时尚穿搭日记"。

面的女主角布兰奇·杜波依斯（Blanche DuBois）穿的那种。所有这些都是由弗洛伦斯的裁缝用有机棉或再生材料制成的。查宁往返于纽约和佛罗伦斯之间，她每年还要去参加两次巴黎时装周，并在左岸酒店房间里向国际零售商们展示她的时装系列。那时，她80%的销售额都来自海外，而且都是以批发形式销售的。

我与查宁的第一次相遇大约也是在那个时候，在位于西好莱坞的马尔蒙庄园（Chateau Marmont），一栋由克雷格·埃尔伍德（Craig Ellwood）设计的平房里。当时正值洛杉矶时装周，她在镇上招揽生意。我受一个朋友的邀请去他家，并带上了当时只有四岁的女儿与我一起，恰好那个朋友也是查宁的朋友。只见查宁坐在20世纪中叶的现代沙发上，大腿上搭着一件棉质运动衫，右手拿着一根穿了线的针，左手的手指顺着线向下捋着，好像在给线做按摩。她向我的女儿解释说："这叫作'线的爱抚'。"这是一种南方的缝纫习俗。在纺线的过程中，纱线纤维不断被加捻直至足够结实。她说："缝纫的时候，如果线打结了，那是因为线拉得太紧了。""我学到的其中一门传统手艺就是'爱抚你的线'：当你的手指捋过时，你皮肤上的油脂会覆在线股上，线就不会那么紧，也不会那么容易打结了。"她一边做一边演示给我的女儿看，她们两个就坐在那儿，平静、有条不紊地用手捋过线股。

查宁的产品销售情况非常好，批发额约为200万美元。她告诉我："但是，我们都知道，建立时装公司很难。在美国建立以手工艺为基础的时装业务更是难上加难。最终，在2006年，公司出现意见分歧，我和我的商业伙伴分道扬镳了。"大约在同一时间，她有了她的第二个孩子，是个女儿。

她决定重新开始，将公司品牌重新命名为"亚拉巴马·查宁"（Alabama Chanin）。

"同样的一群人，一个新的名字。"她说。

再也没有纽约什么事了。

她的朋友约翰·保罗·怀特（John Paul White）曾说过"小镇的滋养之利"，她准备彻底实践这一观点。

她并不是孤军奋战。多亏了互联网，远程办公已成为主流。随着廉价、简单的销售时点情报系统的平价化和易操作性的提高，以及智能手机和平板电脑应用程序的开发，小型企业也有能力搞在线零售业务。在这些现代化数字技术到来之前，超本地化运动似乎是不可能的。像弗洛伦斯这样的地方与纽约、伦敦、巴黎、米兰的设计和零售网络相距太远，无法联系。但是，这种技术既然可以使 Zara 和 H & M 之类的时装巨头的全球化生产和销售更加容易，那么也可以使小城镇成为时尚的热点。当今的时装业格局已分裂，优势不再集中。

查宁与 Tee Jays 的前老板特里·威利联系（特里·威利仍持有 14 号楼的所有权），跟他商量能否租用那栋占地 16 万平方英尺的建筑物里的 2 万平方英尺部分。她把红砖房里的机器打包装箱，然后搬进了新的工作场所。她记得走进那里就像坐上了时光机器，回到了 20 世纪 90 年代初。她回忆说："我记得墙上还安有一个付费的公用电话。"

此后，她将原来的空间扩大了 1.5 倍，达到了 4 万平方英尺。她的工作室四周用胶合板和带波纹的金属隔板围了起来，里面配备了工作台、十几台缝纫机以及一个图书馆，图书馆里有数百本关于美国手工艺、缝纫和南方烹饪的书籍。多年来她收集了各种运动衫和刺绣的大量档案，并经常翻阅获取灵感。她一边递给我几幅刺绣色板，一边说："我常常在想，说不定哪天我们会带着这些去巴黎呢。然后跟别人说，'这就是我们的样品，赶紧下单吧！'"

她从南卡罗来纳州斯巴达堡市的 Signet 纺织厂购买布料（她的首选是用得克萨斯州的有机棉制成的平针布料），并且她与当地的一家手工染坊合作加工靛蓝服饰。她对有机材料的执着使她在 2013 年赢得了美国时装设计师协会/雷克萨斯环保时尚挑战奖的殊荣——该奖项引领并鼓励可持续时尚的发展。

查宁提出设计想法后，由她的助手们去实施执行。我拜访她的时候，她的样品车工是一位在北美自由贸易协定之前就一直从事制衣业的名叫苏·汉巴克（Sue Hanback）的 68 岁工人。"她本已退休，但在关键时刻回来帮助我们，"查宁说，"没有苏，就没有我们的今天。"汉巴克之后再次退休，但在需要时还是会回来帮一下忙。

不像玛丽·卡特兰佐那样用丝印的方式在织物上印花，查宁用的是模版转印的方式。她说："这是一种更为普遍的图案转印方式，最早是由中国人于公元 100 年发明的。我们现在大约有 700 张模版，有些是几何图案的，有些是花卉图案的。模版材质也有很多种，从粘贴板到坚固异常、可反复使用数百次的聚酯薄膜等。"制作方式是用喷枪将颜料喷绘到模版上，然后再转印到布料上。

一旦服装的面料剪裁好了，图案用模版印制好了，所需的绣花材料和五金小件也选好了，设计团队的人便将所有的材料捆绑在一起，查宁称之为"套件"。当有客户在线上下了订单，查宁的独立裁缝师们（大约有 20 几个）就会开始竞标。她们都是独立的承包商，可以自由决定工作时间、地点和服务的对象。她们还会在标书中写明其他所需的额外成本，例如制作材料、所需设备、医疗保健和其他福利。查宁解释说，她会根据"时效性或工作质量"来决定把业务包给谁去做。竞标成功的裁缝师需要开车到 14 号大楼，拿走"套件"，在一两天内缝制好，在做好的服装上编号并做好标记，然后再带回到亚拉巴马州查宁公司总部进行包装，最后发送给客户。手工缝制的双层有机棉平纹针织连衣裙零售价约为 800 美元。查宁公司手工缝制的有机棉大衣售价将近 4000 美元。根据制作工艺的复杂程度，裁缝师拿到的收入至少可以占到总零售价格的 25%～50%。"昨晚我和我的朋友们一起晚餐时，他们说，'你的东西也太贵了！'我想，'我去，是很贵又怎样？因为我没有亏待为我做事的人。'我又没开奔驰，我只有一辆丰田普锐斯。我的生活很简朴。"

查宁尽其所能避免长期困扰南部服装行业的劳工问题。她告诉我："有很多人问我，'你怎么知道没有童工参与？'我说，'嗯，我们认识贝蒂小姐已有 16 年了。她今年 86 岁。她只会干一件事情。她家里没有小孩帮她钩编午睡毯。'这就是为什么我们规定我们的裁缝居住的地方距离我们在一个半小时车程之内。接活和送货都必须她们亲自上门。如果有人一周就拿了 50 个'套件'回去做，那么很有可能有其他人在帮忙。我们之间的合作关系更倾向于私人关系。并且她们都是女裁缝。"

"都是女裁缝？"我问道。

"是的，都是。"她回答道。

2013 年，查宁在手工缝制系列以外增加了机器制造系列。这类衣服都是在 14 号大楼里生产，并且售价在 59 美元到 1000 美元不等。"是根据精细程度的不同来定价的"，她解释说。这类服装的生产只占到她服装生意的一小部分。她说："要想找到既能够操作缝纫机，产品质量又能达到我们要求的裁缝不容易，这就限制了我们的生产能力。"为了培训更多的缝纫机师，她与 NEST———一家位于纽约的非营利组织合作，旨在为全世界的手工艺时尚社区提供支持和帮助。查宁还向那些想要自己尝试缝制衣服的顾客出售 DIY 套件，从 150 美元的 T 恤衫套件到 550 美元的裹身连衣裙套件，价格不等。

大约在同一时间，她开了一家咖啡馆和一家商店。咖啡馆里有成排的白色木桌和与之不大搭调的农家椅子。咖啡馆每周六天供应午餐。我去她家咖啡馆的那天，吧台后面的黑板上写着："欢迎朋友们。"商店是开放式的，与咖啡馆自然地融合为一体，里面摆放着令人爱不释手的南部手工艺品以及一些精选的查宁公司的精品服装。查宁现在也做一些零星的批发业务，只批发给她喜欢的地方或由朋友经营的地方，例如田纳西州大烟山的黑莓农场酒店和圣达菲的 Smilow Mathiesen 画廊。但是，她的大部分销售额都是来自在线订购定制，交货时间通常为三到六周。我在 2016 年拜访她时，她 60% 的业务来源于电子商务，两年后，这一比例提高到了 80%。

查宁所说的"精益生产方法"（lean method of manufacturing）每天生产大约 120 件衣服，这与 Tee Jays 工厂在北美自由贸易前的鼎盛时期一年3500万件的产量相比，简直是九牛一毛。2013年，她制订了一个十年计划，目标是到2023年实现一千万美元的销售额。2018年，她的营业额达到了三百万美元，她说："我们刚好达到了我们预设的年度目标。"

她承认，以一种更加道德的商业模式去经营公司并不是"最有利可图"的方式。一路上有很多"卡珊德拉"（Cassandra，古希娜神话中一名不被听信的女先知）劝告她说，建立一条完整的国内供应链是不可能的。她说："但是，我们仍然坚持我们的标准，尽管我们可以选择更轻松的方式。我们做到了。"

她也承认，把所有的生产流程都集聚在亚拉巴马州西北部的这个地方，的确会使"我们无法与行业进行更深层次的联系，也无法跟上美国设计界的节奏"。但是，正如她所说，"超本地化"所带来的好处弥补了这些联系断裂所带来的怅然所失。她说，当"困难时期到来"时（我们确实也遇到过），"我们的管理费用和支出很低，并不像想象中那样令人恐惧"。"我是100%自由企业——没有任何合作伙伴。我们不欠银行钱。我们不欠外债。我们的投资用在年轻人身上，对他们进行良好的培训。我们积极投入社区建设。我有能力抚养自己的孩子，我的生活充满创造力，我的工作既有意义又很重要。我喜欢我现在的状态，以及我们创造出来的商品。我为能够为重建家乡的工艺传统、为家乡的未来作出贡献而感到自豪。"

跟查宁一样，比伊·里德（Billy Reid）也是在经历了起起落落之后才意识到小镇的慢时尚才是正确的经商之道。

时尚都市
Fashionopolis

里德出生于 1964 年，从小在距离新奥尔良西北一个半小时车程的路易斯安那州的长沼前哨基地阿米特城（Amite City）长大。从他的父母那一代开始就经营时装生意。他的母亲 T.J. 里德在他外婆以前住的房子里开了一家服装精品店。我到弗洛伦斯拜访里德的时候，他对我说："我经常说我们家的店是'服装店里的钢铁玉兰'。我妈妈从不在乎顾客是不是来买东西的，她们很有可能只是来这里闲聊八卦而已。"

里德的志向远大，并且他心里的计划已孕育很久。1998 年，他创立了威廉·里德（William Reid）品牌———家位于达拉斯、专注于批发的品牌。在两季内,他就发展了 35 个客户,其中包括萨克斯第五大道(Saks Fifth Avenue，美国奢侈品连锁百货公司）。2000 年，他将公司搬到纽约，厂址选在曼哈顿第 10 大道和第 11 大道之间的第 28 街的一间仓库。他的服装受到像马修·麦康纳（Matthew McConaughey）和格温妮丝·帕特罗（Gwyneth Paltrow）这样的名人的青睐，并被 *Vogue* 杂志吹捧。他曾四次获得美国时装设计师协会（CFDA）的表彰,第一次是 2001 年 6 月，获得佩里·埃利斯最具潜力设计师奖。

2001 年 9 月 10 日，他的 2002 年春夏时装秀在他的总部上演。他回忆道："那次的时装秀很成功。"但是人们还没来得及读读时装秀的评论报道，买一两件他的衣服，第二天早上发生的恐怖袭击就破坏了美国经济，也包括里德刚刚起步的时装生意。零售商们取消了面谈、撤销了订单，他的新投资者也撤回了一千万美元的投资承诺。六个月后，他不得不关门停业。"我们失去了一切。"他告诉我说。

他和妻子珍妮（Jeanne），拖着两个小孩和两只大狗回到了珍妮的家乡弗洛伦斯，搬进了她父母的房子。他试图在纽约重建生意，但是没有成功。他的朋友兼同事凯蒂（Katy）和 K.P. 麦克尼尔（K. P. McNeill）想到了另外的主意：创立一个融合里德家乡南方风俗的生活方式品牌。他们撰写了一份商业计划书，并提交给他看。他很喜欢这份计划书，于是 2004 年，他们三个在弗洛伦斯创立了比伊·里德（Billy Reid）公司，麦克尼尔担任首席执行官，凯蒂担任采购主管，比伊担任创意总监。2016 年的时候，麦克尼尔告诉我说："把公司建在弗洛伦斯这个想法一经实现，就立刻使我们的状况得到了改善。"当时我们一边聊天，一边参观里德商店楼上的办公室。商店大楼建在小镇主要街道上，是一座漂亮的 20 世纪早期的建筑。"如果比伊还留在纽约，他最多也就是一名普通的设计师，想要成功就太难了。我觉得，如果当时我们选择留在那里，我们肯定无法经营下去。"

已关门停业的威廉·里德公司和欣欣向荣的比伊·里德公司之间最大的区别在于，无论是在其自有的精品时装店还是在线上商店，比伊·里德公司都是采取的最直接面向消费者的策略。从一开始就限制了批发量，并且每年都在减少。2016 年我拜访里德时，市场细分为：60% 直接面向消费者，其中 15% 是通过电子商务的形式；40% 是通过批发，一半批发给百货商店，一半批发给时装精品店，例如伯明翰的 Oak Hall Memphis 和 Shaia's。麦克尼尔说："这些老牌商店对自己的经营模式很清楚。"

不再将销售重点放在连锁百货商店的不只有比伊·里德一家公司。近年来，美国的梅西百货（Macy's）、罗德与泰勒连锁百货公司（Lord & Taylor）和尼曼百货公司（Neiman Marcus）等零售机构，以及英国的约翰·路易斯百货（John Lewis）和福来莎百货（House of Fraser）都声称公司的销售量和利润额都在下滑，商店一家家关门歇业。大型商场已然如此，那些郊区的购物中心更是无处可依。麦克尼尔告诉我说："在未来三到五年内，百货商店将不复存在。"我也曾多次从许多时尚界人士口中听到这样的哀叹。"时装业务方式发生了本质变化。直接面向消费者的经营方式是未来趋势。"

对效率和利润的追求促进了时装业务方式的这一转变。以前里德公司只做批发时，每个季度得设计和制作 250 至 300 个款式，以便在时装周期间向零售商展示。零售商们会从中选择大约三分之一（通常是最平淡、最容易出售的款式，例如黑裤子和白衬衫），而里德公司则会从中获得零售价 30%～40% 的收入。其余没选上的样款就会报废。里德公司是一家采用垂直化经营管理模式的公司，这意味着公司从设计到零售的一切事务都要涉足——大胆自由地设计，创造出更多新颖的款式，避免重复浪费，控制分销渠道，获得客户支付金额的 60% 到 70%，并将收益再投放到公司去生产更优质的服装。比伊·里德公司在创立 3 年后盈利了。到 2017 年，该品牌的年销售额达到了 2500 万美元。

麦克尼尔说："我认为，在当今的美国取得成功的人一定是具有纵向经营思维的人，他们能完整地呈现自己的文化特质和愿景。有些客户可能会在价格上跟你死缠烂打，我们可以不跟这种人做生意。我们不追求蝇头小利，我们的眼光不局限于此。事实上，我们可能还会多付点钱。大公司的思维方式是将裁剪和缝制外包给第三方。实际上，从长期来看，是可以通过这种新方法、新模式赚钱的。"

他继续说：“最终目标是订单一下，24 小时内，服装就已经生产完成并准备好配送了。”

“就像快时尚一样。”我说。

“不过是以一种高质量的方式。”他承认道，“但是有些事情是做不到的。你不可能在一天之内完成牛仔布的水洗和装饰的所有过程。但是，面料一旦准备好，衣服很快就能制作完成并打包待发。没有批发。没有场地租赁成本。没有库存成本，也就没有库存风险。”

“我们打通了时空障碍……”里德说，“只要经营方式不出问题，认真地做，就不会受到空间上的限制。”

2011 年，麦克尼尔开车经过当地的一片正值收获的棉田，他顿时脑洞大开：为什么不“从棉花种植到服装的制作，所有过程都在同一社区完成呢”？这就是垂直整合的终极目标。

为什么不就在弗洛伦斯干呢？

毕竟，该地区有着深厚的纺织传统，成本不会很高，而且生产工艺和设备都是具有地方特色的。多亏了里德和查宁，一大批具有创新思维的青年才俊得以热情投身于可持续发展和美国制造的事业中。麦克尼尔将他的这一想法告诉了里德和查宁，他们都觉得这个主意还不错。

查宁说，早在北美自由贸易区成立之前，当地的纺织和服装企业做的就是“种棉花，轧棉花，处理棉花”。他们完成了棉花“从种植到棉线制作的整个流程”。

里德和查宁想要复兴这种流程，但要用现代技术做点改变：要种植有机棉花。他们与加利福尼亚州温特斯市的"持续种植棉花项目"
（Sustainable Cotton Project）联系，寻求种植技巧，并找得克萨斯州有机
棉营销合作社要种子。如今，棉田里 99% 的棉花是转基因的。

查宁说："我们发现地球上现存的（有机）棉籽其实很少。我们找
了好几个月。结果真的很让人吃惊。"

最终，他们找到了足够的（有机）棉籽来种植第一批作物。有人怀
疑这种做法的可行性，就像查宁观察到的那样："所有棉农都觉得，'这
是不会成功的。你想在这里这样种棉花是不可能的。'"

"很多人跟我们打赌说：'除非使用杀虫剂，否则不可能种得出棉花
来。虫子会来吃的，吃得干干净净。祝你好运，哈哈。'"丽莎·伦茨（Lisa
Lentz）和她的丈夫吉米·伦茨（Jimmy Lentz）说。他们夫妻俩拥有该项
目的农田，"这一小块棉田自我爷爷那辈就是这样种的。"

"有一年我们遇到了干旱。我们没有去浇水。我们什么也没做。"
查宁说，"棉田里开始长杂草，我们就手工除草。但在某些地方，杂草
太多了，都要盖过棉花了。但在这种情况下，棉花仍然生长旺盛。"

2012 年春季收获的时候，她告诉我"人们从四处开车赶来"。"有些
人甚至从旧金山飞过来。我们举行了摘棉花派对。六英亩棉田，六百磅
棉花，三百多人。他们在派对上一起载歌载舞，欢笑声一片。"

我们将棉花装袋并送至当地的 Scruggs & Vaden 轧棉厂，以除去棉籽。
然后再将它运到北卡罗来纳州已有 50 年历史的 Hill 纺纱厂加工成纱线。
在加工有机棉之前，要对工厂的机器进行清洁，以避免之前纺织传统棉
所残留的化学物质污染。工厂老板说，他从未见过如此干净的棉花——

这就是手工采摘的效果。

　　其中一些纺好的纱线被送到位于亚拉巴马州佩恩堡的 Little River 袜子纺织厂的吉娜·洛克利尔（Gina Locklear）那里。洛克利尔被称为"亚拉巴马州的袜子女王"，她是这家织袜厂的第二代主人。她的父母特里（Terry）和里贾纳（Regina）在 1991 年创办了这家工厂，以吉娜（Gina）和她的妹妹艾米莉（Emily）的名字将工厂命名为"Emi-G"，并为美国运动品牌 Russell Athletic 生产白色运动袜。有着 14000 人口的佩恩堡当时被誉为"世界袜子之都"，全球 8 双袜子中就有一双是产自这里的 150 多家工厂。但《中美洲自由贸易协定》（CAFTA）生效后，佩恩堡的生意就被洪都拉斯抢走了。即使到了几乎快没有订单可做的时候，洛克利尔的工厂还是在苦苦支撑。他们知道工厂一旦关闭，就永远不可能重新开张了。"到时候我们就只能到工厂来坐坐，然后就无事可做了"特里·洛克利尔说。

　　2008 年，28 岁的吉娜接管了工厂。作为一名积极的环保主义者，她想将自己热爱的两件事情——可持续发展和纺织袜子结合起来。她告诉我，她在自家的工厂里生产了一系列有机棉袜，并称其为"Zkano"，发音为"za-ka-no"——一个亚拉巴马州印第安单词，意思大概是"一种美好的状态"。这款袜子颜色大胆，图案设计也很花哨。2013 年，她又推出了第二个系列——Little River Sock Mill。这个系列灵感来源于美国文化，色调更加柔和，图案更加平淡，以复古花卉设计为主。这两个系列的销量都很好，工厂变得生机勃勃。

　　洛克利尔已经与查宁和里德合作完成了一些项目。所以当查宁与她联系棉花项目时，"哇，我太高兴啦！"洛克利尔告诉我说，"在我开始从事袜子生产之前，我就欣赏他们俩了，因为他们给我们的社区、我们州带来了希望。现在，他们也要在我们州种棉花了。这真是太好了。"洛克利尔生产的数百双袜子非常天然，没有图案，没有染色，都是原始朴素的样子。她回忆说："我们的技术人员对他们的棉花印象非常好，说非常好用。""我记得他们是这样说的：'这棉花太棒了。'"

查宁和里德种植的其余棉花由位于南卡罗来纳州斯巴达堡的 Green Textile（现为 Signet Mills）织成布料（约 700 码），然后再运回弗洛伦斯制成服装。查宁说："从棉花到成衣，整个生产周期花了我们大约一年的时间。事实证明我们可以做到。"

她送给我一件 V 领 T 恤。普普通通的平纹针织面料柔软、致密，针脚细密、严丝合缝，可以说是我拥有的品质最好、最舒适的 T 恤之一。

2018 年，麦克尼尔夫妻俩离开比伊和弗洛伦斯，到纳什维尔——一个向北开车两小时的地方，开创新的事业：他们接管了 Imogene + Willie（发音为" Eye-muh-gene and Willie"）品牌。这是当地的一个休闲服饰品牌，因其复古且有提臀效果的牛仔裤受到时尚行家的追捧。这些牛仔裤就是在商店的工作室里缝制出来的，至少早期是这样。

Imogene + Willie 的发展史在慢时尚运动中具有警戒意味：它发展得太快了，真的是太快了。Imogene + Willie 以前的老板将业务转移到洛杉矶，放弃了超本地化的初衷，去寻求大规模、工业化，于是迷失了方向。该品牌成立不到 10 年，就濒临消亡了。这时，麦克尼尔将其带回最初的地方——一个位于热闹的纳什维尔南 12 区、经过修复的 20 世纪 50 年代的加油站。他们坚持慢时尚，坚持直接面向消费者的经营模式，取消批发销售，仅在其一家商店或在线销售产品。到第一年（即 2018 年）结束时，公司销售额在 300 万美元左右，距离五年内达到 1000 万美元的目标又近了一步，即将盈利。他们的理念是："小步前进，不要为了发展而发展。"麦克尼尔说。尽管大部分生产线仍在洛杉矶，但他们最终还是希望将生产线更多地放在纳什维尔。他说，保持生产流程紧密联系可以使他们"有信心将自己做的每一件事情都做得很棒"。

纳什维尔一直以来都是美国的音乐之城。但它也是美国的第三大时尚中心，仅次于洛杉矶和纽约。大部分订单来源于政府采购，其中大部分是军服，因为联邦法律禁止将此类服装的生产外包到国外。当然，本地娱乐业的服装业务一直以来也是非常重要的——想想猫王（Elvis）、多莉·帕顿（Dolly Parton）和现在的杰克·怀特（Jack White）身上穿的那些装饰夸张的舞台服饰你就知道了。

然而，在过去的十年中，简易时尚（straight-up fashion）已然成为时尚的第三大类型。与弗洛伦斯一样，纳什维尔最吸引人的地方是这个方面：像弗洛伦斯一样，那里的生活和工作成本大大低于纽约或洛杉矶。有一个统计数据经常被人提起——每天有超过一百人迁往纳什维尔，这使其成为美国发展最快的城市之一。但是，吸引服装公司的还有其他原因：交通便利的国际机场，无须缴纳州所得税，丰富的湖泊和河流资源（服装生产中水是必不可少的生产元素），以及纳什维尔培育和推崇创新的文化氛围。

时尚都市

Fashionopolis

2017 年，纳什维尔时尚联盟（NFA）报告称，时尚业在该地区创造了 16200 个工作岗位和 59 亿美元的收入，预测到 2025 年，这两项数据将分别跃升至 25000 个和 95 亿美元。超过一半的公司（一百多家）是在过去的 5 年中成立的。此外，每年春天，非营利性的纳什维尔时装周都会举办一系列的时装秀，组织专题讨论会，举行盛大的宴会。纳什维尔不久就成为美国服装的一支生力军。

与 Imogene + Willie 一样，纳什维尔的大多数时尚品牌都擅长取该镇的特色：钱布雷衫、优质棉 T 恤、赤耳牛仔裤。（纳什维尔的人不怎么穿西装。）这里有许多拥有众多追随者的时尚前沿设计师。例如，前比伊·里德男装负责人萨凡纳·亚伯勒（Savannah Yarborough）于 2014 年创立了她的个人高端定制皮夹克品牌——Savas；塞里·胡佛（Ceri Hoover）则以她的手工手袋和鞋子闻名；还有备受赞誉的时尚品牌伊丽莎白·苏赞（Elizabeth Suzann）的创始人和设计师伊丽莎白·帕普（Elizabeth Pape）。

帕普是纳什维尔时尚界的后起之秀。她通过自学成为一名裁缝师，并于 2013 年在自己的次卧里创立了伊丽莎白·苏赞（取自她的姓和中间名）品牌。我 2016 年认识她的时候，她才 26 岁。她的公司建在小镇边上的一个工业园区内，占地 1 万平方英尺，有 18 名员工。那时她公司的年销售额已增长到 300 万美元了。她的品牌服装极简时尚：柔软的外套、宽松的裤子，材质简单，一般是中性色调的羊毛、丝绸、亚麻和棉面料，面料都是环保的且尽量做到从国内采购。2018 年，她那里的服装售价从一件无袖亚麻上衣 125 美元到一件帆布外套 265 美元不等。

所有服装都是定制生产，交货期为两到三周。"我们没有库存，"帕普在她的展厅里告诉我，"也没有销不出去的尾货。"

跟在查宁公司一样，每个裁缝师都要负责从头到尾完整地制作一件衣服，一直到缝上标签。对于产品系列的搭配，帕普采取了快时尚的策略，即在无季节性经典主打系列的基础上，时不时地出一些新的款式。她说，这样一来，那些老主顾就又会"回到我们身边"。她的服装在纽约和洛杉矶卖得最好，尽管这两个地方都不是公司所在地，她也觉得无所谓。"这种距离感和独立感其实挺好的。"她说，"这不会让我觉得茫然不知所措，面对庞大复杂的行业市场因怯弱而缩手缩脚。"

帕普在纳什维尔面临的唯一障碍是缺乏经验丰富的员工。25 年前，北美自由贸易协定毁掉了服装生产劳动力———些人下岗后干起了别的行当，一些人退休不干了，一些人去世了。家政类培训课程也几乎同时消失了。如今，帕普说："年轻人对缝纫并不太感兴趣。"她公司里的员工都是她自己手把手教出来的。纳什维尔时尚联盟前负责人范·塔克（Van Tucker）表示，针线手艺人的短缺是影响纳什维尔服装行业蓬勃发展的"最大挑战之一"。为了弥补这一短缺，纳什维尔时尚联盟和田纳西州的天主教慈善机构建立了一所学院，专门教授难民如何缝制衣服。就如同一百年前的纽约一样，那时的移民就是以缝纫工作作为自己美国梦的起点的。

在纳什维尔的欧米茄服装公司（Omega Apparel，该公司在北美自由贸易协定期间努力从军方争取到了军服生产合同而得以幸存，而 2016 年我到访时，它正在转向 T 恤和帽衫等街头服装的生产），整个生产团队都是由天主教慈善项目安排过去的移民和难民组成。他们大多数来自缅甸、伊朗、叙利亚和苏丹等地方。其中一些妇女是穆斯林教徒，戴着传统的头巾。一位经理对我解释说："我们通过 Google 翻译进行交流。不过他们正在学习英语。"钟声响起，意味着午餐时间到了。裁缝师们在工作区旁边的长桌边坐下，打开便当盒，房间里瞬间飘散着来自世界各地美食的香气。

20 世纪 20 年代初期，服装企业家戴维·佩里（David Perry）打算在纳什维尔开设新的针织服装厂。佩里 50 多岁，是英国移民，他从 2007 年开始就在洛杉矶生产高级针织品和运动服。他随他的妻子利（Leigh）一起搬到了纳什维尔〔他的妻子是地地道道的肯塔基州路易斯维尔人，是美国二人音乐组合沃森双胞胎（Watson Twins）的其中一位〕。自从搬到纳什维尔后，那里的生活节奏和行业氛围都博得了他的好感。他刚去的那会儿，发现"这里的生活最低成本比加利福尼亚的最低工资还要低"。

一切重新开始，这使得佩里可以自由设计自己梦想中的生产中心。安装太阳能供电系统，支付工人高出联邦最低工资几美元的时薪待遇，他相信这将是"田纳西州第一家完全公开透明、完全可持续发展的工厂"。最开始，他将会从洛杉矶带去一些熟练工，一些非常出色的裁缝师。他形容道："如果想组建一支队伍与其他竞争者赛跑，你就得有最快的车手。"他打算先帮助这些熟练工在当地安顿好，再雇用当地的劳动力，然后让他那支熟练工团队对当地工人进行培训。

他说，该工厂还将设一个设计中心、一个面料陈列室，并提供采购咨询——总之，"除了染色外，其他该有的都要有。假如你是纽约的一个品牌，你的服装就想在美国生产，那么你可以到我们这里来，我们可以为你提供自始至终的全套生产服务。你可以实现就在家门口生产服装，而不是跑到离洛杉矶两千英里之外或海外的某个地方。"Imogene + Willie 和 Billy Reid 都表示对在他们工厂生产服装感兴趣。

佩里说，"洛杉矶的服装制造业是建立在一种破碎的商业模式之上的，主要是通过拒绝给予工人合理工资或雇用非法劳工的方式"。而在纳什维尔，"这里不存在什么旧有的破碎的商业模式。我们可以从一开始就以正确的方式建立起商业模式。我会告诉客户：'这就是我的定价，这个价格是合理的，通过购买我们的商品，您为美国创造了就业机会，也展现出了您对有道德的行业操守的支持。'我希望客户纷至沓来并大加赞赏：'太棒了！制造业就应该是这样的。'"

第五章

选择性离岸外包

我在弗洛伦斯和纳什维尔拜访的这些时尚行业人士向我说明了一个问题：年收入在500万到1000万美元之间的中等规模的慢时尚企业是可行的、有利可图的，是明智的也是令人羡慕的。但是，是否可以将这种运作裁剪车缝小车间的超本地化、细致周到的商业模式扩展运用到管理拥有成百上千工人和组装生产线的大型工厂呢？发达国家是否可以凭此重振国内制造业呢？这些都即将在有着"棉都"之称的曼彻斯特找到答案。

2016年11月的一个上午，天空灰白，我斗胆只身前往英国曼彻斯特以东的斯泰利布里奇（Stalybridge）——弗里德里希·恩格斯在 1845 年描述过的 一个"到处脏兮兮"，令人恶心反感的磨坊镇。斯泰利布里奇所属的坦姆赛德自治市随处可见废弃的维多利亚时代的磨坊，这些磨坊现在已被改造成公寓、办公室、超市，甚至是体育馆。坦姆赛德不再像以前那样脏乱。它如今已成为一个中产阶级郊区。

同时，它也再次成为棉纺业的中心：沉寂了将近 70 年后，塔式磨坊（红砖砌成的巨型建筑，高耸的烟囱）重新投入生产，为一家名为"English Fine Cottons"的新公司纺棉。

English Fine Cottons 公司的商务总监翠西·霍金斯（Tracy Hawkins）接待了我。她 50 岁出头，一头金发，热忱好客。她在英国服装行业干了很久了，她也承认自己非常疲倦。她说，在 6 个月的时间里，"我们平地建起了一座现代化工厂，我们完成了，并且它运行良好"。

我去的那天恰好是公司第二个全天营业日，于是有幸目睹了英国三十多年来首次大规模的棉纺生产过程。English Fine Cottons 公司的建立并不是预先计划好的。曼彻斯特土生土长的企业家布伦丹·麦考马克（Brendan McCormack）和史蒂夫·肖尼西（Steve Shaughnessy）共同经营着坦姆赛德自治市有着悠久历史的 Tame Valley 工厂，在那里为一种名为"凯芙拉"（Kevlar）的芳香聚酰胺类合成纤维生产所需的工业用纱线。（尽管英国服装业的纺织业务已经崩溃很久了，但工业用技术面料仍有市场需求，并且在发达国家更容易规模化生产。）多年来，他们还会收到加工棉花的业务需求，但他们都婉言拒绝，因为那不是他们的业务范围。在随后的 2014 年，Tame Valley 工厂正对面的 Tower Mill 挂牌出售。

由维多利亚时代著名的建筑师爱德华·波茨（Edward Potts）设计的这栋四层高的纺织厂建于 1885 年，在其鼎盛时期，厂里的纺锤就有 4.4 万个。自 1955 年逐渐衰败以来，Tower Mill 在几家公司间几经易主，还曾在 20 世纪 90 年代初期作为 BBC 电视连续剧 *Made Out* 的固定拍摄点。在 21 世纪初期，曾有传言说它要被改造成豪华公寓。正当麦考马克和肖尼西考虑要扩大公司规模的时候，Tower Mill 工厂开始对外出售了。当时他们这样想：也许我们可以试试纺棉。但是他们不想在这栋老式的工厂里重演狄更斯笔下的那些恐怖场景。霍金斯告诉我："我们想创造一个追求卓越的地方，能生产出精良纱线的地方。而不是老厂、老机器、老工艺，摆摆样子而已。"

在 Tame Valley 工厂的母公司 Culimeta-Saveguard 私人投资了 280 万英镑（合 365 万美元），向大曼彻斯特联合管理局（Greater Manchester Combined Authority）的投资基金会借了 200 万英镑（合 260 万美元）的贷款，又从纺织业发展计划获得了 100 万英镑（130 万美元）的赞助经费之后，麦考马克和肖尼西两人搭档买下了 Tower Mill，对其进行修复，并使用最新技术进行了改装。霍金斯提出了业务战略，并得出了成功的两个关键："灵活性"和"高质量"。

她解释说，灵活性意味着确保工厂"从最细的纱线到最粗的纱线都能纺出来，可以纺编织品用的纱线，针织品用的纱线，袜子用的纱线……任何纱线都可以"。"既然我们立志将公司建设成英国唯一的棉纺厂，带动整个行业重整旗鼓，那么面对客户时，我们不可能这样说：'哦，除非您的订单有五百吨，否则我们不接单。'"至于质量，她说就是要保证"在从商过程中秉承工匠精神，不忘初心，尊重传统，发扬英国特色"。他们只会采购最优质的棉花（最开始他们认为有机棉是最好的，但后来发现有机棉质量参差不齐且供货量不足。最终，他们选择了皮马棉（Supima）———一种可持续环保的产自美国的极品特长绒棉），和来自巴巴多斯的超软海岛棉（Sea Island）。霍金斯说："经典的英式衬衫以前就是用海岛棉制成的。就是伊恩·弗莱明（Ian Fleming）在描述詹姆斯·邦德（James Bond）的衬衫时提到的那种棉花。"

接下来的挑战就是要寻找纺纱专家来操作先进的机器。"我们上哪儿能找到既可以搭建现代化工厂又会管理的人呢？"霍金斯对此有些困惑。在21世纪的英国，这样的技能人才并不是市场的热门。但她打听到约克郡有一个叫保罗·斯托拉（Paul Storah）的人，他曾在南非开过现代化的棉纺厂，最近又搬回了英国。于是她立即去请他来担任公司的运营经理。她笑着对我说："凭借点小运气，哒哒哒哒哒，问题神奇般地解决啦！"

工厂被隔成了一个个工业化车间，如迷宫一般，到处可见蜿蜒盘绕的管道和嗡嗡转动的机器。在高科技出现之前的那个时代，工厂主们依靠曼彻斯特地区潮湿的气候来抑制"飞絮"（也就是我们说的空气中的棉丝）的漫天飞扬。如今，棉花通过一个个巨大的液压管往返运行，从一个加工机到另一个加工机。大多数加工机的功能是独立的：有分离纤维的鼓风机，有混合各种等级棉花的搅拌机，有用来"夹住"或抽出短丝的精梳机，还有我最喜欢的"异物清除器"———一个大大的装满棉花的玻璃盒，看起来像一个超大号的电影院爆米花机。利用激光扫描一团团雾状的棉花，以探测是否有异常的棉籽、树叶或枝枝丫丫。一旦检测到有异物，发现碎片时，像针孔一样精确的喷气嘴就会将其喷射出去。

所有的设备都是由坐在无菌室电脑旁的实验室技术人员来操控的。工厂里的空气每小时与外界循环换气 25 ～ 30 次。霍金斯告诉我，现代化的棉纺业主要关注的"就是保持空气洁净"。

她说，棉花通过各种加工机高速运作，直到棉丝散发出"梦幻般的光泽，轻盈又挺直"。经过层层加工处理，棉丝变得更加纯净、蓬松、漂亮，越来越接近你理想中棉花的样子。这时，加工机才会以每分钟 15000 转至 20000 转的速度飞速地将棉丝纺成纱线。这个过程不可避免会产生飞絮。但是现在不必像过去那样依赖潮湿的空气来抑制棉絮满天飞，也不用像 19 世纪那样，雇用儿童拿着小扫帚在纺锤间来回轻扫，现在的纺纱机都配备了定制的真空吸尘器。

纺好后的乳白色纱线会被送往曼彻斯特以北英国仅存的几家传统染纱厂之一的布莱克本染纱厂进行染色。霍金斯拿了几个灰色、海军蓝和油灰白的成品线轴给我看。棉丝根根纤细、光滑且漂亮。约翰·斯宾塞（纺织品）有限公司［John Spencer (Textiles) Ltd.］是一家位于兰开夏郡伯恩利附近的织布厂，如今已承袭了六代人。它是英国唯一获得认证的有机棉纱线织布商，也因此在离岸外包浪潮中幸存了下来。送到那里的纱线会被做成袜子，销往英国大众零售商 Marks & Spencer。到 2018 年，English Fine Cottons 通过签约纺织厂生产自己同名商标的布料。他们的业务包括：为 Marks & Spencer 生产男士衬衫，为 Aquascutum 生产外套。

尽管工厂实现了高度自动化，麦考马克和肖尼西还是在 Tower Mill 创造了一百多个工作岗位。English Fine Cottons 在营业的第一年就生产了 100 吨纱线，到 2018 年达到了 450 吨。在 2018 年秋天我与霍金斯的最后一次交流中，她告诉我，市场供不应求，以至于他们不得不雇用更多的人，并且工厂也改为一天 24 小时、一周 7 天不停地连轴转。那时，English Fine Cottons 已经成为英国唯一的大型棉纺厂，生产的纺织品遍布全国。Burberry 在购买他们的纱线，Peter Reed 也在购买他们的纱线——"做出来的床上用品是全英国品质最好的"，她骄傲地说道。

"生产回流"指的是使在北美自由贸易协定之后的全球化浪潮中流失到海外的制造业回归到本土的商业策略。这种"制造业回归本土"的趋势发展强劲，在纺织行业尤其如此。2014 年，纺织和服装行业是美国三大"生产回流"领域之一，仅次于电气设备生产和运输设备制造行业。2016 年，纺织和服装行业增长迅速，跃居第二。行业雇用了 13.5 万人，产出占美国时尚业的 10%——与 2013 年的 3% 相比，增长速度惊人。在英国，2011 年到 2016 年服装生产工作岗位增长率达到了 9%，总计 10 万个，并且预计到 2020 年，还会新增 2 万个工作岗位。

如今的"生产回流"运动并不是本着"复兴美国"的盲目乐观理念，例如，如果公司想要让 20 世纪 90 年代和 21 世纪初期离岸外包出去的工作重新回归本土，并不是说把工作岗位按照从前的样子重新分配给下岗的员工就行了。事实上，大多数工人在这二三十年间已经"落伍"了。而且，继续采用过时的阿克莱特时代的商业模式也会让时尚业停滞不前。

因此，English Fine Cottons 及其同行的做法不是"生产回流"，而是"选择性离岸外包"（rightshoring）：利用最先进的技术和公开透明的操作模式重振国内生产（通常为那些停业已久的工厂）。纳什维尔时尚联盟前负责人范·塔克告诉我："'选择性离岸外包'看上去与 1980 年代的制造业不同。创新带动发展，并且是蓬勃发展。社会问题，特别是可持续性发展是很重要的议题。当今的制造业是技术驱动的制造业，有着高度的自动化。"

瑞银财富管理全球首席经济学家保罗·多诺万（Paul Donovan）称，这种趋势是全球化的"逆转"。"机器人和数字化意味着我们可以在本地开展高效生产……如今的贸易战争是新商业模式与旧商业模式的战争。"他预测称，全球商品贸易，如服装贸易将"重回以前的'帝国主义时代模式'，即进口原材料，然后在消费者附近进行加工生产"。"选择性离岸外包"并不是说什么原材料都得在本土采购（不可能因为 English Fine Cottons 公司需要棉花就必须在英国大量种植棉花）。但这的确意味着需要在终端消费者附近进行生产，例如销遍全英国的 Marks & Spencer 家的袜子就是出自 English Fine Cottons 的；或者说，这还意味着设计师需要在本地采购面料，例如娜塔莉·查宁采购的平针织料就是来自卡罗来纳州。

技术的采用有可能最终会使纺织和服装制造业变得更加人性化、更符合伦理道德。这听起来似乎有些不合常理：我们可以不必少付工人工资、亏欠工人待遇、使用过时的设备也能生产服装。我们可以采用垂直整合的运营模式，在有受过技术培训的设备操控员把控的洁净、安静的工作环境下进行服装生产。那些很早以前制造业就已经衰败的地方也可以这样做。工厂里的设备操控员有可能就是你认识的人。也有可能工厂就在你熟悉的某条路上。机械自动化可能不会创造成千上万的制造业工作岗位，但是它总能给某个地方带去 100 个工作机会，再给另外某个地方带去 100 个，并且带去的每一个工作机会都是健康、安全且报酬丰厚的。尽管听起来会很奇怪，但技术确实会使供应链更加人性化。

"选择性离岸外包"运动极大地振兴了北卡罗来纳州的纺织和制衣业，到 2017 年，该州的 700 家工厂（其中许多跟 English Fine Cottons 公司一样属于高科技公司）雇用了 4.2 万名员工。在南卡罗来纳州，帕克黛尔纺织厂（Parkdale Mills）在 20 世纪大部分时间里算得上美国最大的纺纱厂之一。1980 年，这家位于加夫尼的工厂原本计划雇用 2000 名工人，每周生产 250 万磅纱线。2005 年中国加入世贸组织后，帕克黛尔将生产业务转移到了中国，加夫尼的帕克黛尔纺织厂自此停止生产。2010 年，帕克黛尔工厂在南卡罗来纳州重新开业，在纺织车间配备了先进机械设备，车间上方有一些操控室，技术人员就坐在洁净的操控室操作纺织设备。安德森·沃利克（Anderson Warlick）解释说："我们很清楚，为了生存，我们必须尽可能地利用新技术。"现在 140 名工人就可以每周生产 250 万磅纱线。虽然不像过去需要 2000 名工人来做，但总还需要 140 名，总比一个工人都不要的好。这种成功的模式极具感染力——新业务会催生更多新的业务，直到经济真正繁荣起来，颓废已久的城镇重新焕发生机。

世界各地，包括中国在内，都来此投资建厂。2015 年，总部位于浙江的科尔集团（Keer Group）在南卡罗来纳州的兰开斯特郡开设了第一家国外工厂。这家工厂占地 165 英亩，总资产达 2.18 亿美元，设置了 500 多个工作岗位。跟 Tower Mill 一样，这家工厂运用了大量电脑操控设备。

科尔集团的主要动机当然是牟利：中国不断增长的劳动力成本和能源成本使得纺织行业的利润空间缩减。而且，正如麦考马克和肖尼西意识到的那样，采用新技术建新厂远比旧厂升级改造容易得多，因为它不会影响工厂的正常运营、不会裁员、不会扔掉还可以将就使用的旧设备。科尔集团董事长朱善庆解释说，南卡罗来纳州还有其他优势，例如"邻近棉花生产地，以及港口交通便利"。

另外，麦考马克和肖尼西还发现，政府对选择"选择性离岸外包"的企业是有"激励措施"的。科尔集团也利用了这点，获得了价值约 2000 万美元的政策扶持，其中包括基础设施建设拨款、政府债券和税收抵免。如今，在卡罗来纳州有数十家高科技中资纺织工厂，这一事实使一些当地人感到难以置信。正如兰开斯特郡经济开发公司当时的总裁基思·滕内尔承认的那样："我从没想过会是中国人让我们重新获得了纺织业工作机会。"

在纽约，纺织业已是明日黄花，因此振兴纺织业要做的不仅是"选择性离岸外包"，而是需要抓住任何残存的力量，奋力一搏。在这过程中，有人成功，也有人失败。早在 1997 年，布鲁克林区行政长官就宣布了在日落公园（Sunset Park）布什码头建立时尚孵化园的计划，但却一次次地宣告失败。1998 年，制衣工业发展公司（Garment Industry Development Corp.，属劳资管理机构）成立了时装工业现代化中心，但最终也草草收场。设计师娜莉特·利保瑞（Nanette Lepore）组织了几场"拯救制衣区"集会（她的公司就位于西 35 街），并游说华盛顿议员争取支持，但响应她的人并不多。

事实证明，只有那些对时尚业怀有炽热追求的人才会让事情有实质改变，例如纽约的那些时尚人才。创立 Zero + Maria Cornejo 品牌的玛丽亚·科尔内霍（Maria Cornejo，发音为"Cor-nay-ho"）就是其中之一。早在 20 世纪 80 年代末，这位在英国学习的智利设计师就曾在巴黎的英国大众时装零售商 Jigsaw 工作，在那里她目睹了她所谓的"虚假经济"。

她经常被派到中国香港出差。公司安排她坐的是商务舱，住的是五星级的文华东方酒店，但却要求她跟客户谈生意时锱铢必较。她的办公室在布利克街（Bleecker Street），办公室里装满了书，她用她带有西班牙口音的英语跟我交谈。"他们老是跟我说，'是这样的啊，跟他们讲一件毛衣降一美元，然后再横跨半个地球给我送过来'。这种做法我无法理解，真的是无法理解。"

服装的生产是一个"愚蠢得不可理喻的过程"：欧洲和美国的设计师将服装规格电子表发送给亚洲的一家工厂，委托其按照要求把服装做出来。在无数次电子邮件、电话来来回回交流后，做好的样品被送到公司总部进行检验，结果还经常不符合要求。纽约的一个大品牌（其名字家喻户晓）在中国订购了 600 个样品，结果又"减少到 200 个"。她说："其中的浪费你能想象到吗？"

她解释说："我只想在一个地方完成所有的过程，就算是做一件简单的 T 恤，我也想要从头到尾都拥有控制权——如何设计外观，如何制作，由谁制作等。我想要清楚我是在和哪些人打交道。"其实她想要做的就是"选择性离岸外包"。

1996 年，她与她的摄影师丈夫马克·博思威克（Mark Borthwick）一起搬到了纽约，买下了莫特街（Mott Street）上的一个旧车库。1998 年，她就在那里开起了一家商店，商店背后就是缝纫工作室，以便缝制、销售一些"有趣的、简单的、价格公道的衣服"。她说。她之所以称其为"Zero"，是因为她"希望人们关注衣服本身，忘掉对衣服外观先入为主的想法，也不要去想它是不是名牌"。在开业的第一天，她就赚了 2500 美元。她后来回忆说："我们认为这是一个好兆头。"当她得知有一家大型德国时装公司也叫"Zero"时，便将自己的品牌改为"Zero + Maria Cornejo"（加号念"Plus"）。

她的团队来自五湖四海，但成员之间合作非常紧密。黄江（Jiang Huang），移民自上海，负责缝制样品（后来他去学了纸样剪裁设计，然后同时兼任这两项工作）。坦雅（Tonya），来自俄罗斯，负责针织活。林恩（Lynn），来自中国，负责丝绸品。"是她向我引荐了黄先生。"科尔内霍说，"你看，我这里什么材质的衣服都能做。"她的衣服标签上写着：缝制于莫特街 225 号。做好的衣服会拿到屋前的精品店去卖。"我记得有一天，一位女士对我们的衣服定价有异议，我说，'你看到在后面那间屋里工作的那群人了吗？他们在纽约住，我们付给他们应得的工资。我们还要付房租。我这里的衣服跟那些拿到通布图（Timbuktu，西非共和国的一个城市），让童工做出来的衣服不一样。'"

很快，就像娜塔莉·查宁所经历的那样，巴尼斯百货公司（Barneys）就登门拜访寻求合作。不久之后，科尔内霍就获得了大量粉丝，其中包括米歇尔·奥巴马（Michelle Obama）、蒂尔达·斯文顿（Tilda Swinton）和辛迪·舍曼（Cindy Sherman）。她始终坚持公司的发展路线，控制增速，只做女装和少量的配饰，例如皮带和鞋子。她说："我从来没有兴趣做标有我名字的内裤。不想一味地只求扩大营业范围，对此我毫无兴趣。公司的成长并一定就是指规模的扩张。绝对不是！公司的成长意味着行事正当、环境正气，创造了正确的环境。我要一步一步、稳扎稳打！"

公司发展到 2008 年，她那原本在莫特街上的 1800 平方英尺店面 10 年内就扩大了 4 倍，以前店面后面的工作室已经发展成一家成熟的公司。是时候考虑换地方了。开车路过绿树成荫，布满鹅卵石的布莱克街时，她看到一栋楼要出租。那是一栋 20 世纪初的三侧有窗的建筑物。她当时就想，这栋楼用来做她的新工作室太合适了。底楼 1500 平方英尺用来做店面，剩下还有 6000 平方英尺——地下室用于存储，一楼用来做批发、零售和联络室，二楼用来做设计、制衣、物流和财务工作室。

在一个炎热的夏日里，我临时兴起，决定去那里看看。只见二楼的工作室洒满了阳光，到处都是卷在金属架子上的布样、纸样、平纹细布样品和成衣。生产车间坐着几个工作人员，他们看起来都不满 30 岁，戴着耳机，坐在电脑桌旁忙碌着。大厅对面，黄先生和他的设计团队正在为春夏系列的服装设计配饰。我们走进去时，他正在仔细打量一件漂亮的浆果红色棉丝绒斜襟连衣裙。

　　纽约大约有 50 个品牌至少四分之三的产品是在当地生产的，而科尔内霍就是其中之一，他们几乎所有的成衣都在纽约市范围内生产（除了鞋子要靠意大利的皮革工匠制作，要在中国和秘鲁采购一些针织品，在玻利维亚雇了一些有特色的编织能手手工编织毛衣之外）。她的大部分供应商都与她同在时装区，比如"36 街，8 街"，她说，"如果厂里出了点什么状况，我的人马上就会跳上 6 号线去看看是怎么回事。"

　　自 2009 年以来，科尔内霍每年会出四个系列，两个是为纽约时装周的秀场做准备，两个用于展厅预约参观。她有两家商店（一家在纽约，一家在洛杉矶），还有在线商店和批发商店，雇有 28 名员工，每年的销售额约为 1000 万美元——这都是查宁所追求的目标。然而这与 Dior，Gucci，Chanel 和 Louis Vuitton 这些每年可以赚取 50 亿到 100 亿美元的大型品牌相比较，简直微不足道，但对于一家由一个女人独掌的私人公司而言已经足够让人肃然起敬了。

　　她说："曼哈顿中城能成为纽约的时尚中心是有原因的。走出办公室就能随时去见客户的感觉真是太好了。"

　　曼哈顿中城不一定永远都是时尚中心，尤其是当安德鲁·罗森（Andrew Rosen，第三代服装行业的企业家，最近才当上 Theory 时装公司的首席执行官）提出自己的建设规划后。在过去的几年中，罗森率先提出将整个时装区迁至布鲁克林日落公园的倡议。那个地方已经建有几个独立的制造中心了：2012 年，拉尔夫·劳伦（Ralph Lauren）前设计助理鲍勃·布兰德（Bob Bland）在纽约海军舰队供应基地 2 号仓库中建立了时尚孵化项目"Manufacture New York";普拉特艺术学院（Pratt Institute）创建了布鲁克林时尚＋设计加速器;还有就是设在修缮过后的纺织工厂集群中的绿点制造和设计中心（Greenpoint Manufacturing and Design Center）。这三处都是布鲁克林创客社区成员经常光顾的地方。

2017年2月,市长比尔·德布拉西奥（Bill de Blasio）在阿波罗剧院（Apollo Theatre）发表"市情咨文"（State of the City address）,像20年前该市主席承诺的那样,要在布鲁克林的布什码头建立纽约制造园区。然而,与上一次不同的是,纽约市承诺为此次项目投资1.36亿美元,其中包括电影和电视制作设施的投入。园区预计将于2020年开放。"您将会看到整个区域欣欣向荣、充满生机。"市长德布拉西奥宣称。

2017年,纽约市有1568家服装制造商,约四分之一位于时装区或在时装区附近。并非所有人都渴望到东河那边发展。那年春天,设计师邓姚莉（Yeohlee Teng）在主题研讨会上就此表示了自己的忧虑:"我们觉得时装区就是我们的孵化器。"纽约服装中心供应商协会主席乔·费拉拉（Joe Ferrara）对这个项目嗤之以鼻,称之为"时装业的放逐"。

这甚至让时装界之外的人士也感到不安。就像服装设计师史蒂文·爱泼斯坦（Steven Epstein）说的那样:"如果贝蒂·米勒（Bette Midler）的裙裾被唱和声的男歌手踩到而撕烂了,舞台服装部主管还可以马上跑到时装区买面料,再送回剧院,然后重新裁剪裙裾,演出甚至还没有开始裙子就缝好了。"

罗森不同意这种观点。

"一直以来,我都强烈支持和拥护去努力构想时装区二十年后的模样，而不是沉湎于怀念二十年前的样子。"2017 年，罗森在他位于甘斯沃尔特街肉类加工区的公司总部那间朝西的、全白的办公室里告诉我说。

他 60 岁出头，一米八几的个子，体格强壮。他一边享用桌上的一盘生鱼片，一边跟我说话。说到重点的地方，还用筷子在空中比画着。

"许多人担心（布鲁克林项目），因为他们认为没有人（制造商、工人、客户）愿意来这里。"

他舞了舞筷子。

"但……"

他又舞了舞筷子。

"如果我们在最好的地段、用最先进的设备创建一个充满活力的新社区，人们一定会愿意在那里工作，这将是一个蓬勃发展的现代产业。"

早期的时候，Theory 时装公司的"所有东西"都是纽约制造的。他说："所有的事情都可以在这里完成，我还有什么理由跑到海外去做呢？"他一边说一边大快朵颐，"但是随着全球业务的多元化，就价格方面来说，在海外生产还是有许多优势的。"他让我想想丽资·克莱本（Liz Claiborne）的创举。他说："他们是第一个这样做的企业，他们改变了游戏规则。他们建立了价值数百万美元的公司，因为他们清楚如何开展海外制造，这就是他们的优势。"

他说，如今 Theory 时装公司四分之一左右的商品——"夹克、裤子、高端定制服装"都是纽约制造的。

其余的商品呢？

"遍布全球，比如中国、越南、秘鲁。"

Theory 和 Helmut Lang（罗森经营的 Link Theory 集团旗下的另一个品牌）的样品都是在公司时髦阔气的时尚设计中心（在甘斯沃尔特街，与公司仅一街之隔）设计、制造、配饰和收缩测试的。设计中心于 2016 年建立，配备了当时最新的技术，例如压着机（一种压着封口，而不是缝纫封口的系统）以及激光制导的样板剪裁机（精度更高、浪费更少）。外观设计一定下来，就会发送给中城或海外的制造商进行商业化生产。Theory 的经营模式是混合型的，不是完全采用"选择性离岸外包"，因此相比某些把所有生产线都放在国外（甚至样品生产）的竞争对手，他们会有选择地在国内或国外投入生产。

罗森会把这些离岸外包出去的工作机会重新带回纽约吗？

他说："如果重新选址，并且比较集中的话，那就有可能。"

对于美国的小型企业（年营业额不超过 1000 万美元）而言，毫无疑问应选择在国内投放生产。他说："这样生产速度更快，还可以随时监控。在国内进行生产好处很多，我鼓励年轻的初创企业这样做，至少把 75% 的生产放在纽约。这是创业的最佳途径，比 5 年前更容易。"

他确信将时装区迁至日落公园将使整个项目更具吸引力。

"现在纽约制造业的问题之一是服装制版在一个地方，样品制作在一个地方，剪裁又在另一个地方，"他说着，筷子一会儿指向东，一会儿指向西，一会儿又指向南，"然后缝制又在别的地方。"

他说："我认为在那里一切都会成为可能。"他左手挥向日落公园的方向，"因为年轻的那一帮"（他指的是年轻的时装界人士），"他们都住在布鲁克林，无论如何他们都负担不起在都市经商的成本。在这里就不一样，他们可以在同一个地方实现设计、制造和展示，简直不要太棒！"

我说："就像一个时尚都市。"

"对。"他回答。

他把筷子指向我。

"或者叫时尚生态圈。"

玛丽亚·科尔内霍总部设在邦德街，后面有一家商店，专门出售西海岸风情的服装，售价相对于玛丽亚·科尔内霍超本地化、注重环保生态的时尚系列要低一些。这个品牌就是 Reformation，由在比弗利山庄（Beverly Hills）长大的前模特亚尔·阿夫拉洛（Yael Aflalo）于 2009年创立。Reformation 是一个环保品牌，生产过程公开透明，采用"选择性离岸外包"模式。但是阿夫拉洛的志向比科尔内霍更加远大：她说她想成为"可持续发展的快时尚品牌"。

她并不认为这两者是矛盾的。

她告诉我："也就是说在不对环境造成影响的基础上快速推陈出新。"

阿夫拉洛的方案很简单：在干净卫生、正规的工厂（主要是位于大洛杉矶地区的工厂）生产质量上乘的潮牌时尚产品，例如七分裤、收腰迷你裙和露脐装，并以合理的价格出售——在 40～450 美元之间。Reformation 拥有大量明星粉丝，其中包括泰勒·斯威夫特（Taylor Swift）、蕾哈娜（Rihanna）、模特儿卡莉·克劳斯（Karlie Kloss，她后来成为一名投资人）以及萨塞克斯公爵夫人梅根·马克尔（Meghan Markle，她在 2018 年皇家南太平洋巡回访问期间穿过 Reformation 家的一件售价 218 美元的清新飘逸、灰白相间的条纹"菠萝裙")。

"我设计的服装也适合这个女服务生,"阿夫拉洛在 2017 年《魅力》(*Allure*)杂志社采访时说道,"她前一天晚上赚了 200 美元小费,而且非常想要这条裙子。我们差不多就让她以她赚来的小费买走了那条裙子。"

那个扮演女服务生的模特是阿夫拉洛向美国服饰公司(American Apparel)的创始人多夫·查尼(Dov Charney)借来的。多夫·查尼被指控涉嫌性骚扰和管理不善,于 2014 年被董事会开除。在这之前,查尼证明了在美国生产低价衣服,同时又保证工人工资高于最低标准是绝对可能的。早在 2004 年,他支付的时薪就在 13 ~ 18 美元,并提供医疗保健和免费英语课程等福利待遇。即便如此,他仍然能够从中赚得巨额利润。

我问美国加州服装协会(California Fashion Association)负责人伊尔莎·梅契克(Ilse Metchek),查尼是如何做到的。

她解释说:"是规模经济。他什么都是自家生产。他的布料不是买的,是自己生产的。公司是垂直经营的,完全的垂直经营。而且库存单元(SKU,stock keeping units)或出售商品名目非常少。他家有 T 恤衫,有连帽衫。他家没有一百种不同的商品名目。他没有对外承包,全靠自家生产。机器本来就有。他名下没有固定资产,厂房是租的。人们对成功的定义不同。有些人在哪里办厂,就想把那里买下来。然后心里又会犯嘀咕:我这是在做房地产生意还是在从事服装行业?"

阿夫拉洛汲取了这一经验。她的主要工厂位于弗农郊区的工业园,是租来的，价格便宜。她采购的大部分面料都是其他公司的滞销库存，也很便宜。她的库存单元也很少——只有打底上衣和牛仔裤。但是她会经常出一些短期流行系列，是的，就像快时尚一样。她认为，只要一直贯彻 Zara 商业模式，能实时分析销售数据，销得好的商品及时补单，销得不好的商品赶紧撤单（如果足够敏锐的话），那么以全价出售更多商品并且不留库存是可以做到的。（尽管快时尚品牌通常会有大量的滞销库存。）如果你生产的服装比传统的快时尚服装价格更高，但质量更好更耐穿，那么顾客在扔之前也会再三考虑的。她说："便宜的东西是一次性的。我们努力不让我们的衣服成为一次性的。我们的客户买了我们的衣服，不想穿了还可以再转手出去。"

阿夫拉洛 40 岁出头，有一头光泽亮丽的深褐色头发，说话声调略带上扬，颧骨突兀，都可以在上面晾衣服了。她年轻时就深谙经商之道：她的父母在洛杉矶市中心开了一家时装店。1999 年，21 岁时，她决定一试身手，以自己的名字 Yael 创立了自己的第一个品牌——Ya-Ya。著名的西好莱坞零售商弗雷德·西格尔（Fred Segal）订购了她的服装，除此之外，还有其他几个类似的专卖店也成为她的客户。到 2005 年，Ya-Ya 的销售额达到了 2000 万美元。她后来说："我买了一栋大房子，有很多辆车。我参加各类聚会，并且喜欢给自己放长假做设计。"但是 Ya-Ya 在 2008 年经济萧条期彻底溃败了。为了偿还债务，阿夫拉洛花了一年时间为 Urban Outfitters 设计快时尚服装。

当她的财务状况再次稳定之后，她对公司进行重新整合，并对复古服装进行一番改造设计，为提升品牌价值，将品牌改名为"Reformation"，在下东城一家精品店对外出售。很快，生意就做得风生水起，在纽约和洛杉矶都开设了分店。她说："我不是一个工作狂。我可以以自己喜欢的方式去生活。"

有一次她到国外出差，目睹那里的浪费和污染感到震惊，突然她意识到：从那时起，Reformation 一定要做到绿色环保，一定要有社会责任意识——她称之为"生态时尚"（eco-chic）。"我既要推崇利他主义，也要充分考虑自我价值。"她宣称道。她接管了博伊尔高地（Boyle Heights，一个聚集低收入人群的市区，曾因抗议绅士化而闻名）的一家旧面包店，然后把它改造成了——用她高调宣传的话来说就是"美国第一家可持续发展的缝纫厂"！她甚至在工厂后院弄了一块果菜园，鼓励员工们自己种菜。她还为自己购置了一台特斯拉。

阿夫拉洛采取的操作方式很好，例如：采购时要考虑材料来源是否绿色环保，是否符合社会公德价值观，在其网站上发布品牌旗下所有产品生产过程中的碳排放量和用水量，以及在商品上贴上"RefRecycling"标签，方便客户将不想穿即将丢弃的衣服邮寄回厂重新改造利用（这种情况很少发生）。该公司的口号完全说明了这一点："我们生产的服装会迷得你毫无招架之力，但却不会毁得环境毫无还手之机。"

尽管这些操作方式都挺好的，但她有一条经商原则，这条原则她经常挂在嘴边，毫不掩饰，也是她在 Urban Outfitters 工作时学到的一点经验："商品上市速度要快。"

她十分信奉这条经商原则，因此聘请了 Zara 的潮流趋势总监 Manuel Ruyman Santos Fdez 作为她的设计总监。Reformation 集团的投资者之一，Stripes Group 的创始人肯克斯·福克斯（Ken Fox）在《福布斯》采访中说道："亚尔很有可能造就下一个 Zara。"

她觉得福克斯说得没错。事实上，她正努力为此做准备。

她告诉我："其实 Zara 的有些衣服质量挺好的。"

在她的观念中，或是她的商业计划中，从来都认为增长没有上限。根本就没有衣服生产得太多了这回事。

她公开宣称："当今可持续发展平台很流行'少买少用'，但我并不认为这种策略适合广泛推广。"

她告诉我："我认为这不是一条可行的商业途径。我觉得要劝告消费者少买少用是很难的。可能会有一小部分人采用这种方法，但是真的，我真的认为这不是解决气候变化的最理想的办法。"

对她而言，可持续发展意味着严格管理：使用可再生能源或清洁能源，例如太阳能。"我们的碳排放量比行业平均水平低50%。"她自夸道。她同时关注水的消耗量，通过自己的改善行为去"抵消"其他已经造成了的环境损害。就像在水处理方面，"我们与非营利组织合作，清洁水道，"她解释说，"我不知道我们清洁了全美多少加仑的水了。"她说。通过这些举措，她的公司实现了碳平衡、水平衡和废弃物平衡。

2016 年，阿夫拉洛将公司从博伊尔高地的面包店搬走（用她的话说就是"那个地方都快被我们挤爆了"），迁到了弗农一个曾是牛仔裤品牌 True Religion 总部、单层面积12万平方英尺的地方。弗农地处101号高速公路以东，遍布着一排排仓库、汽车修理厂和制衣厂（正规合法，没有带尖齿的铁丝网栅栏围绕的制衣厂）。

工厂的正面没有设 Reformation 标志。它跟周边的工厂一样，都有栅栏和停车场，但是以前的果蔬园就没有了。公司约 1/3 的商品都是在这里裁剪和缝制的。T 恤衫是在该地区的合同工厂里生产的。毛衣是在中国制造的。阿夫拉洛工作的地方——创意办公室位于 Platform［在卡尔弗城索尼影城（Sony Pictures Studios）街上，是时髦豪华的零售和商务中心］，距离工厂约 20～40 分钟车程（视交通情况而定）。她安排了班车往返于这两个地方。她每个月大约会去两次弗农。

跟查尼一样，阿夫拉洛同样采取了令人称赞的"选择性离岸外包"策略，例如向工厂工人支付高于最低工资的工资，提供医疗福利、现场免费按摩，开设职业咨询、英语培训和如何成为美国公民的课程。但是请不要误会她的意图——她这样做并不是因为她爱国。"对于'美国制造'，我并不顽固支持，"她告诉我，"我们的生产线在美国而不是在海外，因为在这里我们能做到更快地生产、更快地销售。我们销售的产品越来越多，周转频率也越来越快。"她所坚持的只是一种明智的经商方式而已。

她还清楚，向世人公开展示公司这种人性化的商业操作方式也是明智的。2017 年 4 月 22 日（世界地球日），她敞开了弗农工厂的大门，邀请公众前来参观营业中的 Reformation 工厂。自此，公司宣布将在以后每个月的第一个星期五邀请公众来参观。2017 年 10 月，我前往参观了一次。

Reformation 弗农工厂的接待大厅很明亮，颇具中世纪极简主义风格，配有家具设计师哈利·巴托亚（Harry Bertoia）风格的钢丝椅和设计师埃罗·沙里宁（Eero Saarinen）风格的白色郁金香茶几。进门上班的员工很年轻、很时髦，而且很多人都是牵着狗来的，有牛头犬、杂交犬、白色的被称作 Elodie 的贵宾犬。

"今天是'带狗上班'的日子吗？"35 名访客中的一位问道。

"不是，"接待员回答，"每天都可以带狗来上班。"

带领我们参观的是运营和可持续发展部门的副总裁凯瑟琳·塔尔博特（Kathleen Talbot）。她 30 岁出头，身材娇小，长得粉嫩粉嫩的，很漂亮。她穿着一条紧身牛仔裤，一件深蓝色的 Reformation 去年款的真丝衬衫和一双米色平底鞋（黑色尖头）——效仿经典的 Chanel 芭蕾舞鞋的款式，直直的褐红色头发随意地往后一挽。

她告诉我们，阿夫拉洛的"愿景"是"切切实实做一些与众不同的事情"。她说这句话的时候，我们刚好在有一间写着"聊天室"的会议室和一处"小厨房"（"L'il Kitchen"）的咖啡角。休闲室很宽敞，里面配有长长的焦糖色真皮俱乐部沙发，两个大普拉提球、一个沙袋和一个立体声音响，旁边放着很多劳拉·伯格利兹（Laura Pergolizzi）的歌碟。这可能只能算是标准的西海岸式的民主、平等、创新的企业文化，但至少比起达卡的那些工厂来说，一个天上一个地下。

当时，Reformation 拥有八家商店，其中三家在洛杉矶，三家在纽约，一家在旧金山，另外在达拉斯刚刚新开了一家。这些衣服是由四位创意者设计的——两位设计师（其中一位是阿夫拉洛）和两位助手。公司总共有 400 人，其中 300 人在这家工厂工作。塔尔博特说："我们欢迎拍照、录像。这里没有任何限制。"

我们的第一站是生产开发部——一个巨大的、双层楼高的全白房间，里面有布匹、线锥，女工们在工业机器上埋头缝制。

塔尔博特说："我们实际上是'快时尚'，我知道这个词听起来感觉有点污蔑性。其实我们想要表达的意思是，我们制作衣服的速度很快，我们对当前的流行趋势和顾客需求非常敏感。实际上，我们每周发布的新款式有 20 到 50 种。我们实行的是周工作制，而不是传统的季度制或季节制。一款商品从设计概念到做好送到客户手中，我们可以在短短 4 周内做到，平均算下来是 42 天。如果我们的一款商品卖得很好，我们可以在短短两周内就完成追加的订单量。我们要做的就是紧随时代潮流。时代潮流在要求我们减少产量。（我们的）生产量确实很小，但都销售一空，不存在滞销库存。你们看到的传统时装零售商搞的打折促销其实是错误的做法。一方使劲儿买，一方使劲儿生产，卖不完了，到头来只想快点清仓甩卖。我们的做法确实要灵活得多。"

我们来到布艺室，里面的缝纫师、布匹比生产开发部更多。而复古室则是将旧衣服进行改造，丝网印刷、清洗和染色，然后在 Reformation 新开的"梅尔罗斯复古精品店"中出售。接下来是牛仔布实验室——牛仔布是 Reformation 新开发的产品线。阿夫拉洛相信 2018 年的销售额将超过 1.4 亿美元，其中 80% 将来自网络商店，20% 来自实体店。在那次参观后的第二年 9 月，我们交谈了一次，那时她刚刚在华盛顿特区的乔治敦附近开设了她的第 13 家精品店。她还在诺德斯特龙百货公司做起了时装批发生意。她说，公司正在计划推出童装、男装、手提包和鞋子以及实现"一百家时尚商店"的目标。

最终，阿夫拉洛告诉我，她想让公司上市。然而在 2019 年 5 月，据说他们邀请了高盛来帮忙出售公司。与 Imogene + Willie 转战洛杉矶并试图扩大经营规模不同，阿夫拉洛巧妙地邀请了一帮精通业务的支持者和顾问来帮助她实现所有这些目标。

她的一位投资者安德鲁·罗森（Andrew Rosen）告诉我：“亚尔志向很高远。如果有人能做到的话，那一定是她。”

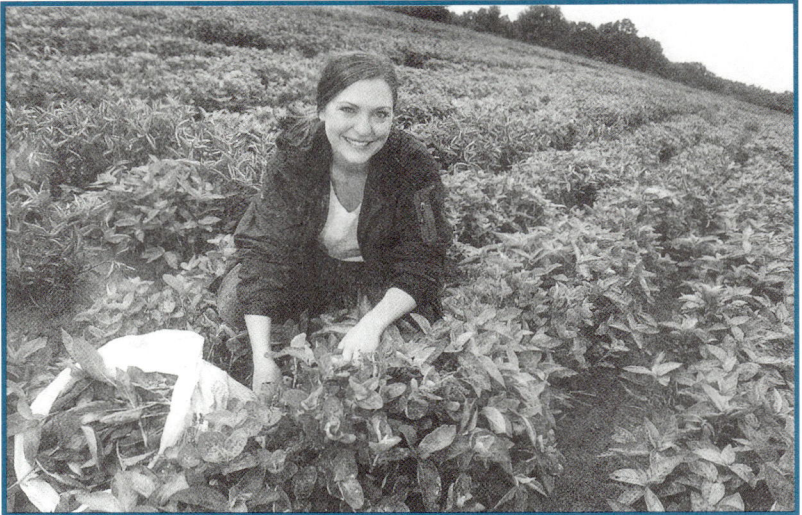

第六章

我的牛仔天堂

Stony Creek Colors 总部设在纳什维尔以北约 15 英里的乡村小镇古德利茨维尔，是一栋一层楼高的平房，房子的前门放了一排泥泞的靴子。农民兼企业家莎拉·贝洛斯（Sarah Bellos）一边穿着袜子蹑手蹑脚地蹦到书桌旁（用搁板支起的谷仓门），一边解释说："今天早上我们到地里去了一趟。"33 岁的她有着清新的面容、蓝色的眼睛，栗色的直发随意地挽在头顶，身穿灰色 T 恤和牛仔裤。她的牛仔裤是旧金山独立品牌 Gustin，所用的牛仔布是用她家的靛蓝染色而成的。那种矢车菊蓝就像蓝宝石一样鲜艳夺目。她的指甲因接触靛蓝染料而变成了黑色。

她说的"地"指的是她在附近的格林布赖尔县（Greenbrier）租用的 35 英亩土地。她还雇用了 10 名当地的农民来种植和培育槐蓝属植物。她协助种植，定期检查进度，收获的时候帮一把手，将叶子转化成染料，然后出售给制造商。 槐蓝属植物在美国已经超过一个世纪没有进行商业化种植了——自从合成染料的出现将天然靛蓝贸易推下历史舞台。（如今只有印度和日本还在少量种植槐蓝属植物。）贝洛斯想要改变这一局面。

我们穿的牛仔布几乎都是用合成靛蓝染色而成（占 99.99%）。贝洛斯说，一个尚未被公开的，也是服装业界一直小心翼翼地回避的事实是，合成靛蓝是"由数十种有毒或对人体有害的化学物质制成的，其中包括石油、苯、氰化物和甲醛"。

尽管如此，牛仔布制造业依然继续使用合成靛蓝，原因跟时装公司依赖血汗工厂生产服装一样。

贝洛斯对我说："出于经济的原因，人们都顾不上考虑这些因素。购买苯需要的钱比付给农民种植物的钱要少很多。即便这样会造成污染，但却是最便宜的经商方式。"

贝洛斯希望借助 Stony Creek Colors 来"证明一种更可持续发展的模式是可行且有钱可赚的"。

作为一个想要在牛仔布制造业发出不同声音，改变我们所有人身上所穿服饰的制作工艺的人，贝洛斯的成长经历一定跟时尚沾不上边。她在长岛的西奈半岛（Sinai）长大，"我们住在树林中一栋 18 世纪的老房子里，"她告诉我说，"我经常在湿地或树林里玩。所以我从小就为大自然而陶醉。"她的母亲是一位艺术家。她的父亲学的是林业，然后成了一名木匠。

她在康奈尔大学学习自然资源管理，之后在北卡罗来纳州立大学（娜塔莉·查宁的母校）实习。她的第一份工作是在华盛顿特区一个专门研究企业社会责任的投资研究集团。但她说："我从没打算成为一名研究分析师，我想做更切实可行的事情。我相信，有些东西要先在小公司试行，证明可行后再推广到大公司实现质的飞跃。"

于是她辞职搬到了纳什维尔，她那艺术家姐姐亚历桑德拉（Alesandra）也在那里。姐妹俩决定创办自己的可持续发展小企业——Artisan Natural Dyeworks，一家与查宁等独立设计师合作的染坊。她们学习染色过程，"主要是通过看书和大量的反复试验来学习"。贝洛斯说。尽管手工染色效果不错，又绿色环保，但"并不会解决牛仔布制造行业可持续发展危机的问题"。因此，2012年，她在纳什维尔边界的怀特斯溪（Whites Creek）租用了占地4英亩半的农场，并命名为 Stony Creek Colors。她说，有了这片农场，她想要"将定染服务的最大特点发挥出来"，例如"手工染色和过程的透明"，"并证明是值得广泛推广的"。

2016年夏天，我去拜访了贝洛斯。那时，美国只有少数手工靛蓝染艺公司，它们的规模通常很小，且"存在的目的更多的是保留手工染艺的传统"。她是唯一一家大规模种植靛蓝植物的，并且还是著名的牛仔布工厂—— Cone Mills 在北卡罗来纳州格林斯伯勒的白橡树工厂的供应商。

运气和决心帮助她获得了与白橡树工厂合作的机会。2013年在加利福尼亚州考察可持续棉花种植时，她遇到了当时李维斯的首席创新官尼尔·贝尔（Neil Bell）。当她介绍完自己的工作时，贝尔感到很惊讶。行业这么多年来一直都只使用合成染料，现在还来大规模种植靛蓝植物、生产靛蓝染料，怎么可能呢？但她向他保证，肯定可行，她正在这样做。他记住了她说的话。

第二年，贝尔把她推荐给了李维斯的长期合伙人Cone公司。当时，Cone是美国仅存的四家牛仔布制造工厂之一。"感觉太神奇了！"她说，"原来牛仔布是在这里做出来的啊。"

她告诉Cone的高管，她想在美国东南部种植其他靛蓝植物，并在那里重新恢复纺织品的生产。她说："我的这两个建议都符合Cone本身的实业建设目标。"2015年她为Cone公司提供的第一批产品（最多可以用来靛染5万条牛仔裤）效果非常好，于是Cone公司提前为2016年的15万条牛仔裤所需的靛蓝染料下了订单。有了这份合同，贝洛斯得以筹集资金开设了一家像样的工厂，并且又承包了50英亩地来种植。她是Stony Creek Colors的大股东，但公司也有个人投资者和机构投资者。

她带我回到她办公室后面的实验室。实验室里有很多不锈钢水箱，看起来像一个微型酿酒厂。她和她的团队就在这些水箱中炖煮靛蓝，等到他们觉得差不多了，便将其捣成糊状或粉末状，方便储存和出售给制造商。她的两位化学家对靛蓝进行测试，以求证"多少计量的粉末染料可以染多少磅布料，或者说多少条牛仔裤"。或者试验一下如果他们调节了pH值或其他靛染条件，它们会呈现什么样的色调，是会变成"偏紫色的蓝"呢，还是"偏蓝色的蓝"，她说道。

她还使用黑胡桃木来提取深浅不一的棕色系列；用桑橙木——一种南方生长的硬木，提取橙色色系、橄榄绿和明黄色系；用茜草——一种多年生草本植物，提取性感妩媚的蔓越莓红。但是靛蓝才是她的主打：占公司产量的95%，每年100万美元的收入也主要来源于此。

她承认，仅仅是因为农业种植的成本较高，所以乍看之下，天然染料似乎比石油衍生的合成染料要贵。她说，但合成染料成本的计算中没有包括"外部"因素，也就是对环境造成的破坏，例如"水力压裂对岩石层的破坏以及石油泄漏"。当年，科尔内霍在一家时装跨国公司工作时因表面上省钱实际上费钱的事情而感到忧虑，如今在染料行业的贝洛斯也同样如此。

合成染料还有其他问题。贝洛斯解释道，如今大多数靛蓝染料都是由国外的几个厂家生产出来的，而他们用来生产靛蓝染料的原料中有一种叫苯胺的化学物质。美国国家环境保护署（EPA）将苯胺归类为B2组，也就是有可能致癌的物质。美国疾病预防控制中心已经宣布它对水生生物"非常有害"。最近的报告表明，2/3的苯胺残留物有的随着废水排放了出去，流进湖泊、河流和其他水域中，有的附着在工人身上，有的弥漫在工人工作的环境中；剩余的1/3苯胺则附着在了商店里摆放出售的牛仔裤、夹克和裙子上。

她提议我们到格林布赖尔的地里去逛逛，那里离她的办公室有15英里车程。地里确实到处是泥。35英亩的地有11英亩种上了靛蓝植物。地里的土有点像黏土，但要沙质一些，应该是一种混合土壤。土壤不是有机的，因为她并不拥有这片农田的所有权，因此她无法全程干预对土壤的管理。但她能保证不在地里施农药。

贝洛斯手下的农民种了三种不同品种的靛蓝：一种叫蓼蓝 Persicariatinctoria），来自日本；另外两种分别叫野木蓝 Indigoferasuffruticosa）和槐蓝（Indigoferatinctoria），来自热带。日本靛蓝植物高及臀部，深绿色，枝叶浓密，像大型的罗勒，散发出来的气味香得刺鼻。她解释说，色素就在树叶里。她扯了两片叶子递给我，我把它们夹在笔记本里。待它们干枯后，我发现它们变成了跟她的指甲颜色相同的蓝黑色。日本的这个品种要开花，颜色是漂亮的紫红色，蝴蝶、瓢虫和红马蜂（主要是来吃其他昆虫的）都被吸引而来。她说："蜜蜂也喜欢这种花。"但通常，害虫们会发现靛蓝其实不好吃，是苦的，于是就不会再吃了。"尝出苦味后，昆虫们就不会再来了！"

另一块地里种的是另外两个热带品种。一个品种要长得高些——到我的肚脐眼，而且枝干纤细。虽然它是多年生植物，但茎会变硬变老，因此她每年都要重新种一次。第二个品种要矮一些，叶子也小一些。它的产量以重量计要远低于其他两个品种，但效力强劲。"就像浓缩的一样。"她说。她会让一些植物花谢结籽，等到下一个播种季去播种。

田纳西州长期以来都是以种植烟草闻名。但是随着美国吸烟人数的日渐减少，烟草种植量也跟着下降。从农民的角度来看，这反倒是件好事。种植烟草很讲究很烦琐，而且需要大量的人力——种植和收割仍然是靠手工完成。"种植烟草很令人反感，方方面面都让人心烦、讨厌。"罗伯逊县的一位农民拉里·威廉姆斯（Larry Williams）说，"没有一个年轻人愿意从事烟草种植……不过这也不能怪他们。"

烟草易遭病害，因此需要大量昂贵的除草剂和杀真菌剂。贝洛斯解释说，烟草会贪婪地从土壤中吸取养分，种植1英亩烟草需要多达300磅的氮肥。靛蓝是一种豆科植物，像大豆一样，但是比大豆所需的肥料要少得多：虽然贝洛斯种的蓼蓝每英亩需要施70磅氮肥，但另外两种热带品种则一点氮肥都不需要，事实上是它们在给土地注入氮肥。

找农民参与种植、签订劳工合同对贝洛斯来说没有困难。农民种植烟草可获得4000美元至5000美元的收入，而她支付给他们的工资只有这个数目的20%～45%，即1000美元至1800美元。尽管如此，由于种植靛蓝植物的成本要低得多，因此农民每英亩可赚550美元左右，而种植烟草每英亩只能赚87美元。为了提高效率，她开发了一种机械化的靛蓝收割机，由她的员工来操控。贝洛斯说，种植靛蓝为农民在传统作物的基础上提供了另外一种"可行的、经济的种植选择"。她说，靛蓝植物的种植"振兴了农村经济"，同时"肥沃了土壤"。

我们驱车约15分钟到达位于罗伯逊县（Robertson County）的斯普林菲尔德（Springfield），也是她的"工厂"（一座建于1950年代的8万平方英尺的红砖仓库）的所在地。一进工厂，我就被一股让鼻孔阵阵刺痛的浓烈气味给打了个趔趄。半个多世纪以来，康伍德（Conwood）仓库一直用来加工明火烤烟丝并做成嚼烟和鼻烟，因此墙上的砖孔吸收了很多尼古丁。对不抽烟的我来说，一闻到这个味道就觉得有些轻微头晕耳鸣。

当美国吸烟率下降，烟草生产业务转移到海外（是的，烟草跟服装制造一样，也遭遇了向海外转移），这时，这栋厂房的上一任所有者——美国鼻烟公司［雷诺兹美国（Reyndds American）旗下品牌］决定关门停止生产。2015 年，雷诺兹将工厂捐赠给了县政府。贝洛斯说，制烟厂的关闭"对该地区的经济来说是一场灾难"。

贝洛斯决定将厂房重新改造，另作他用。从某种意义上说，也就是要采取"选择性离岸外包"的方式。这栋厂房的马路正对面就是当地的水处理厂，因此贝洛斯可以很轻松地处理加工废水，并且厂房的租金县政府也出得很有诱惑力。"这里的面积够我们种植了！"我们一边在这个黑暗、空旷的巨大厂房里摸索着，她一边笑着说。

我们走到楼下，回到外面的停车场。停车场里堆积着几捆靛蓝植物，还有一个巨大的类似垃圾箱的容器——提取器，里面装有水，有些水来自她的蓄水池。贝洛斯每年可以收集多达 150 万加仑的雨水，这些雨水是从屋檐上滴落下来后收集起来的。靛蓝的叶子就被装进这些提取器，浸泡几个小时。

靛蓝树叶浸泡后的墨黑液体被泵入一个 6000 加仑的不锈钢桶（就像一个微型酿酒厂的放大版）中，与氧气混合后转化为染料。接着，这些液体又被移到沉淀池中，在那里进行分离。因为靛蓝是一种不溶于水的颜料，所以它会沉到底部。上面一层水会被过滤出来再利用或送到废水处理厂处理。贝洛斯给我看了一下一个装满靛蓝汁的塑料桶，里面闻起来像猫尿。我这样一说，她就笑了。"在中世纪的欧洲，人们使用尿液来分解靛蓝染料，使其溶解。"随后，染料会被制成糊状或粉末状。Cone 公司喜欢糊状的染料，贝洛斯会按要求送到白橡树工厂。

对于靛蓝植物的种植，贝洛斯有着宏伟的计划。2017 年，她的目标是种植 165 英亩（相当于三倍的增长速度）。到 2021 年，她希望能达到 17000 英亩。她说："我们生产的产品远不能满足市场需求。这个行业在不断进化发展，尤其是当客户意识到自己穿的牛仔裤里含有氰化物之类的事实后。"

贝洛斯在 2016 年跟我说，如果她上面的目标实现了，她希望到 2021 年，自己的业务能占领整个靛蓝市场的 1%。两年后，这一目标数字变成了"到 2024 年占领整个靛蓝市场的 2.8%"。

但她想做的还不止这些。

她告诉我，如果事情真如她计划的那样发展，"十年之内还将出现更多像我们这样的公司。我们等着瞧"。

慢时尚也渗透到了牛仔裤的生产中。

许多精品牛仔品牌涌现市场，例如密西西比州牛津市的 Blue Delta Jeans Co. 和威尔士州的 Hiut Denim Company，专门小批量制作手工牛仔裤。"我们的任务是制造出最好的牛仔裤，而不是制造出尽可能多的牛仔裤。"Hiut 的联合创始人大卫·海厄特（David Hieatt）解释说。2018 年初，英国皇室哈里王子的未婚妻梅根·马克尔穿了一条海厄特的牛仔裤前往卡迪夫进行正式访问，这几乎是对其品牌最高层面的认可。一夜之间，公司订单爆满，最远的排到了几个月之后。

但是，就手工艺和神秘感而言，日本牛仔布制造商们已经一骑绝尘，远远超越了他们。

对于"牛仔党"（一个热衷于蓝色牛仔布，痴迷到近乎疯狂的粉丝圈子）们来说，日本的镶边牛仔裤是顶级的。

最棒的牛仔裤来自冈山县的儿岛（火车从东京出发，往西南方向开4个小时的一个小镇）。小岛的牛仔布备受喜爱，以至于每次我跟做牛仔布生意的人一提起它，每个人（我的意思是毫无例外）都带着一副心醉神迷的神情坦诚道，他们做梦都想亲自去那个地方看一看。

儿岛就是一个为纺织业而生的地方：这个小镇是填海建成的，因此岛上的土壤很贫瘠。他们唯一能种植的作物就是棉花，而且像美国南部的那些地方一样，相继出现了很多纺织厂从事纺线和织棉。20世纪中叶的时候，儿岛发展成了制造中心，专门生产用棉布制成的校服。到20世纪60年代，日本85%的校服衬衫、运动校服、校服裤子和校服百褶裙都是在这个小镇生产的。

1965年，丸尾制衣公司（Maruo Clothing）的尾崎小太郎（Kotaro Ozaki）决定带领公司进入新领域：蓝色牛仔裤。但不仅仅是一般的蓝色牛仔裤，他要做的牛仔裤是仿制的美国牛仔裤，所用的牛仔布也是由佐治亚州著名的Canton Textile Mills（于1981年关闭）生产的。日本人对美国蓝色牛仔裤的热爱可以追溯到20世纪40年代，当时驻扎在亚洲的美国大兵在东京休假时就穿着牛仔裤。20世纪50年代以马龙·白兰度、詹姆斯·迪恩和猫王（Brando-Dean-Elvis）为代表的牛仔裤偶像的出现使得牛仔裤在日本流行开来。由于日本文化对品质的追求，日本人将美国生产的牛仔布视为黄金标准。

尾崎从美国的Canton纺织厂进口牛仔布，生产牛仔裤并出售到当地市场。两年后，他推出了一个名为"Big John"的品牌。为此，他从世界上最好的牛仔布生产商——Cone 公司的白橡树纺织厂购买原材料。1970 年，又推出了名为"贝蒂·史密斯"（Betty Smith）的女装系列，这个女装系列的名字是尾崎起的，并尽量做到听起来有美国味。丸尾的牛仔裤是按照美国标准制造的，所用牛仔布也是美国生产的，但它的受众却仅限于日本市场。

1972 年，仓敷市（Kurashiki）附近的一家工厂仓敷纺织（Kurabo）开始生产牛仔布，这是日本继牛仔裤生产之后的又一创举，开启了一场名副其实的牛仔裤狂潮，出现了越来越多听起来就像美国品牌的牛仔裤品牌，如 Bison 和 Big Stone。日本制造的牛仔裤销量从 1969 年的 700 万条跃升至 1973 年的 4500 万条。在 Big John 的品牌宣传广告里，民谣歌手约翰·丹佛（John Denver）亲自出演并创作了其中的广告曲。很快，日本 70% 的牛仔裤都来自儿岛——一个被誉为"牛仔裤圣地"的小岛。

尽管日本人很喜欢他们仿照美国品牌生产的牛仔裤，但他们也渴望有原创品牌出现。他们认为美国的牛仔布质量是最好的，特别是 Cone 公司白橡树纺织厂生产的镶边牛仔布，并且他们对服装诞生的整个流程都心怀敬意：为此付出辛勤劳动的人们、每一次的精心加工制作以及一次又一次不畏辛劳的突破创新。

20 世纪 80 年代，日本的"二手拍卖者"跑到美国的跳蚤市场和二手商店里去淘服装，专门搜寻像 Levi's，Lee 和 Wranglers 这些牛仔裤品牌的经典款式，通常这种牛仔裤标价每条还不到 20 美元，然后将这些牛仔裤拿回日本以惊人的价格转售——转售价格有时甚至是"二手拍卖者"从美国买来时价格的 50 倍。

这些老款牛仔裤不只是拿来穿的，日本人靠它来激发出新的设计灵感。在大阪，有五家精品制造商开始以顶级的方式去重新诠释美国经典款牛仔裤：采用 27 英寸织机编织、手工染色而成的赤耳牛仔布，并辅以精心设计的细节，例如后腰调节的巴黎扣。有一家公司甚至宣称它使用的是从白橡树纺织厂购买的古董织机，但是这种说法后来被专家们否认，视其为"纯粹的编故事"。大阪的这五家精品制造商复制了部分经久不衰的经典原版牛仔裤，尤其是李维斯的 501 系列牛仔裤，复制的精确度之高让人很难分辨原版和仿版。大阪制造的"新复古"（new vintage）系列牛仔裤受到了广泛追捧。

大阪制造的牛仔裤一直占据主要位置，直到儿岛制造的出现。

如今，一辆配有牛仔布座椅的公共汽车将游客从火车站运送到儿岛镇中心，在那里人们可以参观牛仔裤博物馆并沿着"牛仔裤街"漫步：步行街上到处都是美式装饰风格的牛仔裤精品店，在那里你可以买到当地生产的牛仔服饰；连小吃店卖的冰淇淋都是打着"蓝色牛仔裤"的招牌吸引顾客——其实就是用青色的色素调制出来的，吃起来就像 Pixy Stix 糖的味道。

儿岛的明星品牌是桃太郎牛仔裤，这个品牌以手工制作的赤耳牛仔裤闻名，是岛上的牛仔布厂 Collect Co. 于 2006 年推出，并以日本童话中一个小男孩的名字命名的（传说这个小男孩是从一个桃子里变出来的，一对无子无女的夫妇将其收养并给他取名为"桃太郎"）。品牌商标上画的是一个可爱的矮矮胖胖的、头发黑黑、留着锅盖头的小男孩正从一个桃子核里蹦出来。桃太郎每年只生产 4.5 万条赤耳牛仔裤，都是机器编织，手工靛染，定价约为每件 300 美元，只在特定的国际商店和在线商店中售出，是那种让牛仔党们完全疯狂痴迷的品牌。

2018 年春天，一个雾蒙蒙的早晨，桃太郎公司总经理 Tatsushi Tabuchi 接待了我。他 33 岁，看起来很亲切，一副"牛仔党"的打扮——上身纯白色 T 恤，下着赤耳牛仔裤（他穿的是自家品牌的牛仔裤）且要露出接缝处，脚踏黑色工装靴。他带我去参观位于儿岛边上的桃太郎工厂。桃太郎家的牛仔布是由 9 台有 40 年历史的丰田有梭织机织出来的。这些老式主力机器是由日本纺织工业家丰田佐吉（Sakichi Toyoda，丰田汽车公司的创始人）发明的。织机放置在木质地板上，以吸收机器运行带来的地面震动，方便震动带来的位置偏移。机器的轰鸣声震耳欲聋，Tabuchi 只好向我大声喊道："这些机器已经停产了，旧的机器我们都不敢扔，放在后面，以作零件备用。"

织机每天大约可以生产出 50 米赤耳布，所用的棉花采购自津巴布韦。Tabuchi 说，大多数靛蓝染料都是在冲绳或德岛种植和酵制的，品质上乘。我学着玛丽·卡特兰佐的面料开发员拉法埃拉·曼德里奥塔在巴黎面料展上教我的那样，用指尖轻轻地抚摸布料。我感觉面料表面有些粗糙，还有一些瑕疵。

"使用这些老式织机使我们织出来的牛仔布不够均匀，但是穿的时间久了会发现布料的样子会发生改变，不一样了，很有趣。"Tabuchi 一边带着我走出纺织室，一边跟我解释说，"织布匠人会给我们建议使用哪台机器能达到我们想要的效果，因为每台机器都有自己的特点。这些织布机都是老式机器，用起来很有讲究，但是在这些机器上，我们可以调整织物的厚度，纬纱的数量和经纱的张力，正是这些精细的调整使得布料产生微妙的变化。这就是为什么日本牛仔布如此珍贵的原因。"

在缝纫室里，我看到了几台有 70 年历史的黑色 Union Special 牌缝纫机，这些缝纫机是从被马里诺关闭的李维斯美国工厂捡过来的。有一台年代更近一点的，大概是 20 世纪 70 年代左右的米色 Union Special 牌缝纫机，用来做臀部和胯部的链式锁缝。Tabuchi 说："牛仔裤洗过之后，锁缝的针迹会像牛仔布一样收缩，这就是链式锁缝的好处。"他又补充道，如果这里的 Union Special 牌缝纫机出现问题，他们会有"优秀的机修工"来修理。用时尚圈的说法，这些牛仔裤就是桃太郎的"成衣"商品。

2006 年，桃太郎推出了高级定制版牛仔裤：手工定做，所用牛仔布料是在京都用一台古老的手操式和服织机编织而成。

Tabuchi 告诉我，这是桃太郎对服装业无所顾忌地过度生产牛仔裤的回应。在桃太郎 60 亿美元的年产值中，20% 来自用和服织机手动织成的牛仔布精品系列。"我们想推出极品牛仔裤，"Tabuchi 解释道，"日本有手工编织的传统，"而和服织机的使用就"使这种手工艺保留了下来"。

接着我们又去了牛仔裤街的桃太郎商店，去看看放在那里的和服织机是如何操作的。站在和服织机旁的是一位叫池田一树（Kazuki Ikeda）的 26 岁的英俊小伙子，他穿着定制的牛仔西装（精心折叠起来的白色手帕插在外套上衣胸前的口袋里），法式双蝶袖的蓝色衬衫，蓝色领带和擦得锃亮的皮鞋。只见他娴熟地将织机上的打手轴向前一推，梭子一滑，然后将打手轴往回一推，织机发出"铛铛"两声。然后他又把打手轴往前推，梭子快速滑过，打手轴又往回，又发出"铛铛"两声。这项手艺他跟着一位大师学了5年。为了保持编织方式正确以及布料的结实度和张力的一致，他必须在每个动作中施加相同的力量。在一个8小时的工作日中，他可以编织70厘米牛仔布。一匹布有50米。"布边梭织机很慢，"我们一边看，Tabuchi 一边小声对我说道，"这种和服织机更慢"。

卓越的品质通过眼睛和手是可以明显感知出来的。可以摸到布料表面的纱线是圆润的（用机器大批量生产出来的布料表面被机器压平了），并且摸起来有蓬松的感觉。编织一匹布需要三个月时间，因此一年只能做出20条牛仔裤。尽管售价高达20万日元（约合2000美元），但仍然供不应求。在2016年年中，桃太郎停止接受订单，Tabuchi 说，因为"订单太多，我们做不过来了"。

日本人向我们证明了，采取慢时尚的运营方式是可以做到生产出来的牛仔裤质量高、有钱赚、受人欢迎的。

但是对高端赤耳牛仔布的需求量相对较小。对那种做旧效果的晶须牛仔裤的需求量仍然是驱动全球市场的主要动力，同时也给生态和健康造成了灾难。我们可以如何改善牛仔裤的加工处理方式呢？当然，在我们这个技术日新月异的世界里，一定有一种方法可以消除我在胡志明市血汗工厂看到的那种恐怖景象。

位于西班牙瓦伦西亚的牛仔行业顾问何塞·维达尔（José Vidal）和

他的侄子恩里克·西亚（Enrique Silla），20 多年前就提出了类似的问题，并着手开发出了一种更清洁、更安全的加工方法。

他们将这个加工系统称为 Jeanologia，流程一共分三步：激光处理——代替喷砂、手工打磨和化学漂白剂高锰酸钾（PP）的使用；臭氧处理——不使用化学成分前提下使织物褪色；e-Flow——一种使用微观"纳米气泡"的洗涤系统，可将用水量减少 90%。有些厂家将 Jeanologia 系统的一个流程纳入了他们的牛仔裤加工系统，有的加入了其中两个流程，有的将三步流程全部纳入。不管纳入了几步，每一步的采用都可以使情况得到改善。

通常来说，加工一条牛仔裤平均需要 70 升水，1.5 千瓦能量和 150 克化学物质。总的来算，数字相当惊人，相当于每年要消耗 3.5 亿升水，75 亿千瓦能源（慕尼黑市一年的供电量）和 75 万吨化学药品……说着说着都觉得恶心。

Jeanologia 系统可以减少 33% 的能源消耗，67% 的化学药品使用，并且如果实施得好，还可以减少 71% 的用水量，甚至，如该公司引以为豪地夸耀的那样——制作一条牛仔裤只需用一杯水的水量。

"开发 Jeanologia 系统的初衷就是为了完全改变我们生产纺织品的方式。"该公司的首席执行官恩里克·西亚（Enrique Silla）在公司总部（市中心外的一栋 20 世纪 90 年代的建筑）的一间简朴的办公室里告诉我说，"从第一天起，我们的任务就是消除污染，保护人类、保护生态。"

西亚看起来 50 多岁，举止高雅，锡白的头发从太阳穴往后梳得整整齐齐。他穿得很休闲，上面是一件熨烫得很平整的钱布雷衫，至于下面，穿的当然是牛仔裤。他与姐姐卡门·西亚（Carmen Silla）共同经营这家公司，他姐姐是公司品牌和市场总监。除巴伦西亚厂区外，公司在巴塞罗那设有激光生产工厂，在伊兹密尔设有服务和开发中心。（在这个断裂的服装供应链中，土耳其是另一个主要的牛仔布生产基地。）2018年生产和完成的60亿条牛仔裤中，约30%或多或少地经过了Jeanologia系统的某些加工流程。

西亚带着我到实验室去观看运行中的系统。在激光房里，一位年轻人在一间玻璃围成的透明小房间里将一条完全未经处理的牛仔裤穿到只有下半身的假人模特腿上。他的搭档站在计算机控制面板旁，启动了激光处理过程：激光落到牛仔裤的表面（这只是我的猜想，因为激光束是不可见的），顿时升起了团团蓝色烟雾，同时做旧的效果图案也随之慢慢出现。在10到11秒钟内，所有工作就结束了：这条牛仔裤的褪色和破旧效果已经做得像我那条Levi's 501系列牛仔裤穿了三年才好不容易达到的效果一样。"牛仔布生产会对工人身体造成危害，对环境造成污染的情况已经成为过去，"西亚说，"技术是我们前进的道路。它会使牛仔布制造业更干净、更健康。"

他带我看了隔壁房间一个叫作"G2 Cube"的类似烘干机的滚筒，它使用臭氧使牛仔裤褪色。平流层臭氧或"好臭氧"是在我们的大气层中发现的天然气体［对流层臭氧或"坏臭氧"与之相反，它不是自然存在的，而是通过人类行为产生的（例如汽车尾气排放）］。西亚解释说，在牛仔裤的加工处理过程中使用好臭氧就像"将一件衣服在阳光下放置一个月，只是这个过程我们只需要 20 分钟"，而且消耗的能量或水只是旧有加工处理流程所需的一小部分。

最后，我们参观了配备 e-Flow 的洗涤房：e-Flow 机器里用来洗涤牛仔裤的泡沫极细，每立方厘米可高达一百万个。使用传统的洗涤系统，需要将整件衣服全部浸湿。但是，这种纳米泡沫系统就像伦敦的大雾天，它们只会浸润表面。我把手伸进机器里感受了一下，是一种很舒服的潮湿感（像蒸汽浴，只不过是冷的），还带有一点压力和一点点刺痛感。"纳米泡沫可以完成软化、染色和石洗工作（不需要石头），而且一步到位。"西亚说道。之后也不需要进行污水处理，并且所用的那一点点水还可以循环使用 30 天。他说："我们还没有达到零水耗的阶段。但是也快了。"

在胡志明市出差期间，我参观了配备有 Jeanologia 牛仔裤加工技术的水洗房，想看看这种新技术商业化大规模使用过程中的情况。事实证明与我早些时候看到的血汗工厂截然不同。院子四周有围墙，入口处就是一处喷泉和一片鱼塘，里面矗立着一栋现代化的红砖厂房。在厂房内部，宽敞的玻璃隔间明亮、洁净、安静，且都装有空调：机器必须置于稳定、凉爽的室温条件中，以防过热，工人也一样。厂主告诉我说，Jeanologia "彻底改变了生产方式"。

我见证了他的这句话。e-Flow 水洗房的地板没有被水浸泡，工人们也不需要穿长筒胶靴，他们的手也没被染成蓝色。在烘干加工室中，"猫须"是通过臭氧而不是用化学物品形成的。在做旧加工房里，无形的激光游走于牛仔裤表面，升起的一缕缕细小蓝色烟雾瞬间被真空系统吸走。

这家工厂每天加工 2.5 万至 3 万条牛仔裤，这大概是其他国家某些大型工厂日产量的一半。但在这里，看不到加工的服装被近似疯狂地抓起，抛来抛去，也不会听见沙磨机发出的"吱吱"尖叫声，感受不到闷热和压力。

我提到了失业的问题，这也是那些制造业自动化反对者一直以来争论的焦点。"最终，一切都会变成自动化。"带着我参观的工作人员坦诚道。他说，这家工厂没有一波波地裁员，而是训练工人们学会使用"更精密的机器或学习管理知识"。就像我在曼彻斯特的 English Fine Cottons 公司和卡罗来纳州的"选择性离岸外包"运动中所听到的评论那样，在这里我又一次听到工人们评论说，虽然工作岗位减少了，但他们却感觉更安全、更卫生、税收更少、薪水更高了。这里的工人们不用不停地手工打磨牛仔裤，不会在工作期间吸入衣物纤维和靛蓝粉尘。在 Jeanologia 的发源地瓦伦西亚，有一所专门教工人如何操作 Jeanologia 系统里面的激光机器来做旧牛仔裤的学校。经过为期四个月的课程之后，这些刚刚出道的"激光设计专家"会被派往世界各地。西亚自豪地告诉我说："这是一个更清洁的牛仔裤制造产业。"

即使 Jeanologia 系统有着种种好处，但打入牛仔裤精加工市场的初期仍旧困难重重。起初，化学工业将其视为威胁，因为加工过程中化学品用量的减少意味着化学品销量的减少。但是西亚和他的团队证明了保持牛仔裤加工行业的环保和清洁大有意义，于是一些大型的化学品生产商开始对此大加赞赏并支持 Jeanologia 系统的推行。

西亚说，难以改变的反而是那些"一直以来都是用老方法加工牛仔裤的传统生产商"，不过他们也在慢慢转变。"出于成本的考虑。效率就是金钱。"Jeanologia 在巴黎国际面料展上专设了一个展位，以宣传这些信息。

尽管如此，真正能彻底改变牛仔裤制造行业的关键是赢得这些大型服装制造商的认同并让他们参与进来，如 Gap，H & M，Zara，优衣库，PVH，VF Corp 和 Levi's。

他说："如果我们能改变这些制造商的生产方式，那影响将是巨大的。"

Levi's 的加入，使得这一切有了可能。

Levi's 数十年的贪婪、草率和（坦率地讲）毫不负责任的经营策略，毁掉了几个生产小镇，也使得公司几近破产。公司终于在 2011 年作出了一个明智的决定，任命了一个事后证明可能是公司一个多世纪以来聘任的最聪明的执行总裁——奇普·伯格（Chip Bergh）。奇普·伯格上任时 53 岁，瘦高个儿，是前美国陆军上尉，曾在宝洁公司工作了 28 年——是负责全球男性个人护理产品的集团总裁，当时这种情况并不多见。

他上任时即重任在身：使公司重回正轨。

Levi's 全球产品创新总监保罗·迪林格（Paul Dillinger）告诉我："凯恩斯主义经济学经常谈到的创造性破坏理论，实施起来是一个痛苦的过程。"但是，在这种理论下，大家可以"以崭新的视角，或者实用且乐观新奇的想法坐在一起讨论"。

这就是伯格带给 Levi's 的新视角。

作为一个每个工作日凌晨五点起床，经常参加马拉松比赛和铁人三项比赛的素食主义者，伯格发誓要彻底"改变李维斯的企业文化"。为短期利益而作出损害品牌的决策的日子已经终结了。Levi's 11 位高管中他换掉了 10 位，还换掉了三分之二的美国公司的经理和副总裁。他雇用的高层中有一人名叫詹姆斯·柯里（James Curleigh），于 2012—2018 年担任公司品牌总裁。

"JC"（他喜欢别人这样叫他）是我见过的最为"劲爆"的高管。

柯里一米九几的个子，身材像伐木工人一样魁梧，黑白相间的疯狂科学家的同款发型，胡茬有些灰白，下巴硬实得可以拿来当沙包用。他有一个孪生兄弟，父亲是一位加拿大将军，还有一位他描述为"随性不羁"的母亲。他成功当上了 Salomon Sports 北美公司的总裁兼首席执行官。当 2012 年 Levi's 决定聘用他时，他正担任俄勒冈州波特兰市一家制鞋公司 KEEN, Inc. 的总裁兼首席执行官。他上任的任务就是要重新燃起李维斯风潮。

当飞机载着他到达旧金山国际机场时，柯里突然想到了一个主意。他回忆说："（我可以看到）内河码头的李维斯广场和硅谷。我当时就想：'如果我们将李维斯标志性的传统与被视为科技创新文化的现代企业家精神相结合，让两者相碰撞，会产生什么样的火花呢？'……'我们如何将自己打造成一个拥有 150 年历史的创新公司呢？'"

他觉得很简单：

"我们得有自己的车库。"

这也是伯格一直在思考的事情，并且已经在设计当中。

时尚都市

当时，由牛仔布专家巴特·塞斯（Bart Sights）主管的 Levi's 研发中心被设在了公司的生产中心——位于土耳其乔尔卢市，在伊斯坦布尔以西约 70 英里处（是的，Levi's 将自己的创新研发也外包出去了）。这个设置简直荒谬，充分体现了时尚行业的虚假经济：每当旧金山的设计团队想要尝试一些新的想法，或是乔尔卢的实验室技术人员想要向经理们展示他们的新创意时，就必须有一方要马上搭乘飞机或用联邦快递快递样品穿越半个地球。"我们在机票上花的钱可能都可以购买一架波音747 了。"伯格说。

2012 年，他认为是时候将创新团队搬回旧金山了。在塞斯和首席供应链官大卫·洛夫（David Love）的陪同下，他搜遍整个城市，寻找合适的办公地点。在看了差不多二十多处后，他们又来到了古老的尤里卡谷物磨坊——电报山脚下（最近有一家科技公司也搬到了那里）一栋两层高 19 世纪的红砖建筑。塞斯告诉我："我们一走进那个地方，就立刻相中了。我们只需要拆开隔间就行。"

我们站在实验室的一楼望去，四周宽敞空旷，可以直望二楼的画廊。塞斯身材矮小，50 岁左右，剃着光头，结实的肱二头肌，戴着一副像是美国航空航天局科学家戴的那种眼镜，眼镜后面一双清澈的蓝眼睛。他穿着一件白色 T 恤，一条折口镶边牛仔裤和一双黑色工作靴。他的指甲是黑色的，就像莎拉·贝洛斯的一样。

他在肯塔基州的亨德森（Henderson）长大，并在家族企业 Sights Denim Systems（美国最早的大型牛仔裤精加工工厂之一）中开始了自己的职业生涯。顶峰时期，厂里雇有 700 名员工，为 OshKosh B'gosh，

Lee、Wrangler、Gap 和 Levi's 等品牌牛仔裤洗磨和做旧加工。（他的妹妹，Imogene + Willie 的联合创始人 Carrie Eddmenson 也是在自家厂里开始学习经商的。）2008 年工厂受到离岸外包浪潮的冲击关闭了，塞斯前往印度（另一个主要的牛仔裤制造中心），在 Raymond UCO mill 从事设计和开发工作。两年后，在约翰·安德森（John Anderson）的领导下，李维斯雇用了塞斯来监管土耳其的研发中心。三年过后，他创建了尤里卡创新实验室——也就是柯里设想中的"车库"。

如今，塞斯和他的 30 名技术人员组成的团队在创新实验室里"对牛仔裤进行强度、拉伸性和回弹性、耐用性、防水性，以及衣物经过家庭洗衣方式会发生什么样的反应等各种测试"，他向我解释说。实验室的水泥地板上放着十几条各种做旧效果的李维斯牛仔裤，几位身着牛仔裤的年轻技术人员正对其仔细检验。他说："我们设计出了新产品的样本模型，而一个季度我们要完成上千条牛仔裤的精加工生产，因此我们研发出来的所有新产品都必须得经过可大规模生产的考验，我们必须要确保，一旦研发出一个新产品，就要有能力依此制造出 100 万条。"

房间对面是一间设备齐全的小型工厂，墙上的洞洞钉板上面挂着一个个大的锥形线轴，全是经典的李维斯色，如深蓝色、黑色、白色和金菊色；一卷卷牛仔布匹靠着墙边放着；9 位裁缝师在机器旁忙碌着，赶制样品牛仔裤以便塞斯团队测试。

创新实验室"跟传统的缝纫室操作流程不一样。传统缝纫室里的裁剪台有一英里长，上面摆满了织物，由专人将其裁剪后转交给裁缝师，再由裁缝师进行缝纫。周而复始，循环操作"。我们一边参观，塞斯一边给我讲解道，"而我们的裁缝师负责从头到尾的所有工作，还要负责在真人模特上进行调整完善，与样板师沟通合作，并监督设计的不断调整"。

李维斯发布岗位招聘启事后，一大批以前在瓦伦西亚街工厂（这家工厂经过长达 96 年的运营后于 2002 年关闭了）工作过的工人纷纷亲自上门应聘。

他们说："这正是我们擅长的工作。"

现在，创新实验室的 9 个裁缝师里有 8 个都是以前在瓦伦西亚街工厂工作过的。

楼上的房间是首席裁缝师瑞秋·基恩（Rachel Keene）的工作室，只见房间内地板上铺着剑麻地毯，摆放着几张室内设计师伊姆斯设计的色彩斑斓的椅子，阳台的栏杆上悬挂着彩虹旗。那天，她穿着一件纯白色的牛津布衬衫和一条高腰镶边背带牛仔裤，一头金发上面挑染了几缕鲜黄绿色，并用一支铅笔挽了个发髻。她正在进行一些服装模型和特殊订单的设计。

从瑞秋·基恩工作室出来是夹层楼，对面就是 Levi's 的古着服饰展厅（Levi's Vintage Clothing，LVC）——一个展现公司经典款主打系列而不是流行系列的展厅，设计人是保罗·奥尼尔（Paul O'Neill）。保罗·奥尼尔是都柏林人，2009 年加入 LVC 团队。当时的 LVC 团队总部位于阿姆斯特丹，属于 Levi's 离岸外包业务之一，最后也被伯格调回了公司总部。他经常跑到 Levi's 博物馆去寻求设计灵感，并成功推出了炫酷的美式经典服饰作品，例如 Levi's 501 系列的高腰吊带纽扣牛仔裤，或 20

世纪 70 年代风格的带贝壳按扣的钱布雷衬衫。奥尼尔向我介绍了其中他喜爱的一个项目——一个新的牛仔裤系列，布料由 Cone 的白橡树工厂提供，并采用美国种植的天然靛蓝染色。

也就是莎拉·贝洛斯家的靛蓝。

剪裁缝纫之后就是精加工。所有必需的设备都设置在尤里卡的创新实验室里，包括工业洗衣机和烘干机以及天然靛蓝染色桶。在一个叫作"物理测试实验室"的小后室里有一个架子，牛仔布就放在上面测量弹性；还有一个类似微波炉的箱子，里面有一个像迷你版旋转木马的装置，布料放在上面就可以测量臭氧的工作情况。塞斯解释说，臭氧是"地球上最强的氧化剂"。

在房间后面的角落里，我发现了一台 Jeanologia 机器。实验室当时正在测试这个系统。四个月后，Levi's 就宣布 Project F.L.X. 项目正式启动，该项目代表着"以未来为主导的全新牛仔裤精加工技术"（future- led execution）。Levi's 公司表示，这是一种"引领牛仔布精加工进入数字时代的运营模式……将取代手工加工并将牛仔裤精加工过程带入自动化流程"。（最近，Levi's 大动作较多，除此之外，李维斯还在 2019 年 3 月宣布上市。）在技术创新项目 F.L.X. 项目中，Levi's 在公司整个供应链中广泛采用了 Jeanologia 的激光做旧系统。2019 年 3 月的时候，西亚告诉我，其他一些公司也纷纷效仿：优衣库对外宣称其采用了 Jeanologia 的全部加工系统；PVH 采用了零排放技术；VF Corporation 很快将在其墨西哥工厂使用激光做旧系统。

伯格说："这就是牛仔裤加工的未来。"

时尚都市
Fashionopolis

　　前一个星期，保罗·奥尼尔还兴奋地向我展示由白橡树工厂纺织、Stony Creek 染坊染制的镶边牛仔布，还说他将用这些牛仔布制作下一个 Levi's Vintage 系列，结果下一个星期 Cone 公司就突然宣布将于 12 月 31 日关闭工厂。这家有着上百年历史的工厂离关闭只剩 10 个星期的时间了。

　　白橡树纺织厂也曾一度表现得岌岌可危。2003 年，Cone Mills Corporation 申请了破产保护。次年，该公司被 WL Ross & Co. 以 4600 万美元的价格收购。WL Ross & Co. 是一家私募股权投资公司，由投资银行家威尔伯·罗斯（Wilbur Ross）拥有，专注对不良资产的投资。后来 WL Ross & Co. 将其与 Burlington Industries 合并在一起，创建了一家名为国际纺织集团（ITG）的新公司。在此期间有业内消息人士告诉我说，其实 Cone 公司从创立伊始就没有正常营业过。一位南方纺织厂老板告诉我："他们只是一味地将业务外包出去，不停地外包出去。他们总是通过外包合同购买别人纺的纱线，自己纺的纱线却越来越少。"并且厂里的设备系统一直没更新过，就这样囿于 20 世纪的低效而停滞不前。销售额从 2005 年的 9 亿美元下降到 2015 年的 6.1 亿美元。白橡树纺织厂是美国最后一个重要的镶边牛仔布生产商，但这种广受青睐的镶边牛仔布料只占到了该厂总产量的一小部分——不到 10%，完全不足以支撑工厂的正常运转。

　　2016 年 10 月，就在唐纳德·特朗普当选美国总统的前几周，具有政治抱负的罗斯以 9900 万美元的价格将 ITG 转让给了专门从事杠杆收购的私募股权投资公司 Platinum Equity。几周后，特朗普当选总统，他的竞选口号是"复兴美国"（Make America Great Again），并将挽救美国的就业机会作为竞选誓言的一部分。此外，他还任命罗斯为商务部长。一年后，Platinum Equity 宣布关闭白橡树纺织厂，裁掉全部 208 名员工。这一消息震惊了服装业，而罗斯方面没有发表任何声明。

国际纺织集团表示其公司总部将继续留在格林斯伯勒，远程监控该公司在美国、中国、中美洲和越南的纺织工厂。白橡树纺织厂好不容易躲过了离岸外包浪潮的冲击，却在"生产回流"和振兴北卡罗来纳州纺织业的进程中倒下了。"白橡树工厂是美国最后一家高档牛仔布生产商，"工厂关闭 6 个月后，贝洛斯有一次跟我说，"目前国内没有一家工厂可以生产镶边牛仔布"。这使得她的选择有些局促：她仍会将靛蓝卖给 Cone 在墨西哥的工厂，但同时也在日本和欧洲寻求商机。

2018 年 8 月的时候，我又回头拜访了她一次，想了解一下在白橡树纺织厂倒闭后，她的公司运营的情况。结果比我想象的要好：巴塔哥尼亚刚刚推出的有机牛仔布系列就是用她的公司生产的靛蓝染制而成的。

但是她还有更重大的消息要告诉我：一家新的牛仔布工厂将在路易斯安那州的维达利亚开业。她说："这将填补'后白橡树'时代美国牛仔布生产的空白，同时带来新的东西。"最重要的是这家新工厂会采购她的公司的靛蓝。

几周前，维达利亚牛仔布公司以 1200 万美元的价格将维达利亚市（一个从纳奇兹横跨密西西比州的有 4000 多人口的小镇）以前的 Fruit of the Loom 工厂占地 90 万平方英尺的厂房买了下来。该项目的负责人是丹·菲布斯（Dan Feibus），斯克兰顿人，50多岁，曾在 Zagis USA 纺织厂担任过7年首席执行官。与 English Fine Cottons 公司一样，维达利亚牛仔布纺织厂也将配备最先进的数控化设备，从而为长期遭受经济萧条的小镇带去300个工作岗位。工厂将从密西西比州采购可持续的（但不是有机的）棉花；一对身为农民的同卵双生兄弟为该项目的投资人。菲布斯告诉我："从棉花的采摘到轧棉，所有的我们都可以毫无保留地告诉你。当今社会工艺流程的透明至关重要。"

维达利亚公司聘用了 Gap 和 Ralph Lauren 以前的牛仔布洗涤专家戴尔·金乔（Dale Jinjoe）来负责牛仔布精加工处理。2018年秋天，我与菲布斯交谈了一次，那时金乔正忙于在现场建造一间功能齐全的洗衣房，使用类似 Jeanologia 的技术将水和化学物质的使用量减少到原来的八分之一。菲布斯认为这将是美国最节能的牛仔布工厂。

菲布斯还表示，他们计划每年生产1200万～1500万码的牛仔布——"这跟整个牛仔布行业的业务量比起来简直是小巫见大巫。"他说，在最初阶段他们只专注于标准牛仔布的生产，Wrangler 就是其首批客户中的一个。稍后，他们会增加镶边牛仔布业务。（他坦承道："我很想到日本去看看他们是怎样制作镶边牛仔布的。"）和我之前采访过的其他采取"生产回流"措施的公司一样，维达利亚的运营模式用他的话说就是"要非常灵活，并能迅速做出回应"。该工厂将于2019年年中建成并投入运营。

他强调说："我们不是一家精品工厂，也不是一家打着'美国制造至上'旗号的工厂。与传统的美国工厂相比，我们使用的劳动力要少得多，消耗的能源和水也要少很多。无论贸易政策如何发展，这种做法从经济性的角度都是站得住脚的。如果造成大量的劳动力和能源的浪费，即使是 Cone 公司也无法成功。美国的大多数生产都受到过去时代的影响。我们希望能制造出极品纱线，而靠传统的老方法是做不到的。采用传统的方法是不能经营好一家市场反应迅速的工厂的。这需要从大的经济层面上做到行之有效，而我们就是这样做的。"

Fashionopolis

第 三 部 分

Part three

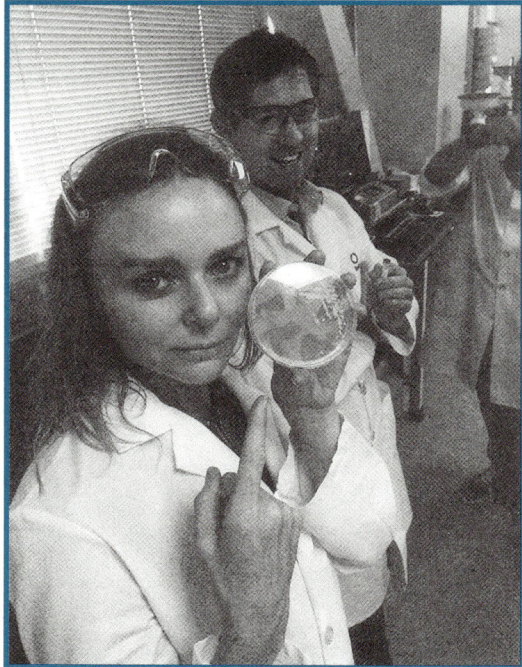

第七章

科技材料的研发

外面大雨倾盆，大风裹着雨水直冲人面。歌剧院广场停着一排排黑色轿车，一群披着披风，踩着高级定制皮鞋的人从车里下来，在车旁举着伞等候的工作人员陪同下，扭扭捏捏地朝着巴洛克风格的巴黎歌剧院的破旧石阶走去。他们中间有编辑、零售商和业界红人。就是这样一群人决定着一季又一季、一年又一年的流行趋势。

在巴黎那个阴郁的三月早晨，他们前往的目的地是英国设计师斯特拉·麦卡特尼（Stella McCartney）的 2017—2018 秋冬女装秀。他们沿着宽阔的大理石楼梯往下走到歌剧院的地下一层，一边走一边相互寒暄，飞吻示意，然后来到环绕圆形大厅的白色长凳上坐了下来。9点45分的时候，屋内的灯光变暗，人群也一下安静了下来。

说唱歌手诺基亚公主的声音从扬声器上爆发出来——"你他妈的最好不要惹我！"顿时舞台灯光炫目，相机闪光灯不停闪烁。

麦卡特尼的模特穿着千鸟格图案的超短风衣，紧身的焦糖色羊毛针织连身裤，炭灰色法兰绒长裤搭配纯白色棉质衬衫的套装，皮革机车夹克，或者绘有野马和蓝天白云的仙飘飘的粘胶纤维短裙。她们脚上穿的是绒面革浅口公主单鞋和平底鞋，手上提着黄油皮革手提袋。

观众们用狡黠挑剔的眼光打量着走过身边的模特，但有些东西如原料采购细节他们是打量不出来的：衣服所用的羊毛来自新西兰一家可持续发展的养羊场，粘胶纤维是由通过森林管理委员会（Forest Stewardship Council）认证的瑞典木材制成的纤维素制成的，棉花是在埃及以有机方式种植的传统品种，皮革和绒面革实际上是聚酯和聚氨酯制成。在巴黎时装周期间，数十家服装公司展示了他们新的系列产品。但是，只有麦卡特尼宣称自己是"有环保可持续意识的设计师"。她在高端时装界始终坚持着这些原则，她无可置疑的坚持随着时间的推移，对时装行业产生了巨大影响。

作为一位终生素食主义者和善待动物组织（People for the Ethical Treatment of Animals）的热心拥护者，麦卡特尼构思设计和生产出来的服装和配件通常都是"无动物成分的"，即没有皮革、没有毛皮。她的供应链是透明且可追溯的。她的商店都是用可回收材料建造的，许多商店都采用了生态供电。自 2013 年以来，麦卡特尼制作了一份环境损益报告（EP & L），用以评估"从农场到成品"供应链对环境的影响。在一个不断寻求新意的行业中，麦卡特尼认为负责任才是"我们能做的最时尚的事情"。

　　而在她初涉服装设计的 20 世纪 90 年代中期，情况并非如此。那个时候，一提到绿色环保，人们就会联想到松脆的棕褐色格兰诺拉麦片套装——这类人通常不会执着于"It Bags"（一定要拥有的包）和 Statement Looks（点睛装饰品）。歌剧院时装秀表演一周后，麦卡特尼在伦敦诺丁山家附近的一家精品酒店里，一边喝着薄荷茶和冷榨苹果汁，一边对我说："我被他们嘲笑了。我很生气，与他们的争论也开始变得有对抗性。"

　　但是，随着可持续发展和工人权利变得越来越受关注，公众对更有环保意识的时装设计和制造的需求也越来越高。千禧一代和互联网世代（Generation Z）的消费者在购买产品之前会考虑到的前 5 个因素中就有社会和环境责任。尼尔森数据测量公司 2015 年的全球调查结果显示，有 66% 的受访者表示，他们愿意为"致力于积极的社会变革和环境影响的公司的产品和服务"支付更高的价格。

　　"千禧一代希望他们喜爱的品牌表现出负责任的态度，"商务社会责任国际协会[1]消费者部门主管伊丽莎·尼莫兹沃（Elisa Niemtzow）说，"他们对品牌在环境和社会方面的期望更高了。"

---

1. 商务社会责任国际协会:Business for Social Responsibility，全球最大的致力于可持续发展的非营利性专业机构。

时尚都市

Fashionopolis

"有天晚上我出门参加了个聚会，那里的年轻女孩都过来找我，跟我说：'非常感谢你在做环保时尚。'"麦卡特尼告诉我，"这是我第一次得到公开的承认。"

麦卡特尼是理想的模范领袖。作为有史以来最著名的嬉皮士之一前甲壳虫乐队成员保罗·麦卡特尼（Paul McCartney）的女儿，她致力于矫正社会和环境不良作风的行为不仅始于真诚，而且还深入骨髓。麦卡特尼是保罗爵士和他的美国妻子琳达·伊士曼（Linda Eastman）的第二个孩子，琳达曾是一名摄影师，1998 年因患乳腺癌去世。她和她的三个兄弟姐妹从小在英格兰萨塞克斯郡的一个有机农场里长大。她们家因主张动物权利和倡导素食而闻名——她的母亲写了一本畅销食谱，还开办了预制食品生产线（至今都还在成功运作），作为对家庭传统的继承，麦卡特尼也与丈夫阿拉斯德海·威利斯（Alasdhair Willis）一起教育她的四个孩子要反对皮革、反对皮草，倡导素食。

麦卡特尼自称是个假小子，她经常骑着她的小马穿过英国的乡村，经常在溪流中嬉戏玩耍。但是她周围也不乏时尚因素的影响——她的父亲是披头士乐队成员中穿着最时髦的，她的母亲则有一种铁群岛上的正房妻子们（rock-wife）的那种美感——而斯特拉则喜欢画衣服样式来打发时间。当她还只有 12 岁左右的时候，她就用人造绒面革简单地做了一件夹克，这也是她自己设计和制作出的第一件服装。似乎从这里可以看出她未来的发展。15 岁那年，她去了巴黎，在法国设计师克里斯汀·拉克鲁瓦（Christian Lacroix）的工作室实习，协助他为 1987 年即将首次推出的同名品牌高级时装系列做准备。后来，她在伦敦设计师贝蒂·杰克逊（Betty Jackson）工作室和英国版 *Vogue* 时尚杂志社待过一段时间。

1992 年，她被伦敦的中央圣马丁艺术与设计学院［约翰·加利亚诺（John Galliano）和亚历山大·麦昆（Alexander McQueen）的母校］录取，攻读时装设计学士学位。但是她觉得学校的课程太过理论化，于是她又跑到爱德华·塞克斯顿（Edward Sexton）那里当学徒。爱德华·塞克斯顿是她父亲在高端定制一条街萨维尔街（Savile Row）上的御用裁缝。虽然她的作品还是显得有些稚嫩，但经她手的西装有着当时最时髦的剪裁。

1995 年，在她的毕业作品展上，几位英国超级名模——雅斯门·勒·邦（Yasmin Le Bon）、娜奥米·坎贝尔（Naomi Campbell）和凯特·摩丝（Kate Moss）以朋友的身份，免费为其作品走秀。在那之后不久，麦卡特尼就在伦敦成立了一家小公司，并以制作富有浪漫气息的吊带裙而闻名。这些吊带裙都是她用从波多贝罗街（Portobello）的跳蚤市场淘到的古董真丝和蕾丝制成的。

我说："所以，基本上，你的第一个系列就是可持续的。"

"没错。"她回答道。

大约两年后，法国奢侈品成衣品牌 Chloé 在巴黎的老板找到她，想让她接替设计师卡尔·拉格斐（Karl Lagerfeld）。（当时卡尔·拉格斐正准备离开 Chloé，但仍继续在 Chanel 和 Fendi 留任。）她告诉我说，她对这个品牌很熟悉，"我妈妈在 70 年代的时候穿的就是 Chloé，所以我对这个品牌还有些印象。"

在与 Chloé 高管的初次会面中，麦卡特尼提出了她的关键设计要求：不用皮革、不用皮草，永远都不用。

她说："要么我走，要么他们接受我的要求。在这点上没有商量的余地。"

她注视着我陷入回忆，蓝宝石一样的眼睛显得异常严肃。被人称为"Stella Steel"的她，无疑是一个信念坚定的女人。

尽管 Chloé 内部对她有些反对的声音，但最终还是接纳了她。

1997 年 4 月，任职协议签订并对外官宣后，时年 25 岁的麦卡特尼兴奋地向记者喊道："哇！我得到了卡尔·拉格斐的职位！"许多其他时尚界人士也这样想："哇，她居然得到了卡尔·拉格斐的职位！"明显他们对此持怀疑态度，抱怨她之所以能得到这个职位，只因为女凭父贵，而不是因为她的才华。拉格斐在接受采访时对此嗤之以鼻："我还以为他们要找个什么了不得的设计师呢。是了不得，不过是在音乐界，而不是在时尚界。"

1997 年 10 月，同样是在巴黎歌剧院，麦卡特尼举办了她的首秀，献给她正在遭受癌症病痛折磨的母亲。同时，她利用这场首秀有力地回击了怀疑她能力的人。苏西·门克斯（Suzy Menkes）——当时《国际先驱论坛报》（*International Herald Tribune*）的时尚评论家写道："卡尔·拉格斐创造了 Chloé 的辉煌时代。在前人伟绩的光环下，麦卡特尼很明智地选择了自己的时装秀风格——简单、朴实，但却充盈着化腐朽为神奇的魔力：轻如围巾的裙子，有着泡泡袖的嬉皮士"花孩"风格的花衬衫，质感丝滑、彰显设计细节的睡裙……作为首秀作品，已经很不错了。"

时任伯格多夫·古德曼（Bergdorf Goodman）时装总裁的道恩·梅洛（Dawn Mello）称赞其"绝对完美"。

不久之后，一些时尚红人，如格温妮丝·帕特洛（Gwyneth Paltrow）、凯特·哈德森（Kate Hudson）、妮可·基德曼（Nicole Kidman）和麦当娜（Madonna）都穿上了麦卡特尼设计的服装［麦当娜在她名为《光芒万丈》（*Ray of Light*）的 MV 中穿了一条 Chloé 的性感低腰、带有亮片腰带的燕尾服长裤］。Chloé 逐渐扩大了百货商店的销售市场，销售额也在节节攀升。

美国 *Vogue* 杂志主编安娜·温图尔（Anna Wintour）说："斯特拉正在以非常非常快的速度开发自己的风格，这让所有人都感到惊讶。她的设计就是她平时的穿衣风格，在她创作的所有系列中你都能感受到她的个人风格。在时尚领域，真正重量级的女性设计师很少，能够有像斯特拉·麦卡特尼这样的女性设计师加入这个行列真是太好了。很多年轻漂亮的女孩喜欢她设计的衣服。"

但她不用皮革、皮草的主张引来了非议。批评家指责说，人造皮革材料大多来源于石油，比起真正的皮革，人造皮革对地球的危害性要大得多。

这简直就是胡说八道，麦卡特尼说。"畜牧产品是造成全球变暖、土壤退化、空气和水污染、生物多样性减少等生态问题的主要原因之一。"她回击道。每年都有超过 5 千万只动物被养殖和屠宰，仅仅是为了制造手袋和鞋子。传统的皮革鞣制工艺会使用重金属，如铬，所产生的废物对人体有害。之后她又撰写报告称："制革厂被美国国家环境保护署的'超级基金'法案（负责清理受污染的工业场所的联邦计划）列为头号污染场所。然而，所有皮革中约有90%都是用铬鞣制的。"

她告诉我："屠杀动物是时尚界最具破坏力的事情。制革工艺，化学品使用，森林砍伐，陆地、谷物和水的使用，残忍屠杀动物——这些都是毫无发展前景的行为。一旦你放弃了用动物皮毛来制作鞋子或包包的执念，你就走在了行业的前沿。"

麦卡特尼于2001年从Chloé辞职，并在伦敦创立了自己的同名品牌（Stella McCartney）。奢侈品巨头Gucci集团（现在改了一个更好听的名字叫Kering集团）拥有其品牌50%的股份，她自己拥有另一半股份。（2019年3月，她从Kering集团买回了品牌的另一半股份，现在她拥有该品牌的全部股份。）

在把一半股权卖给Gucci集团之后，马上就有人指责这简直就是与敌共眠：Gucci从本质上看就是一家皮具公司。但是按照她的想法来说，她是想"从内部渗透"。麦卡特尼不仅打算用有责任的道德时尚观去发展自己的品牌，她还想通过自己的行动去影响集团旗下的其他品牌，例如Yves Saint Laurent和Alexander McQueen，使它们也接受这一观念。

可以肯定的是，她的"无皮革"立场确实使得Gucci集团高管群体很头疼。毕竟像手袋、钱包和钥匙扣等这些品牌标识度很高的皮具制品是奢侈品行业的摇钱树：它们好卖，是表明身份和地位最直观的方式，并且零售利润可以达到生产成本的20至25倍。"当时的场景就像是这样：'这可让我们如何是好啊？天哪！我们必须好好权衡这对皮革销售造成的损失。'"她回忆道，在诺丁山的那次交谈中，"有人告诉我：'不用皮革，你做时尚饰品生意永远都不可能成功。'不过，我证明了他们的想法是错的。"

作为一名女性时尚设计师（而且还是非常有名的那种）的最大优势之一就是，你可以成为自己作品的行走的广告牌，为自己的产品代言。她天生丽质（通常都不会化妆）、红得发紫，却处之泰然。麦卡特尼的这种气质是最好的宣传方式。

我们见面的那天，她穿着一件白色有机棉斜纹布衬衫，刚好衬托出她那一头红褐色的头发和脸上的雀斑。"大约五个流行季前"的卡其色男式裤子穿在她苗条的瑜伽塑形的身体上松松垮垮，就像穿着男朋友的睡裤一样。漂亮的精心修剪美甲后的脚上穿着一双奶油色的人造皮革凉鞋。她笑着跟我解释她的穿搭理念："我基本上就是把不同流行季、男女装混搭在一起。"简单来说，就是要舒适、要时尚、要可持续——这就是真正的现代时尚。

接着，她给我看了看她的手提包：一款金黄色的、她最畅销的Falabella系列手包的迷你版。它由合成皮革制成，并衬以可回收的仿麂皮。当我把手包拿到手里翻来覆去地看，用指尖感受皮革纹理时，她问："说真的，有没有人能看出它不是皮革的？"

我想，至少我是看不出来的。

2006年，麦卡特尼的公司自成立以来第一次盈利，这比原计划提前了一年。麦卡特尼的一位发言人告诉我，这些销售额中有很大一部分来自时尚配饰。据一份公开的报告数据称，时尚配饰的收入占到她营业额的三分之一。（麦卡特尼方面并没有透露过具体数字。）

事实证明，不使用皮革原料的商业模式是可行的，于是她决定再看看她的产品线中还有哪些对环境有害的原材料是可以避免使用的。还真被她找到了一个：聚氯乙烯，或称 PVC。

PVC 是当今使用最普遍的一种塑料。保鲜膜、吸管、信用卡、婴儿车、玩具、人造圣诞树、透明胶带和水管都是由它制成的。在时尚制品领域，PVC 可以用来制作透明鞋跟、乙烯基雨衣、合成漆皮以及手提包手柄内的软管。但是它是一种已知的致癌物，当其生物降解时，会向土壤和地下水释放毒素。2010 年，麦卡特尼禁止她的公司使用 PVC。

"废除 PVC 的使用对我们来说并不容易，"她一边倒第二杯薄荷茶，一边说，"比如我说：'我们做款透明鞋跟吧！我们来做一款亮面塑胶风衣吧！' PVC，PVC，PVC，离了 PVC 也等于白说。'我们做点亮片在上面吧！'可是世界上只有两种亮片是没有 PVC 的，即使有成千上万的其他亮片可供选择也不行，因为它们都含有 PVC。"

到 2016 年，Kering 集团旗下的所有产品都停止使用 PVC。对于麦卡特尼来说，这已经是一次巨大的胜利。

多年来，麦卡特尼与一些价位比较实惠的服装公司合作，开发了多个独立或联合项目，并将其有责任感的道德时尚观念推向了大众市场——这更能体现她从内部渗透的策略。2005 年，她在为 H & M 设计一个胶囊系列时，她坚持使用有机棉，而不是传统棉。在跟 Adidas 长期的合作中，她也明确规定不使用 PVC。2017 年，她携手海洋保护组织 Parley for the Oceans 将海洋中的塑料废物转化为纱线，来制作 Adidas 的新款环保运动鞋——Stella McCartney Parley UltraBOOST X。

"经济可承受性一直是我思考问题首先要考虑的因素。在我们公司有很多入门级价位的服装，对于奢侈时装而言，这些产品的价格并不算很高……而且，如果刚刚上新的时候你买不起，你可以在打折的时候去买，在打折加满减的促销活动的时候去买，或者购买二手的……与其以xx低价购买五百件商品"（即快时尚），还不如"少买一点，但是买持久耐用的商品"（即质量更好、有可能更贵的时尚产品）。"这样你可以享受更多产品的内在价值，更能感受到它带给你的产品自豪感，持久地享受更高质量的产品。"

如果没有可持续发展和道德贸易负责人克莱尔·伯格坎普（Claire Bergkamp）的话，麦卡特尼这些举措都不可能成功。伯格坎普，三十多岁，头脑精明，有一头深褐色头发，来自蒙大拿州的海伦娜。正是她去新西兰找牧羊人沟通，跑埃及跟有机棉农联系，与环保非政府组织和协会合作，分析数据以协助撰写环境损益（EP & L）报告，并为不断降低环境污染指数出谋划策。麦卡特尼说："我无法想象没有克莱尔的话，我该怎么办。"

跟麦卡特尼一样，伯格坎普是时尚的忠实追随者。她整个青年时期都在看 *Vogue* 杂志（"我可以告诉你，在蒙大拿州，我就是个异类！"），还会趁去看足球队巡回赛时在爱达荷州的购物中心购物（因为海伦娜没有像样的购物中心）。但是，她很早以前就清楚，她的兴趣更多地集中在从社会学的角度去审视服饰——就像她跟我说的"服饰穿着到底意味着什么"这类问题，而不在于狂热的消费或肤浅的装扮。

2007 年，她从波士顿的艾默生学院（Emerson College）取得服装设计学士学位后，在洛杉矶干了四年影视相关工作。之后，她攻读了伦敦时装学院的硕士课程，方向是可持续性发展。硕士毕业后不久，她就到了麦卡特尼公司工作。她的任务是：使公司朝着绿色环保的方向高效发展。"很多人都来参观过我们的工厂，"伯格坎普告诉我，"但是没有人会从社会和环境影响的角度来考察。"

麦卡特尼总部坐落在伦敦西区谢珀德布希区附近，是一座 20 世纪 20 年代的砖混建筑，里面宽敞明亮。我们就坐在一间小会议室里聊天。与大多数的豪华时尚办公室一样，墙壁被刷成了白色，摆放着具有现代感的家具，即使是在阴沉的冬日早晨，房间里也光线充足。

伯格坎普在麦卡特尼的任务之一就是要建立起 Kering 集团与普华永道合作开发的环境损益系统。环境损益系统主要从六个方面进行分析：温室气体排放、空气污染、水污染、水消耗、废物生成和土地占用；并对公司在实际运行过程中造成的每种环境破坏进行货币评估。损益表上的"损"一栏标注了传统原材料的采购方式——对自然资源实行掠夺式索取，不求保护。"益"一栏则以"缓解冲击层次对策"（mitigation hierarchy）的形式记录了实施的保护措施。按照价值大小排列为：避免冲击，最小化冲击，恢复，抵消冲击。比如，"你可以通过清理河道来减轻对河道的污染。"伯格坎普解释说。还可以通过改变放牧习惯来"恢复退化的生态系统（例如被毁灭的牧场），并逆转草原的荒漠化"。此类举措会以"收益"的形式被赋予相应的货币价值，并作为环保损益表上的关键数据进行计算。

麦卡特尼说，环境损益系统"让我们重新审视自己，设定新的、更远大的目标，并使我们的供应链呈现前所未有的透明度和可追溯性"。现在，Kering 集团的所有公司都在用环境损益系统。

环境损益系统一经启用并正常运行，伯格坎普就可以从中分析出哪些措施产生的积极影响最大。他们用"Eco Alter"（一种新的聚酯型聚氨酯）来代替纳帕皮，这种牛皮表面用一种由谷物加工过程中的残余物制成的植物油进行了涂层处理；几乎所有的牛仔布和运动衫均采用有机棉；用 ECONYL（一种再生尼龙），制作手袋衬里。

2014 年，麦卡特尼公开承诺将不再从采伐古老森林的供应商那里采购人造丝，此举给人造丝行业造成了不小的影响：四分之三的人造丝是由 10 个供应商生产的。为了促进供应链的变化，麦卡特尼与温哥华森林保护非政府组织 Canopy 合作。Canopy 证实，麦卡特尼的所有由木浆制成的纤维素基纺织品（例如粘胶纤维、人造丝和莫代尔纤维）均不是来自古老和濒危森林。在麦卡特尼—Canopy 合作计划实行的两年内，有 9 个供应商宣布将停止雨林砍伐。

麦卡特尼的环境损益报告显示，初剪羊绒（从蒙古山羊身上梳下来后纺成纱线的纤维）在她所有原材料中对环境的影响最大：大约是羊毛的一百倍。做一件羊绒衫需要从 4 只山羊身上获得足够的初剪纤维，而做五件羊毛衫只需要一只羊就可以。

几个世纪以来，羊绒一直被视为奢侈品：不仅触感华贵，关键是不容易获得。但是在 20 世纪 90 年代发生的两件事改变了这种观点：蒙古国的经济制度从高度控制、中央计划变为以市场为基础；更加自由的快时尚经济快速遍布全球，以爆发式的势头增长，并开始制作价格低廉、质量低下的仿羊绒毛衣。不管是 V 领，还是高领毛衣，或是开襟衫、套头衫，价格都不超过 70 美元一件。这些毛衣不如真正的羊绒制品那样雍容华丽，当然也不要指望可以穿长久——穿了一季后，肘部的那个地方可能就会破洞。但是消费者买得起啊，所以谁在乎呢？这件坏了，你还可以再买一件。消费者就是这样干的。乐此不疲。

牧民对此的反应结果是，山羊数量从 20 世纪 90 年代的 500 万头增加到今天的 2100 万头，足足增加了三倍，而这么多山羊的养殖场面积还是以前那么大，没有增长。到了 2017 年，蒙古国 70% 的草原已经退化了，沙漠化现象也随之而来。"当羊绒变便宜，快时尚抓住了商机，整个生态系统就被破坏了。"伯格坎普说。如果时尚界对羊绒的需求持续增长，那么到 2025 年，蒙古国将会有 4400 万只山羊。

为改变形势，2016 年，作为首批进行变革的大型时装公司之一，斯特拉·麦卡特尼公司完成了从依赖初剪羊绒（或新羊绒）到通过废物处理（例如从工厂收集的废料）制成"再生"（或回收）羊绒的转变。与初剪羊绒相比，再生羊绒对环境的损害要少 92%。

麦卡特尼的环境损益系统显示，变化是显著的：尽管羊绒在 2015 年仅占其总体原材料使用量的 0.13%，但对环境的影响占到了整个公司对环境影响的 25%；2016 年使用再生羊绒后，其影响降至 2%。

麦卡特尼对棉花原料的变革同样迫切：她的目标是到 2025 年，牛仔布和运动衫的制作原料只使用有机棉。"奢侈品时尚更应该使用有机棉，我认为没有任何理由不这样做。"伯格坎普告诉我，"我们的生产规模没有 H & M 那么大，因此我们使用有机棉生产完全没有问题。"

为了提高产量，麦卡特尼加入了 Cotton for life 计划，这是一个为期五年的埃及有机棉种植项目，是由她的意大利供应商 Filmar、埃及政府和埃及最大的金融机构之一——Alexbank 于 2015 年共同发起的。Cotton for life 计划试图帮助尼罗河三角洲的农民恢复 Giza 45 和 Giza 87 这两种广受喜爱且经济效益好的超长绒棉品种的种植。这两个品种最早是在 19 世纪初期阿里·帕夏（Ali Pasha）统治期间开始种植的。种植地选择在离地中海沿岸不远的杜姆亚特省（Damietta）附近，那里土地肥沃，不用施农药，用的水也少，并且从棉花采摘到纱线的纺织再到布料的制成全程都由独立机构进行监控和认证。Filmar 在 2016 年 1 月推出了名为"Nilo"的纱线，有 36 种颜色可供选择。麦卡特尼用 Nilo 来制作针织品。（这种纱线太纤细，不适宜用来制作牛仔布。）

这些环保的替代品又是如何呈现在她的设计中的呢？

以 2017 年 3 月在巴黎歌剧院举行的时装秀来说吧。

秀场上那件法兰绒西服是用新西兰南岛一个人烟稀少的开放式绵羊牧场的羊毛制成的。"快乐的绵羊会生产出质量更好的羊毛。"伯格坎普打趣道。剪好的羊毛会被运到中国张家港，用环保的方式进行清洗，然后再运往意大利，在那里纺成纱线，之后再在一家受社会责任国际标准认证的工厂内织成布料。

制作裙子用的人造丝取自以具有社会责任感的方式种植的树木的纤维，然后由瑞典恩舍尔兹维克（Örnsköldsvik）的生物精炼厂 Domsjö

Fabriker 主要使用再生水制成木浆，木浆制作好后又送往位于爱丁堡的 ENKA 公司（一家经德国 OEKO-TEX 认证的工厂，OEKO-TEX 是一个可以在供应链每一个环节，针对纺织品进行测试和认证的独立系统）。通过不含化学物品的系统转化为粘胶长丝，然后由意大利科莫的一家工厂负责把粘胶长丝织成布。诚然，麦卡特尼的供应链仍然有些断裂，但有时要寻求最清洁、最公平的解决方案并不是唾手可得的——至少现在还做不到。

织好的布料被送到匈牙利的一家工厂里剪裁和缝制（那里的工厂干净、安全，工人们可以赚取可供基本生活的工资），然后做好的成衣被运往麦卡特尼在全球的五十多家商店。

随着技术的进步，麦卡特尼门店的可持续性能力也在不断提高。自 2005 年以来，她在英国的商店使用的都是 Ecotricity（英国新能源公司）提供的绿色风力发电能源。截至 2015 年，她在全球的所有门店都采用了 LED 照明。2013 年开业的达拉斯门店，用的是太阳能电池板提供的能源。在比较偏远的科斯塔梅萨门店安装了天窗，减少了对电子照明的依赖。在英国伦敦，位于梅菲尔（Mayfair）旧邦德街 23 号的门店里，货架搁板是用从威尼斯潟湖中回收的木材制成的，墙纸是用办公室废弃的碎纸片做成的混凝纸，空气净化系统是空气实验室公司（Airlabs）研发的产品，可以除去空气中 95% 的污染物。"这里的空气可以说是伦敦最干净的！"麦卡特尼在 2018 年 6 月门店开业的庆典上自豪地说。

"我们整个公司上上下下都在贯彻执行有社会责任感的设计理念，"在诺丁山的第一次交谈中她就告诉我，"每一张纸，每一个袋子，都是可回收利用的。"说着，她递给我一个购物袋，只见底部写着"由回收材料制成"。

她继续说道："我的邀请卡从来都是可以被生物降解的。"在她 2018 年 3 月的那次时装展中，每一个邀请卡里都放了一双中筒袜，袜子的纱线是用废旧的服装升级再造制成的，袜子装在一个透明的生物塑料信封里，上面写着：我是 100％ 可生物降解的（你也是）！

她承认道："是的，我知道，当我创造一款产品时，不管是哪种产品，我都在以某种方式留下生态足迹。总不能自欺欺人吧。但是我一直都在努力找到解决方案。"

恰好，有人专注于提供解决方案，那就是瑞士企业家妮娜·玛伦奇（Nina Marenzi）。她是 The Sustainable Angle 的创始人，该平台致力于促进可持续纺织品的研究和采购。

每年，玛伦奇都会在伦敦专为时尚界人士（从服装设计师到采购代理商）举办未来纺织品展览会（Future Fabrics Expo）。"一走进展会，就像走进了糖果店，目光所及之处的事物都会让他们眼睛一亮：各种各样的纤维和皮革以及一些闻所未闻的东西。"玛伦奇在她位于拉德伯克街的展厅里告诉我说，"设计师一看到这些炫酷的新产品，就想马上用到他们的设计作品里去。"

我们被十几个衣架围着，衣架上挂着几百件样品：一种叫做 Pellemela 的看起来像瑙加海德革的帆布，由苹果汁和蜜饯生产废弃物混合制成；一种用蘑菇制成的、摸起来松松软软很舒服的土色绒面革；还有一种漂亮的红色"皮革"，摸起来光滑细腻，闻起来像水果馅饼一样，散发甜甜的香味。"这个是用大黄制成的！"玛伦奇笑着说。

展出的还有萨莉·福克斯的彩色棉花，有绿色、棕色和米色。"既然棉花本身就已经有颜色了，你想想，可以为你省下多少染色的钱啊。"玛伦奇说。 还有亚麻——可持续品种之星。她说："它生长在贫瘠的土地上，大部分时间都是靠雨水来吸取营养，生长迅速，几乎不需要任何农药，而且可以随意和其他物质混合。"

玛伦奇递给我一款棉布，上面涂有亚马逊橡胶制成的防水涂层，同时她解释道："这给亚马逊当地的部落带来了好处。"这款棉布摸起来像缎子一样光滑，很舒服。"他们可以收集乳胶来卖钱，这样就不用砍树、耕地、种庄稼了。"

还有一种混合了丝纤维的名为"柑橘纤维"的白色绉绸。它是由两位意大利学生阿德里亚娜·圣塔诺西托（Adriana Santanocito）和恩里卡·阿瑞娜（Enrica Arena）发明的。意大利每年在生产橙汁的过程中会产生 70 万吨副产物，柑橘纤维的出现就是为了重新赋予这些副产物以新的价值。2017 年，佛罗伦萨奢侈品牌 Salvatore Ferragamo 在一个胶囊系列里就用了柑橘纤维来制作衬衫、裙子、裤子和围巾。

"时尚界里的大多数问题在设计过程中就可以解决。"玛伦奇说。尽管如此，为了让这些面料受到关注，并保证一定的订单量以维持正常运转，她费了不少工夫。她有点恼怒地对我说："大公司都说他们没有可持续性方面的预算。从首席执行官到设计师每个人都必须参与其中，但很多人并没有做好充分的准备。"大多数公司都有"趋利性"，即只顾短期利润回报，不管长期发展，比如自然资源的持续再生——离了它，何谈利润。

这些公司的顽固不化激怒了麦卡特尼。"为什么他们不这样做？这些人到底怎么了？"当我向她传达玛伦奇的担忧时，她大怒道，"伙计们，别这样！我要做出一款可持续性的包，价格跟常规工艺做出来的一样。我真的做得到。你们不打算加入吗？"

她停下来，喝了一大口苹果汁，又坐直腰杆严肃起来。

她声色俱厉地说："时装制造业太老套了，简直荒谬。"

"我们什么时候才能清醒过来？我们什么时候才能负起责任？我们什么时候才敢向消费者承认，对于环境所遭受到的重大破坏，我们负有责任？"

"我该怎么做才能带动我的同行和我一起行动？"

时尚界战战兢兢、谨小慎微，总算是慢慢踏入了可持续发展这条道路。不过，大多数的尝试都只不过是一种"漂绿"行为——一种公关手段，用来向大众宣示其对环境保护的投入，但实则不然。

最初，这些公关手段都很拙劣肤浅，而且说实话，还有些让人尴尬。2008 年，路易威登在一次品牌宣传活动中，邀请了几位文化偶像，如基思·理查兹（Keith Richards）和凯瑟琳·德纳芙（Catherine Deneuve），跟标有路易威登标志的行李箱一起拍摄了几组照片，并借此宣称支持阿尔·戈尔（Al Gore）的应对气候危机项目。当我向路易威登纽约新闻办公室询问有关细节时，一位女发言人告诉我，他们支持的方式就是让基思·理查兹和凯瑟琳·德纳芙把拍摄广告的酬劳捐赠给应对气候危机项目。因此，实际上支持气候项目的是这两位，而不是路易威登。

这让我想起了经济学家罗伯特·赖希（Robert Reich）一年前所说的话："当你听到一家公司夸耀自己是如何如何的生态环保，请不要着急称赞回应。在竞争异常激烈的资本主义（我称之为'超级资本主义'）环境下，如果你认为公司能够或愿意牺牲利润和股东利益来应对全球变暖，那你就太天真了。那些公司是想通过绿色政策来改善公共形象、削减成本，或抢在环保法规出台前行动而已，你只能说他们这招很聪明、很明智，而不是说他们有多高尚。"

如今的环保公关手段不像以前那样肤浅拙劣，招式越来越多，也越来越高级。

所有大型品牌都设有企业社会责任（CSR）官员，负责引导公司朝着更清洁、更道德的商业模式发展。其中一些公司在 Inditex 集团上发布了类似 Kering 集团环境损益表的"可持续发展资产负债表"，并写进公司的年度报告中。

很多公司都加入了可持续服装联盟（Sustainable Apparel Coalition，SAC），该组织是由巴塔哥尼亚和沃尔玛（可持续时尚的阴阳两面代表）于 2011 年在旧金山成立的全球联盟，集合了各大零售商、品牌商、供应商、非政府组织、工会和学界，旨在评估和改善服装供应链。为此，SAC 开发出了希格斯指数（Higg Index），这是一种用来评估时装公司对环境、社会和劳工雇佣影响的标准化指数。希格斯指数这个名字是受希格斯玻色子的启发，SAC 首席执行官杰森·基比（Jason Kibbey）告诉我说，希格斯玻色子"描述了宇宙的起源，因此我们也用它来描述服装的起源"。在希格斯指数出台的前十年，它只是用来监测行业的环保情况。但是2019年，SAC开始向公众提供各品牌和工厂的希格斯评估指数，到2020年，逐渐形成产品的"碳足迹评估"，基比说：这是为了"便于消费者看到服装的碳足迹"。

另一个趋势是推出具有生态意识的产品，例如H & M的Conscious Exclusive和Zara的Join Life，都是用可持续材料制成的环保胶囊系列。这就是他们环保招数的高明之处。通常，这种系列产品的收入只占到总收入的很小一部分，就是个零头而已，不过也总比没有好。

同样，H & M还承诺2020年前做到仅采购有机棉、再生棉或具有可持续发展意义的"更好的棉花计划"（BCI）里的棉。"更好的棉花计划"减少了水和杀虫剂的使用量，并禁止雇用童工，尽管如此，该计划仍然成为抨击的对象：它允许使用转基因种子（世界上很多地方对此持有争议）；计划执行的难度很大；加入此计划的农民并没有得到相应的补贴。

H & M还声称，它计划到2040年实现"气候正向发展计划"（climate positive）。但是，要做到"气候正向发展"，并不意味着公司一定得停止破坏性的做法，可以通过支付罚金或补偿性措施来"弥补"过失。H & M的可持续发展负责人安娜·格达（Anna Gedda）告诉我，所有这些措施都是为了"确保我们的业务跟上发展，永不过时"。

她说："我们还想在这个行业发展30年，而不是3年。因此我们必须得创造相应的支持环境。"

对于这些高调的宣传方式，伦敦时装学院可持续时装中心负责人迪莉斯·威廉姆斯和赖希一样持怀疑态度。

当我们在她伦敦时装学院马里波恩校区的办公室见面时，她说："有人在大呼'哈利路亚，我们终于解决了这个问题！'但是实际上他甚至连头都还没开呢，因为问题的核心——增长模型没有得到解决。正如大卫·阿滕伯勒（David Attenborough）所说的那样，在有限星球上寻求无限增长简直就是愚蠢疯狂的做法。赞成这种说法的只有那些经济学家和超级有钱的人。这些品牌真正想要表达的是降低风险。"

"对我而言，可持续发展要持有生态世界观，认为自然是一切的核心"，（就像麦卡特尼一样，保持着"拒绝使用动物产品"的立场，）"经济和政治格局应始终存于自然的大环境中"，而不是反过来。

威廉姆斯 50 岁出头，留着复古波波卷发，叮当小仙女一样的大大的眼睛，下巴上有一条美人沟，一看就是那种学生喜爱的热情洋溢的教授形象。"这就是我搬到伦敦的原因，"伯格坎普告诉我，"迪莉斯是第一个以有意义的方式教授可持续性时尚的人。"威廉姆斯认为，教育（培养像麦卡特尼一样思考的下一代设计师和助手）是带来系统性变革的唯一途径。她说，毕竟，"时尚产业只是一种表现手段而已。"

麦卡特尼在可持续发展方面最重要、影响最深的举动是她以投资者、客户或者有时仅仅是倡议者、支持者的身份，对那些具有颠覆性创新的初创公司的扶植。目前，她在 Modern Meadow 公司（美国一家生物制造公司，利用发酵方式来生成非动物性胶原蛋白，并制成类似皮革的材料）的角色就是这样。

Modern Meadow 这个名字听起来有点科幻未来主义的意味，它是应我们的需求而建立的。

21 世纪 00 年代末期，美国风险资本家、自称为科学书呆子的安德拉斯·福加奇（Andras Forgacs）居住在上海，他被当时中国对肉类和皮革制品的巨大需求量震惊了。那时，福加奇和他身为物理学家的父亲加博尔（Gabor）已经创立了 Organovo 公司，这是一家生物技术初创公司，可以 3D 打印人体组织用于医疗，例如重建手术以及药物和化妆品测试。他想知道"组织工程学"是否还可以用于生产肉类和皮革样材料。于是他回到美国，并于 2011 年与其父亲和另外两名科学家卡罗伊·雅各布（Karoly Jakab）、弗朗索瓦兹·马尔加（FranÇoise Marga）共同创立了 Modern Meadow。他们发现已经有一些公司在开发无屠宰的"培植肉"（或"清洁肉"）方面取得了很好的进展，于是把重点转向了仿动物性材料。

在大西洋的另一端，苏珊·李（Suzanne Lee）—— 一位精明的英国人，曾在中央圣马丁学院学习纺织品，并在设计师约翰·加利亚诺（John Galliano）事业发展初期担任过他的助手，正在通过她的公司 BioCouture 进行生物制造实验，即利用微生物制造材料。当她听闻 Modern Meadow 的事迹后，她告诉我，这就像发现了"我一直想探索的另一个未来"一样。2014 年，她移居纽约，加入 Modern Meadow 团队，担任创意总监。

一年后，Modern Meadow 聘请了杜邦公司首席技术官戴夫·威廉森（Dave Williamson）来对 Modern Meadow 的组织工程过程进行技术评估——研究这些材料可以长到的厚度和大小，所需的时间以及所需成本。

得出的结论是，该过程在经济上或实践上都无法得到推行。此外，还有一个"令人恶心的因素——要从人或动物那里获得细胞"，李说。当时，Modern Meadow 是从未出生的牛犊中获取细胞的。

于是 Modern Meadow 再次改变研究方向，这次转向了无动物成分的发酵过程以生成胶原蛋白——动物皮肤中的主要成分。李说，如果科学研究结果如他们所愿，今后科学家们仅凭"一大桶液体就能做出一条裙子"。

人们需要皮革来做鞋子、行李箱或大衣，皮革每年的销售额就达 1000 亿美元。消费者对皮革制品的需求正在以每年 5% 的速度增长。实验室制造出来的类皮革材料被认为是替代石油基人造皮革和 PVC 皮革的可行方法，并且是撤除传统皮革有害供应链的一种方式。畜牧业所产生的气体至少占全球温室气体排放量的一半。采用生物制造技术不会造成任何资源的浪费，你制造出来的都是你需要的东西，而且因为不含动物成分，因此它是纯植物性的。

"当我第一次听说时，我只有像这样'嗯……'"麦卡特尼说，语气听起来有些质疑，"既然不用杀死动物，那我觉得还可以。但是，竟然水和电都会用得更少，而且还不用土地吗？这也太棒了吧，我非常愿意接受。我非常期待有一天我整个商店的产品都是用实验室生产的皮革制成的。"

在 2017 年一个风景如画的夏日早晨，我去 Modern Meadow 总部看望苏珊·李。当时，Modern Meadow 总部位于布鲁克林陆军码头（Brooklyn Army Terminal，一个历史悠久的前军事基地，隔着东河与华尔街相望）A 栋八楼。

　　像我在写这本书的过程中采访的大多数女性一样，李很直率、时尚、好奇心强、勇敢。她看起来四十多近五十岁的样子，典型的英国人，又白又瘦，留着时髦的乳白色波波头。她集结了一批技术专家，将充满未来主义的幻想变成了既有经济效益又有益于自然的现实。我们沿着走廊走到一个非常大的开放空间，只见一大群年轻人坐在一排排桌子旁，正在用电脑工作。她说："我们的大多数员工，60 位中就有 55 位是工程师。他们中间有些人是分子生物学家，有些是机械科学家，有些是生物化学家。有博士学位的就有 20 个。"

　　沿着走廊墙壁上的飘窗往里看去，可以看到实验室里的工作情形：身着黑色外套的科学家们正在不停冒泡的生物反应器和试管托盘旁忙碌着。"人们一看到穿白大褂的技术人员就觉得害怕，我想改变这种看法。"李向我解释为什么她们实验室的衣着都是以黑色为基调，"他们觉得自己是实验室忍者。"

　　她说，这群实验室忍者所从事的是"非常复杂的生物技术，细胞工程学——根据我们的需求对细胞有机体进行重新设计。这是一种先进的遗传学和先进的化学"。

　　但此项技术所基于的概念相对容易理解："就跟酿造啤酒一样，只不过我们酿的不是啤酒，而是胶原蛋白，我们可以用来制成皮革的胶原蛋白。"（从我采访李以来，Modern Meadow 就不再称其生产的产品为"皮革"了，而是称为"生物制品"）。2019 年初，该公司的一位女发言人告诉我，在与行业成员协商后，他们对名称的措辞进行了修改。"皮革的定义是'鞣制后的动物皮肤',"她说,"因此,根据定义,我们的材料不是皮革,因为它不含动物成分。"

它不需要动物细胞,DNA 像软件编程一样被编写为代码。李说:"我们对酵母的 DNA 进行编程以生成胶原蛋白,因此酵母细胞就变成了一个胶原蛋白生产工厂。我们正在古老的过程中试用新技巧。"

胶原蛋白生成后,会将其过滤以去除酵母,进行纯化,并使用生物制造工艺将其重新设计,用以制成生物学上与皮革相似的材料。像动物皮一样,这种生物制成的材料必须经过鞣制,以免腐烂。李说,铬鞣革的方式并不环保,Modern Meadow 的科学家们正在开发一种更清洁、"更适合我们的产品"的鞣制工艺,从细胞改造到鞣制完成大约需要两个星期时间。

为了给我看一些样品,我们又回到了她的办公室。

第一个样品又圆又薄,像玉米饼,黑黑的,略显粗糙。她说:"我们管这个叫'大象'。它是由纯胶原蛋白(皮肤中的蛋白质)制成的。"

我用指尖摸了摸,然后举到鼻子上闻了闻。

我说:"就像真皮一样。"

她点点头。

她递给我第二个玉米饼大小的样品,也是黑色的,不过要薄得多、皱得多,就像犀牛皮一样。他们根据 1947 年那次著名的 UFO 神秘事件,将其戏称为"罗斯威尔"(Roswell),她说,因为"它本身就具有外星人的特质"。

第三个黑色玉米饼样的材料柔软细腻,像意大利手套的皮革一样。

她一边将手中的样品放下，一边说："它们每个月看起来都不一样。整个过程的每一步我们都可以获取很多信息。"我在她办公室的一角发现了一台缝纫机。她用它来对材料进行测试——"以确保它们可以像传统材料一样进行缝合和构造"。她说。最终，Modern Meadow 生产的材料会以匹的形式进行商业售卖，以完成后续典型的二维裁剪车缝作业。

该公司还在开发 3D 工艺，例如用液态材料将接缝像胶水一样融合在一起（就像氯丁橡胶潜水服一样），或者将液态材料倒入模具中，使它以特定形状生长。她问我："未来的汽车座椅会是什么样的？也许是缝合成的。也许不是。Hermès 的 Kelly 手提袋可以一体成型制成，而无须裁剪和缝制。"

她提醒道："我们并不是想取代传统工艺。我们希望爱马仕仍然可以手工制作凯莉包。但是我们确实想证明除此之外还有另外的选择……我们完全超越了用皮革制包的阶段。"李和她的团队成员为他们的新产品取的商标名称为"Zoa"，来源于古希腊语 zōē，即"生命"的意思。

2017 年 10 月上旬，也就是在我访问的几个月之后，Modern Meadow 在纽约现代艺术博物馆举行的产品：时尚是现代的吗？展览中展示了它的第一个成衣样品——白色拼接 T 恤衫，上面那些不规则的粗线条接缝就是用液态 Zoa 完成。

同时，该公司在 SoHo 区的克罗斯比街（Crosby street）的临街店面设置了两个星期的弹出式广告，向每一个进店的顾客介绍 Modern Meadow 公司和生物制造。墙上挂着一幅壁画般的时间表，描述了从石器时代到人工合成时代的发展。科学家们认为，第一双皮鞋是在公元前

17 万年制成的。在里屋，一段关于生物加工的一分钟视频在循环播放。视频中向观众提出了一个问题："你最近一次穿着具有革命性意义的服装是什么时候？"

整个房间里摆满了及腰高的陈列柜，里面摆放着由李、高级材料设计师艾米·康登（Amy Congdon）以及他们在 Modern Meadow 的团队所设计的 Zoa 成衣样品，例如由棉、网布和 Zoa 拼接而成的黑色 T 恤，用黑白液态 Zoa 搅混成旋涡状的双面棉布样品，用液态 Zoa 喷绘的轻薄如绸缎的布段，用液体 Zoa 接缝的全网眼布料。

在大量融资的帮助下（包括来自 Horizons Ventures 和 Iconiq Capital 的 5350 万美元私人投资，以及 3390 万美元的赠款和税收抵免），Modern Meadow 从此搬离了租用的布鲁克林陆军码头。设计和应用研究室搬到了布鲁克林海军造船厂的"新实验室"（New Lab）。生物技术、发酵车间和材料科学实验室以及实验室里的忍者们则搬到了位于新泽西州纳特利的一座巨大的粗野主义风格的建筑中，该建筑曾是霍夫曼-拉罗什（Hoffmann-LaRoche）制药公司的所在地。

2019 年，Modern Meadow 计划推出首款由 Zoa 制成的产品，该款产品是 Modern Meadow 与一家高端时装公司（不是麦卡特尼）合作设计的。它还与某功能型运动品牌合作。Modern Meadow 让公司的研发部门与其他机构合作，共同开发产品。这就是 Modern Meadow 希望与其他合作伙伴合作的方式。

福加奇和李特别期待 Modern Meadow 今后能在奢侈品时装中得到应用，为此他们聘请了三位行业资深人士担任顾问：Michael Kors 前配饰和鞋类部门总裁安娜·巴克斯特（Anna Bakst，她也加入了董事会）；普拉达（Prada）美国公司前总裁兼首席执行官弗朗索瓦·克雷斯（François Kress）；Gucci 集团（现为 Kering 集团）前全球企业传播总监迷玛·维格勒佐（Mimma Viglezio）。在邀请维格勒佐加入时，Modern Meadow 说服的方式非常清晰明确。

她说："人们会问 'Prada 和 Gucci 看起来都差不多，价格也一样，那为什么我要买 Prada 而不是 Gucci？'"

因为，如果 Prada 是由 Zoa 制成的，那么 Prada "对世界更有利"。

同在现代艺术博物馆展览的还有另一项技术奇迹：一款由斯特拉·麦卡特尼设计、位于旧金山湾区的生物技术公司 Bolt Threads 实验室培育出来的"蜘蛛丝"制成的蓬蓬飘逸的深金黄色酒会礼服。

麦卡特尼秉持一贯的"无动物成分"立场，长期以来一直都在努力为自己和志同道合者们寻求合理使用丝绸的方法。家蚕把桑蚕丝制成了茧，为了能完好无损地获取蚕丝，得把蚕茧浸入沸水中，可是这样蚕茧里的幼虫也被烫死了。多年来，麦卡特尼尝试了很多替代方法，例如在幼虫孵化成飞蛾后再获取蚕丝，但这样获取的蚕丝质量又相当差。她说："遇到 Bolt 公司对我来说意义重大，从那时起，我的生活和职业开始发生了改变。"

Bolt 的这个概念最初是来自旧金山的两位生物工程专业学生丹·韦德梅尔（Dan Widmaier）和伊森·米尔斯基（Ethan Mirsky）在加利福尼亚大学的博士学位论文。他们俩是 21 世纪 00 年代中期在合成生物实验室里做蜘蛛丝试验的时候相识的。同时，在湾区另一头——加州大学伯克利分校生物工程专业的博士生大卫·布雷斯劳尔（David Breslauer）也在实验室里研究如何抽取蚕丝，于是他向韦德梅尔和米尔斯基借用实验需要的蛋白质。三人一拍即合，形成了一个研究团队，并于2009年在旧金山的孵化园中成立了Refactored Materials，将他们的实验成果转化为相应的商业产品。

蜘蛛可以织出7种不同的丝，其中一种是横丝，用来捕获猎物，结成蛛茧，保护里面的幼虫。为了研究蜘蛛是如何吐丝织网的，韦德梅尔、米尔斯基和布雷斯劳尔用一间办公室养了一群金色圆蛛（大木林蜘蛛），还放了些呼啦圈，慢慢观察这些家伙是怎样吐丝织网的。这三位科学家们得出的结论是，牵引丝（dragline）——最坚固的丝线，蜘蛛用来连接各个固定的位置和垂悬物的蛛丝，将是他们第一条人造丝线的灵感首选。位于硅谷的Foundation Capital风险投资公司的史蒂夫·瓦萨罗（Steve Vassallo）为此项研究提供了风险投资。

Bolt蛛丝背后的科学原理与Modern Meadow类皮材料相似：都由湾区一家独立实验室的遗传学家和微生物学家们重新设计DNA序列以产生丝蛋白。装有人造蛛丝DNA的试管由联邦快递送到位于埃默里维尔（Emeryville）的Bolt公司。"现在，生活上需要什么，只需要一个盒子，就可以送到你家门口。"2017年我访问Bolt Threads公司时，产品开发副总裁杰米·班布里奇（Jamie Bainbridge）若有所思地对我说。

DNA被送到Bolt生物实验室后，会被植入酵母中（就像Modern Meadow制皮过程一样，酵母是DNA的宿主）。在Modern Meadow，

DNA 被重组用来制造胶原蛋白；在 Bolt，DNA 被重组用来制造丝绸。酵母经过冷热交替冲击后对 DNA 的接纳性更好。"有段时间实验室闻起来就像面包店。"我们走过实验室时，班布里奇说。

我们背后放着两个温度设置在摄氏零下 80 度的冰柜——一个叫心宿二（Antares），另一个叫参宿四（Betelgeuse），科学家用它们储存有用的菌株以备将来使用。"这就像我们的图书馆一样，"班布里奇说。

我们穿过走廊，来到发酵室。在那里，酵母被转移到发酵罐中。发酵罐是不锈钢的，看起来很奇特，像蒸馏器一样，连接着橡胶管和玻璃容器，液体会渗入其中。她说："这是酿造啤酒和制胰岛素的标准设备。"这些是两升版的发酵罐。那边有 100 升的。带有重组 DNA 的酵母被注入葡萄糖（糖）和水，经过发酵周期，这样丝绸就长出来了。然后对整个细胞培养基进行过滤和用离心机分离，剩下的就是纯丝绸了。这样制造出来的丝绸闪闪亮亮，像香槟色的太妃糖。就像"查理和巧克力工厂"里的场景一样。

这些太妃糖一样的丝绸经过喷雾干燥处理——"就像把液态牛奶转变成奶粉的过程一样，"她解释道，然后再储存起来。她指着架子上的一个足球大小的塑料袋（里面装着约两公斤的白色粉末）说："那是一袋丝绸。"120 克丝绸粉末可以制成一平方米的布料。这个袋子里装着的两公斤丝绸粉末可以制出约 17 平方米的布料。

班布里奇说，纺丝的时候将丝绸粉末与专门的溶剂混合，可以使其变成可溶的黏性液体，就像糖浆一样。然后在一个称为"湿纺"的工艺过程中，将黏液装入泵中，通过纺绩器（spinneret）喷出。她说，纺绩器就是"蜘蛛腹部末端用来喷丝结网的器官的真实名称"。然后将喷出的丝浸入水中使之凝结。丝绸用纺织染料上色,并放到一个个导丝辊(如同纺锤)上纺织,导丝辊一个比一个转得快,拉得紧,直至纤维结晶、纱线成型。然后将其缠绕到线轴上。这样丝线制作过程就完成了。她拿了几个给我看。不管是从视觉还是从触觉上,我都感觉不出它与天然丝绸有什么两样。

研发到此阶段,是时候扩大规模了。他们聘请了耐克(Nike)前美国女性品牌总监苏·莱文(Sue Levin)为首席商务官。她一来就将产品名称从"Refactored Materials"改成了一个更响亮的名字——"Bolt Threads"。当他们真正通过实验室培育出纱线后(他们将其取名为"Microsilk"),就请了当地的纺织大师莉莲·惠普尔(Lillian Whipple)来将其织成布料。她制作了几个布料样板,每个都在上一次的基础上作了改进。每一次的迭代改进中,Bolt 的科学家们都会对喷丝和纺丝工艺进行调整和改进,直到织出的布料满意为止。但是这些布料一洗就会缩水,缩水率大约为 40%。

2015 年初,他们从孵化园搬到了位于埃默里维尔(一个海滨小镇,邻近海湾大桥,位于西奥克兰与伯克利之间)的五层楼建筑里,班布里奇也跟着一起搬了过去。班布里奇五十多岁,是西雅图本地人,留着齐肩的银发,戴着一副海军蓝的粗框眼镜。她也曾在耐克工作过,曾是那里的高级服装研发部门的负责人。为了解决缩水问题,她提出在聚合阶段将蜘蛛丝与一种叫作莱赛尔(Lyocell)的纤维素混合。她说,这种纤维素是"人造丝工艺中最环保的",并且"最终还可以进行生物降解"。

结果证明，她的提议真的有效。

在搬到埃默里维尔几个月后，Bolt 研究团队收到了一封来自伦敦的电子邮件，发件人是克莱尔·伯格坎普。她在邮件中写道："我想深入地了解一下你们的研究。你们的研究与我们的发展方向很契合。"几通电话交谈后，她就飞到西海岸去拜访他们。她回忆说："我被震撼了。他们并不是为了创新而创新。"

就在那个夏天，Bolt 研究团队去伦敦与麦卡特尼会面，双方签署了一份联合开发协议。2016 年年底，麦卡特尼亲自上门拜访 Bolt。她告诉我："我们来到硅谷时，感觉十分亲切。我们双方的工作方式很相似，只不过我们专注的是时尚领域而已。我们对待生命和生活的态度是一致的。"

几乎是在同一时间，纽约现代艺术博物馆建筑与设计部高级策展人保拉·安特那利（Paola Antonelli）也与 Bolt Threads 取得了联系，邀请其参加即将举行的产品：时尚是现代的吗？展览（Zoa 也被邀请参加那次展览）。班布里奇提议与麦卡特尼合作一起参加，安特那利同意了，麦卡特尼也同意了。

班布里奇给麦卡特尼送去了几款现有颜色的 Microsilk。她本人很着迷明亮的金黄色，这种颜色像夏日的夕阳一样，散发出温暖的光芒。她设计了一条绕颈露背裙，颈部的地方用宽束带收口，带子自然地垂吊在背后，并让她在意大利的制衣厂用亚麻编织出一件样衣作为示范。埃默里维尔的 Bolt 实验室负责纺制出金黄色的 Microsilk；然后，奥克兰的定制针织品设计师玛瑞亚·莱斯奈克（Myrrhia Resneck）按照麦卡特尼的要求，参照样衣，在传统双针平板机上做出了这条裙子。做好的裙子被送到纽约，摆放在展厅中。

埃默里维尔只是一个小批量生产的研发基地。大批量订单的生产则外包给了中西部的工业级规模的发酵厂，那里的发酵器始建于 20 世纪 90 年代，主要用于生物燃料的生产，有五层楼高，能装十万升酵母糖蛋混合液体。制成的丝绸被运回埃默里维尔，由本公司进行内部织造。织造的地方要么在我参观的那栋楼里，要不就是在街上新开的另一间织造厂里，Resneck 现在是那里的针织工程师。

在 2018 年春季，麦卡特尼采用 Microsilk-cellulose 制作推出的第二个系列——一款衬衫和一条裤子，巧克力慕斯棕色的，在伦敦维多利亚和阿尔伯特博物馆（Victoria and Albert Museum，简称 V & A）举办的名为"时尚源于自然"（Fashioned from Nature）的展览中展出。在其旁边展出的是麦卡特尼 Falabella 系列手袋中的一款。这款手袋为黑色，带有金属链条饰边，由 Bolt 最新研制的材料 Mylo 制成。Mylo 是一种由菌丝（野生蘑菇生长在地下的根部）制成的人造皮革。这是 Bolt 与位于纽约最北部的生物材料初创公司 Ecovative 合作开发的产品。

菌丝体生长在托盘中，直到长到约三英寸厚，像棉花糖那样松软有弹性，然后将其压缩、染色。又因为它是一种活生物体，因此需要经过鞣制（采用经可持续认证的工艺），"使其不容易腐烂，"班布里奇解释说。2018 年秋季，在 Kickstarter 公众募资平台的资助下，波特兰的手提包设计师切斯特·华莱士 (Chester Wallace) 制作出了一款漂亮的手提袋，名为 Mylo 驾驶包（Mylo Driver Bag）。这款限量发行一百只、每只售价 400 美元的手提包很快就被抢购一空。麦卡特尼希望 2019 年年底的时候，她的商店中会有更多用 Microsilk 和 Mylo 制成的物品。

在 2018 年年中的时候，Bolt Threads 已筹集了 2.13 亿美元，投资方包括彼得·泰尔（Peter Thiel）的创始人基金会（Founders Fund），前 Google 首席执行官埃里克·施密特（Eric Schmidt）的 Innovation Endeavors 和总部位于爱丁堡的资产管理公司巴美列捷福（Baillie Gifford）。公司市值超过了 7 亿美元。班布里奇告诉我，该公司正在研究第三种蛋白质衍生材料，并将于 2019 年年底推出。"在研发的过程中，我们可以使用任何功能性动物蛋白质。"她解释说，"比如鱿鱼用来捕捉猎物的喙是人类已知最厉害的喙之一。苍蝇翅翼之间的弹性体使得翅翼的扇动更快，作用就像门上的橡胶铰链一样。还有珊瑚中的彩色图案——这将启发我们今后无须使用染料即可着色。"

我与班布里奇的最后一次交谈是在 2018 年 10 月，那时她正在意大利佛罗伦萨，与克莱尔·伯格坎普一道与制造商会面，探讨 Microsilk 纤维在工业纺纱机和织布机上运行的情况——这是建立供应链的第一步。我问她是否打算将 Microsilk 和 Mylo 带到巴黎面料展上。

她说："巴黎面料展的经营方式太老套了。想要参展还必须要跟工厂有业务往来才行。这跟当代的材料问世路径完全是反其道而行。"

很快，我也发现了这一点。

第八章

循环时尚

2018 年 9 月，我再次来到巴黎面料展，在偌大的展厅中游荡。记得上一次参观是七个月以前的事情了。我这次参观的目标是展览会为可持续材料所设的新专区——"智能制造"（Smart Creation）——在声势浩大的众多面料展商中，由一小群初创公司环绕的小区域。我还要与其中一家名叫 Evrnu 的研发初创公司创始人见个面。这家公司位于西雅图，主要业务是回收旧的棉 T 恤衫和牛仔裤，再将其重新制成崭新的布料用纤维。

我沿着 3 号馆的后墙一直找，终于在距离

Como 纺织厂所在的中心展区约三十分钟步行路程的地方找到了 Evrnu。
"智能制造"展区为生态纺织品公司共设了十几个展位，例如将废弃的
苹果皮转化成传统皮革的 Frumat，生产海藻纤维素混纺纤维的 SeaCell。

这些公司看起来好像只是在展示一项新兴技术而已，但却预示着一
个其他参展商可能不愿看到的事实。也就是说，我们不可能一直都能保
持如此巨大的服装生产量——以目前的生产速度来算，到 2030 年，服装
的产量预计将增长 63%，达到每年 1.02 亿吨的生产量。或者说，服装
的废弃率也不可能一直这样保持下去。我们不能老是线性地思考问
题，即产品从诞生到使用再到消亡就完了。迈克尔·布朗格（Michael
Braungart）和威廉·麦克唐纳（William McDonough）在其畅销书《摇
篮到摇篮》（ *Cradle to Cradle* ）中，把这种思维方式称为"摇篮到坟墓"
（cradle-to-grave），或行业人士所描述的"索取-制造-废弃"（take-make-
waste）。我们必须逐步将其发展成循环或闭环系统，在该系统中，产品
不断地被回收、再生和再利用。在理想情况下，没有一样东西会被废弃，
丢进垃圾桶。

英国最成功的离岸帆船赛选手达姆·艾伦·麦克阿瑟（Dalen Ellen
MacArthur）女士一直致力于推广循环经济，特别是在时装业方面。
2009 年，她成立了艾伦·麦克阿瑟基金会，这是怀特岛上的一家慈善机构，
致力于研究全球经济面临的挑战。她在世界经济论坛和哥本哈根时尚峰
会（被认为是可持续时尚的达沃斯论坛）上发表了关于循环经济的演讲。
她的发言人解释说，基金会中心直接与企业、政府和学术界合作，以"建
立一种可以通过设计来恢复和再生经济的框架"。该基金会提供循环设

计工作坊和课程，受众广泛，从学生到快时尚领域的主管［H & M 的可持续发展主管安娜·格达（Anna Gedda）告诉我她也参加了其中的一些课程］。

在 2017 年的哥本哈根峰会上，麦克阿瑟基金会发起了"新纺织品经济计划"（现称为"时尚循环"倡议）。该倡议旨在从服装业开始，建立纺织品循环经济。六个月后，麦克阿瑟与斯特拉·麦卡特尼合作发布了"新纺织品经济：重新设计时尚的未来" 报告。这是一份 150 页的决断性报告，阐明了推行时尚循环经济的必要性。"在每年生产的成吨服装中……87% 被填埋或焚化"，只有 1% 被回收，麦克阿瑟在哥本哈根会议上告诉听众。她说，所有这一切都"显示我们现存的商业体系漏洞百出、不堪一击"。

为了使时尚经济朝着正确的方向向前发展，她概述了三点计划：

第一：建立一个时尚体系 / 时尚产业，其使用的原材料是安全的、无毒无害且可再生的。

第二：制作质量更高的服装。制作可修补的服装。

第三：设计的服装要能"在该循环体系的末尾，再生成新衣服"。

她说，有了当代社会的"创新和创造力"的加持，"我们为什么还要设计那种最终会被丢弃的东西呢？"

早在麦克阿瑟在哥本哈根演讲的十年前，时装界资深人士史黛西·弗林（Stacy Flynn）在一次中国之行中就曾这样问过自己。这促使她发明了 Evrnu，一种 100% 完全由回收的棉制服装废料制成的分子再生纤维。Evrnu 的用水量比原生棉少 98%，产生的温室气体排放量比聚酯纤维、粘胶纤维或弹性材质（即氨纶、莱卡）低 80%，不会散发塑料微纤维，不会造成森林被砍伐，不占用耕地。

弗林整个职业生涯中都在为一些大型时尚公司工作，例如 DuPont，Target，Eddie Bauer。

之后她回到西雅图，到班布里奇的研究生院继续深造（现为普雷西迪奥研究生院），并获得了可持续发展领域的 MBA 学位。在读研期间，她了解到 90% 的衣服都是由两种纤维制成的——聚酯纤维和棉纤维，并且，就像麦克阿瑟所说的那样，其中大部分最终都会被填埋掉。"因此问题在于两端,像书立一样:前端的资源提取和尾端的浪费。"她说,"如此一来，设计中的难点就很明显了：废物回收，并将其转化为高品质的新纤维。"

她决定接受挑战，并四处打电话询问她时尚圈的朋友还有谁愿意冒险一试。

"他们都说我疯了，"她告诉我说，"这根本做不到。"

45 岁的弗林小巧精致,有着一头蓬松柔软的银灰色卷发,精神焕发、活力四射，能量足得都可以点亮一棵圣诞树，整个儿是美式积极乐观的经典形象。"如果史黛西下定决心要做一件事情，那她一定会做到。"克莱尔·伯格坎普告诉我说，"这一点你毋庸置疑。"

弗林说，在时尚和服装界，"我们很多方面都没有进行创新，因为我们一直依赖于 19 世纪的设备（纺纱机、织布机、缝纫机）"，"我们使用那些设备进行生产时所持的是 20 世纪的思维定式——资源是无限的，赚钱才是硬道理。 我们所依赖的一切都已过时，而消费又是其主要驱动力。如果我能提供一种解决方案，让品牌商们不再闭目塞听、盲目蛮干，正视问题并以不同的方式去思考问题，那么我们将取得真正的进步。因为没人愿意制造伤害。"

也许真是这样吧！但是弗林和她的合伙人——行业专家克里斯托弗·斯坦纳夫（Christopher "Christo" Stanev，昵称"克里斯托"）也深深知道，他们必须"找到一种可以改变（体系）的解决方案，而这种解决方案又不会要求消费者、品牌商或制造商们一次改变太多"。

换句话说，要循序渐进地改变。2012 年，他们成立了自己的第一家公司，名为 Future Resource Collective。他们纷纷将各自身家投入其中，并着手科学研发。他们开发出了净化回收布料，并研究出除去上面的化学成分的方法，例如去除除臭剂中的铝。接着，他们发明了一种溶剂，该溶剂可以将布料转化为液体纤维素——看起来像蜂蜜一样的黏稠剂，跟在 Bolt 公司一样被称为"布浆"。（这种溶剂可以被多次回收、纯化和再利用。）弗林和斯坦纳夫用他们自行设计的喷头将纤维素再次转化为纤维，过程也跟 Bolt 一样。弗林跟我说："想想意面是怎么做的就知道了。"她说，"先是揉面团，然后将面团放到仪器中，通过调节挤压就可以得到你想要的形状。"2014 年，在申请了第一个临时专利后，他们创建了如今的 Evrnu 公司——"这个名字像车牌一样。"她说。

她伸手从她的展示台上拿起一个闪闪亮亮的白色绒毛线球。

她递给我说："它是由 51% 的 Evrnu 和 49% 的棉制成。"

我发现自己不由自主地不停抚摸着它。

我说："摸起来像兔宝宝一样柔软。"

"我知道，很舒服，对吧？"她笑着说。

2015 年，弗林和斯坦纳夫开始四处奔走，销售 Evrnu。在每次的洽谈会议上，弗林都会在会议桌上放置三只烧杯：一个里面装着一些从她最喜欢的一款学生 T 恤上撕下来的碎布料；一个里面装着已经被溶解成"布浆"的 T 恤衫；还有一个里面装着一根将纤维素通过喷射器挤出制成的原始单丝纤维。她回忆说："这可以说是我们用来证明 Evrnu 可行性的最简单、成本最低的展示样品了。"

她跟那些公司高管们说："我将用这项技术给贵公司的业务带来翻天覆地的变化。"

然而，她一如既往地被认为是疯了。

在 Target 工作的时候，她的前老板曾说："史黛西，我们是一家市值 700 亿美元的大公司，而你实际上有的就是三个烧杯和一个梦想。你胆子真的很大！"

弗林参加了纽约时装技术学院的会议，Levi's 的创新负责人保罗·迪林格在会上作了主题演讲。他说："谁能找到生产高质量再生棉的方法，那他基本上就可以称霸宇宙了。"

会后，弗林走到迪林格跟前，自我介绍了一番，然后递给他一块用有机靛蓝染成的 Evrnu 纱线。

"这是 100% 由穿过后丢弃的服装废料再生制成的。"她告诉他说。

他摸了摸样品。

然后说道："我们需要谈谈。"

2016 年，Evrnu 和 Levi's 合作推出了两款 501 系列牛仔裤，它们是用有机棉和 Evrnu 混合制成的再生牛仔布制作而成的。牛仔布由西雅图 Botanical Colors 公司的凯西·哈多丽（Kathy Hattori）手工染制。牛仔裤的初样是由纽约时装技术学院的帕特里斯·乔治（Patrice George）手工编织的。试穿版本在北卡罗来纳州州立大学用机器编织而成，这所大学同时也是娜塔莉·查宁学习、萨拉·贝罗斯实习以及莎莉·福克斯开展研究和纺棉的地方。在随后的一个月里，弗林和贝洛斯将在康涅狄格州由"超常影响"（Unreasonable Impact）项目组织举办的为期两周的促进会上见面，该项目由巴克莱银行（Barclays）和超常集团（Unreasonable Group）联合发起，旨在支持企业家。她很高兴与贝洛斯商谈合作事宜。Evrnu 吸收染料的效率如此之高，以至于染料的平均用量减少了 20% 至 40%。对此，她说："这样，即使像莎拉这样的基于天然植物的产品很贵，我们也负担得起了。"

迪林格自豪地告诉我，第一批 Evrnu Levi's 牛仔裤算得上"一个小小的工业奇迹"。从那时起，"我们开始着手研究可大规模生产、耐穿的服装，它应具有与常规棉一样的持久强度特性和穿着体验。我们尚未将其投放市场，因为这需要一个长期研发的过程，但是我们对研发的进展情况感到很满意，我们不愿在如此宽泛的供应链上只是充当 Evrnu 的材料供应商而已。"

弗林和斯坦纳夫已经筹集了 600 万美元的资金，大部分是与 Levi's 合作项目之后筹集的。弗林在位于华盛顿州的公司实验室中开展初步的研发。斯坦纳夫负责新泽西州实验室的所有研发和技术把关。弗林说，在南卡罗来纳州 Evrnu 的试验工厂里，"我们生产出来的纤维主要是用来作为样品，代表着我们的品牌／零售合作伙伴的商品品质。我们更多的生产是依靠外包。"

继 Levi's 之后，斯特拉·麦卡特尼也找上门来寻求合作。

弗林和伯格坎普因 2015 年的"从摇篮到摇篮"活动相识，并一直保持联系，弗林还定期向其告知有关技术的进展情况。2017 年，麦卡特尼以"早期采用者"的身份签约，支持产品的阶段实验并对其进行测试。当我在 2018 年巴黎面料展上遇到弗林的时候，她手里拿着她为斯特拉·麦卡特尼研发出来的第一个样品———一种四英寸见方的黑色单织绉纱，由 51％ 的 Evrnu 和 49％ 的长绒棉制成。她准备第二天把它拿给麦卡特尼的公司代表们看。这种绉纱看起来很漂亮，就像精美的真丝绉纱一样。本来麦卡特尼想要的是双重编织绉纱，但是自 20 世纪 90 年代美国国内纺织业崩溃后，美国生产双重编织的机器就断货了。麦卡特尼对样品非常满意，于是决定与 Evrnu 继续合作，在意大利共同生产这种新型面料（因为意大利才有双重编织的机器）。

弗林还与前 Target 的老同事签下了合约，同时还有一家行事低调的大型运动服饰公司。到 2019 年下半年，Evrnu 应该会上市。

弗林说，Evrnu 发展的核心部分是：

"我们生产和设计出来的每一样产品在今后都能够分解。"

在这一点上，她拒绝妥协。有品牌要求她加入氨纶（Spandex，一种混入织物中的弹性材料，可以使衣服更有伸缩性），她拒绝了。

品牌商继续施加压力，"全球服饰品种有百分之七十都含有氨纶，"高管们争辩道，"我们必须使用氨纶。"

弗林仍然不妥协。

"氨纶（一种复杂的共聚物）是无法回收利用或被分解掉的。"她解释道。

这种供需双方意见不一的尴尬局面使得弗林和斯坦纳夫回到实验室继续研发，并最终开发出了一种可再生的 Evrnu 拉伸纤维。她告诉我说："我们要对我们所创造的一切承担全部责任。我们要保证所有印有 Evrnu 商标的服装，不仅源于废旧的衣服，而且还可以再次作为生产原料被分解。"

像 Evrnu 这样的公司，在原材料供应方面是无限的。我们有的是成千上万吨被丢弃的衣服。仅在纽约市，服装和纺织品废弃物就占垃圾总量的 6% 以上，相当于每年近 20 万吨服装和纺织品废弃物。这些废弃物可以不用被当作垃圾填埋掉，还可以被像 I：Collect（简称 I：Co，一家总部位于德国，提供废弃服装和鞋子收集和分类服务的全球性公司）这样的公司收集起来。

我们丢弃的衣服里，有 15% 我们拿去捐赠了（不是直接扔进垃圾桶）。而在捐赠的这些旧衣服里实际上只有大约五分之一是最终能用得上的，剩余的部分会被像 Goodwill 之类的公司压缩、打包成与冰箱大小的一捆捆，然后出售给营利性的纺织品回收商，后者将废弃布料变成床垫填充物、隔热材料或抹布。

弗林还可以将"消费前废物"（preconsumer waste）——工厂车间的废料当作原材料。还有"滞销的库存"，这些货品通常会被品牌商焚烧或撕碎销毁。有次我去见她的时候，她正在和一家大型环卫服务公司进行商谈。

公司一走上正轨，她和斯坦纳夫便提出了很多很多想要推进实施的循环经济想法。她说："克里斯托和我已经为接下来的 20 年做好了规划。""我们的目标遍及整个供应链，将创造出足以在我们的一生中不断扩展的强大创新。我已经计划到了 2050 年，那时我都 77 岁了。"

她说："那时候子孙后代们就可以完全接受这种方式了。当如今的小孩长大后来跟我说：'当你意识到循环经济的重要性时，你都做了些什么呢？' 我会说：'我改变了我的思维方式和行为方式，我为之努力奋斗过，我也影响了其他很多人，使他们改变了思维方式和行为方式。我们并没有置身事外，冷眼旁观。也祝你好运。'"

在新泽西州，弗林和斯坦纳夫正致力于将棉花转换成布浆；而在伦敦，美国移民辛迪·罗德斯（Cyndi Rhoades）则在努力解决另一个更为复杂的循环性问题：如何将棉混纺中的聚酯纤维与棉花分离，以便再利用。20 世纪 30 年代，合成化学呈现爆发式的发展。那时，特拉华州威尔明顿的杜邦实验室负责人——美国化学家华莱士·卡罗瑟斯（Wallace Carothers）开始进行聚合物实验，氯丁橡胶、人造丝和尼龙都是他的研究成果。1941 年，来自曼彻斯特的英国化学家约翰·雷克斯·温菲尔德（John Rex Whinfield）和詹姆斯·坦纳特·迪克森（James Tennant Dickson）在卡罗瑟斯的研究成果基础上，研制出了聚对苯二甲酸乙二醇酯（也称为 PET 或 PETE），商标名为聚酯、涤纶和特丽纶。在第二次世界大战期间，由于战争所需的棉花和羊毛等主要原料被征用，而纺织产业需要制作街头服饰的替代性原材料，因此合成纤维成为主流。

像许多发明一样，合成材料被认为是应当时情况所需而出现的绝妙突破和完美解决方案。但是，经过近一个世纪的使用证明，很明显，聚酯及其类似产品还远不能解决所有的问题。聚酯，作为最便宜、最受欢迎的面料，是从石油中提炼出来的。每年需要约七千万桶原油来生产用于纺织品的纯聚酯。

棉涤混纺约占当今布料产量的三分之一。由于没人知道如何将两者分离开来，因此这种织物制成的服装通常注定会被丢弃。然而聚酯是不可生物降解的。

罗德斯推想："将它重新置入生产系统中会不会更明智一点？"

近十年来，她一直与 Worn Again Technologies 合作，该公司已经开发出一种专利工艺，可以从纯织物和混纺织物中将聚酯纤维和纤维素（从棉中提取）分离、去污和提纯，然后将聚合物转化为原生聚酯。（纤维素也同样可以转化，做法跟 Evrnu 公司一样。）

她说："循环就是未来。它引领时尚直面现实。"

2017 年一个夏日的午后，我和她，还有她公司的董事长——加拿大商业主管克雷格·科恩（Craig Cohon）一起乘坐欧洲之星，穿越法国乡村前往巴黎。罗德斯和科恩正准备去跟潜在投资者们见面，其中包括由时尚编辑改行为数字企业家的俄罗斯人米罗斯拉娃·杜马（Miroslava Duma）。

与弗林不同，罗德斯对时尚并不大了解。

她在俄亥俄州的哥伦布市出生并在那里长大，20 世纪 90 年代初移居洛杉矶，从事音乐视频工作。1993年她去了伦敦，本想只是在那儿休三个月的假，可没曾想一去不复返。在那里，她继续干着音乐视频制作的工作，为绿洲乐队（Oasis）、蒂娜·特纳（Tina Turner）制作音乐视频，并为英国政府机构制作纪录片。"就是政府宣传嘛！"我取笑道。"是的，政府宣传。"她笑着说。

她告诉我，她读了娜奥米·克莱因（Naomi Klein）的《废弃商标》（*No Logo*）和大卫·科尔顿（David C. Korten）的《当公司统治世界》（*When Corporations Rule the World*），并且"自学了全球经济学，了解了世界运行的机制。我想搞清楚时装和食物是如何制造出来的。"

为了激发其他人做同样的事情，她在伦敦东区一家名为"The Spitz"的夜总会里创立了反冷漠（Anti-Apathy）主题聚会——类似于沙龙的定期举办的聚会，邀请嘉宾演讲、音乐表演和电影放映。她的第一次聚会邀请了当时还名不见经传的独立乐队——浪子乐队（The Libertines）来表演。每次聚会都有一个主题——关于食物、金钱或时尚。"我们在努力施加积极正面的影响——人们可以做些什么，如何改变，以我们的消费方式彰显我们的价值观念，改变购物方式，影响品牌商采取不同的经商模式。"

2005年的一个晚上，Clarks鞋业王朝的第七代成员加拉哈德·克拉克（Galahad Clark）参加了反冷漠聚会，并因其中传达的观念而深受感触，他问罗德斯是否可以合作生产和销售一系列鞋来帮助和支持这一事业。

她说："当然可以，只要它们是用二手材料制成的就行。"

他们合作推出了一系列经过升级再造的鞋子，也就是通过回收利用废料升级制造成的更高质量的产品。这个系列被称作"回收再穿"（Worn Again），原材料来自废旧的英国军用外套和监狱毯子，在中国的工厂中生产，并在加拉哈德·克拉克的独立公司 Terra Plana 出售。

几个季度后，罗德斯完全掌控了生产线。她说："我想要在英国制造更简单的产品。"她推出了一系列由英国设计师克里斯托弗·雷伯恩（Christopher Raeburn）设计的包包、配饰和风衣，并从退役的维珍热气球和废旧的欧洲之星制服中获取原材料。另一款由本杰明·希恩（Benjamin Shine）为欧洲之星设计的产品———一款列车管理员的售票包，也是用欧洲之星的旧制服制成。所有这些产品都是在英国制造的。

她的一位投资者是科恩（Cohon）———一位身材高大、温文尔雅的老派企业资本家，他的上一辈也是一位老派的企业资本家：他的父亲是麦当劳加拿大和麦当劳俄罗斯的创始人兼董事长。20 世纪 90 年代初期，苏联解体后不久，科恩被控将可口可乐带到了俄罗斯，后来，他又创建并开始经营俄罗斯太阳剧团。

2000 年，他在瑞士达沃斯举行的世界经济论坛上见到比尔·克林顿（Bill Clinton）在谈论商业在社会中的作用。那时，科恩已经三十多岁了，是可口可乐在西北欧的副总裁。"那是反全球化运动刚刚萌芽的时候——在达沃斯、西雅图都有反全球化的抗议运动，（克林顿）说我们需要一种更友好、更温和的资本主义，"科恩回忆说，"我觉得他这句话是对我说的。"

科恩当场就辞职了。从那时起，他就致力于改善人类和环境的事业。他在伦敦、多伦多、雅加达和约翰内斯堡做了一些慈善工作，并与英国石油印度公司合作创造了一种以农业废料和牛粪为燃料的清洁能源炉，这些炉子以 75 美元的小额信贷卖给印度农村妇女。他说："我们已经售出了数百万套。"在 21 世纪第一个十年的后期，他和罗德斯通过俩人共同的朋友介绍相识了。他对她的升级再造项目印象深刻，因此进行了投资。

罗德斯说，"麦当劳想用可回收的材料制作制服"，于是她们去日本进行原料采购，并参观了最早开展聚酯回收的公司之一——帝人有限公司（Teijin）。她说，他们的系统被称为"Eco Circle"，现在看来他们的循环路径还"非常封闭"。他们只回收自己的面料，"这对她正开拓的市场来说太太太昂贵了"。

但是它"点燃了一丝希望"。

罗德斯和她的技术合作伙伴尼克·莱恩（Nick Ryan）都清楚地知道，"回收再造产品（例如，用废旧热气球制成的防寒服，用旧 T 恤制成的抹布，或由旧牛仔裤制成的隔热材料）不会真正解决纺织品浪费的问题，"她说，"他们最终还是会被填埋。"

"我们本以为，'这些家伙正在做的事是：将材料分解成其原始成分，然后将它们重新组合在一起。'"

当然，除此之外，肯定还有一种更有效、更经济的方法。

伦敦艺术大学循环设计中心的凯特·高兹沃斯（Kate Goldsworthy）博士将罗德斯和莱恩引荐给了剑桥大学的高分子化学专业博士亚当·沃克（Adam Walker）。

罗德斯说，事实上，"他做的事情就是分解东西"。

在英国剑桥的焊接研究所实验室中，沃克博士已经对一些较复杂的化合物如聚苯乙烯（其一种形式是聚苯乙烯泡沫塑料）进行了分解。

"我们想要将聚酯纤维和棉花分离开来。"罗德斯对沃克博士说。

博士回答道："这个我可以办到。"

科恩说，也就在那时，"回收再穿从一个升级再造公司演变成了一家技术公司"。他在业务方面参与得更加深入，也更加积极。沃克博士被任命为公司首席科学家。

沃克博士开发的分离过程相对直接简单。将纯棉或涤棉混纺面料上面的拉链、纽扣、铆钉和金属配件先清除掉，然后再进入染料祛除过程。聚酯用专门的溶剂溶解。之后溶剂会被祛除并循环利用，剩下的就是罗德斯描述的"热腾腾的黏糊糊的溶液"，也就是聚酯四丙烯酸酯（PET）。它经过喷压而出，然后被切成颗粒状，看起来像是闪亮的兔子食物。这些聚酯颗粒被出售给纺织厂，在纺织厂里被重新溶解并纺成纱线。从棉花中回收的纤维素也可以纺制成用于制造新纺织品的纤维。

经过大约六个月的研究和测试，2012年，科恩和罗德斯终于研制出可以向潜在客户展示的东西了。像弗林一样，他们带着烧杯去跟客户们见面：一只烧杯装着PET，另一只装着纤维素粉。他们承认，在"回收再穿"之前，合成纤维一直都在以一种被称为"机械回收"的方式被回收利用，但是这种"机械回收"系统仅处理单纤维，质量明显较次，处理留下的PET不能退去原来材料的颜色，且处理过程只能进行一次，还很昂贵。"回收再穿"的目标是分离出与原生聚酯价格相同、质量相等、化学组成一致的PET。"要想突破原有系统，我们必须控制成本，"科恩告诉我，"必须要让消费者消费得起。"

尽管他们最初的研究重点是混纺，但由于 60% 的服装都含有聚酯，用他们的行话来说就是聚酯在服装行业是一种占比很大的"原料"，因此研究的成果适用于所有涤纶织物。2016 年，聚酯"原料"的使用达到了 2100 万吨，比 2000 年增加了 157%。

"回收再穿"的第一个宣传对象是斯德哥尔摩的 H & M。第二个是彪马（Puma），它后来归到了 Kering 集团旗下。"H & M 和 Kering 都投入了资金。"科恩说。H & M 作为投资者，拥有公司股份；Kering 集团主要投资公司研发。

罗德斯说："我们想要解决这个问题，就不得不与这些人打交道。"——这也是奉行了斯特拉·麦卡特尼的"从内部渗透"观点。"是的，虽然传统态势仍在增长，但我们可以从源头开始就最大限度地减少影响。"

2018 年，"回收再穿"成为第一个获得"从摇篮到摇篮"认证的化学回收技术。可持续性认证印章可以带来五位数的资助金。罗德斯和科恩实现了 670 万美元的融资目标，投资方有来自瑞士的化学工程巨头苏尔寿化工（Sulzer Chemtech），墨西哥服装制造商 Himes Corporation，墨西哥批发面料供应商 DirecTex 以及米罗斯拉娃·杜马的 Future Tech Lab。"回收再穿"与苏尔寿化工合作，正在进行工业化试验并设计大规模生产，希望在 2021 年，极有可能在西欧，开设首家工业化示范工厂。最终，他们计划在服装收集中心附近建立工厂。

罗德斯解决了棉涤混纺回收再造的问题，并且正在进行商业化推广。在 Evrnu，弗林拥有聚酯技术，也正在考虑进行商业化推广。"希望我们都能如愿以偿。"弗林说。这两个女人是友好的竞争对手，她们彼此敬重。（弗林称呼罗德斯为"先驱"，罗德斯则用"活力四射"来形容弗林。）而且，她们完全有能力统领市场。2018 年，原生 PET 和棉花业务的规模为 300 亿美元；预计到 2030 年，这一数字将激增 63%。

罗德斯说："实际上，这并不关乎时尚。这关乎原材料的未来。"

再生原料中最为人所知的也许是 ECONYL（念"eee-co-kneel"），这是一种由旧地毯、旧渔网和织物碎片组成的再生尼龙。

ECONYL 是 Aquafil 的董事长兼首席执行官朱利奥·波纳兹（Giulio Bonazzi）力推的循环经济产品。1969 年 Aquafil 在意大利的阿尔科（Arco）成立，是一家尼龙制造商。尼龙与聚酯一样，都是以石油为基础的。因为 Aquafil 靠近意大利面积最大的湖——加尔达湖，波纳兹告诉我说："我们一直非常小心，尽力不给环境造成太大的破坏，我们希望提高生态效率。"该公司于 1990 年代开始回收尼龙废料。从 2007 年开始，公司开始探索如何回收所有尼龙。"当然，降低'坏'的程度也是在变好，"波纳兹说，"但是我们想要的是变'坏'为'好'。"

经过四年的研发，Aquafil 推出了 ECONYL。跟 Evrnu 和"回收再穿"一样，波纳兹说："我们四处收集废物。"比如收集废旧的渔网（海洋中大约有 64 万吨废弃的渔网），Aquafil 接到了远至澳大利亚和新西兰的电话。他在 2018 年 5 月的哥本哈根峰会上说："下周，我将前往日本，在北海道岛北部地区收集渔网。"此外，令人惊讶的是，还有大量的二手尼龙地毯供应。2018年年底的时候，波纳兹说，Aquafil每年能收集7500万磅（约3400万公斤）二手尼龙地毯。他在北美开设的两家新的地毯收集和回收工厂（一家在凤凰城，另一家在萨克拉曼多附近）一旦开业，这个数字将一跃上升到每年1亿磅（约4500万公斤）。

他说，渔网和地毯会拿去"消毒"，然后将里面所含的尼龙分离出来，再送往斯洛文尼亚的ECONYL收集中心，"在那里我们将尼龙放进一个……暂且叫它魔术盒吧，因为这个装置确实很复杂"，在那个"魔术盒"里尼龙会被分解成单体分子。他说，跟Evrnu和"回收再穿"不同，这个过程"无需任何溶剂即可完成，需要的只是高温、蒸汽和能量，而所有这些都是100%可再生的资源"。最后再将单体分子重新构建成聚合物，出售给纺纱厂、织布厂、织毯厂和模塑厂。"我们可以生产出任何颜色的聚酯纤维，或使其容易上色——不管你想要什么，我们都可以做到。"

冲浪巨星凯利·斯莱特（Kelly Slater）创建了可持续发展品牌——Outerknown，他是时尚界第一个采用ECONYL的人。他在参观斯洛文尼亚工厂时说："我心里清楚，我要去证明我们采用的是负责任的生产方式，为工人们提供的是良好的工作条件，并尽可能做到以环保的方式进行原材料采购。"如今，ECONYL还用来制作服装衬里、舞蹈服和地毯。Speedo泳衣、百年灵表带、阿迪达斯袜子里也能找到ECONYL。斯特拉·麦卡特尼的Falabella手袋衬有ECONYL提花，而Falabella Go系列（如背包、旅行手提包、随身手提袋）和功能外套（如派克大衣和羽绒衣）均由ECONYL尼龙制成。2018年年末，麦卡特尼自己也成为 ECONYL 供应商；她在意大利的工厂将尼龙废料收集起来，各公司 ECONYL 采购代表们便纷纷赶来捡便宜。"我们喜欢 ECONYL，"伯格坎普告诉我，"他们是唯一在商业上大规模用 ECONYL 进行纺织品生产的企业。"

2018 年，Aquafil 的 40% 的产品都含有 ECONYL。到 2020 年，这一比例应该会达到 60%。波纳兹希望最终能达到 100%。不需要生产新的尼龙，只需要回收再利用。他说，由于尼龙回收再利用的过程"可以进行无数次"，因此，ECONYL 也可以循环利用无数次。

他说："给我张地毯，我就可以把它变成纱线，用来做泳装，泳装穿旧了，还给我，我又可以把它变成纱线，用来做夹克，或者，在不久的将来，用来做你家里那台 3D 打印机的材料。"

纺织品循环再造商们在废料循环再造方面已经取得了成功，他们为此而骄傲，这点毋庸置疑。尽管如此，弗林说，他们还想表明一个态度，那就是他们"并不会因此不经意地放弃二手服装销售和修补服务渠道"。他们用来回收再造的废旧服装必须达到"真正无法再穿"的程度。在此之前，他们会尽量去翻新和转售，这也是另一种循环形式。

一些时尚品牌在这一点上做得很好。Patagonia 会提供购物信用积分给那些捐赠旧装备的消费者；然后，公司将这些旧装备进行清洗，然后以折扣价进行二手转售。该公司还提供名为"旧衣新穿"（Worn Wear）的修补服务。如果你在 Patagonia 买的商品坏了，返还给公司，他们会将损坏的商品送往其位于里诺市的修补中心，这是北美最大的服饰修补中心，那里的 45 名专职技术人员每年要完成 5 万次修补。Patagonia 首席执行官罗斯·马卡里奥（Rose Marcario）说："让我们的商品使用寿命更长，这是我们能为地球做的最好的一件事了。""旧衣新穿减少了购买的需求"，也降低了"废物产量和用水量"。

自 2015 年以来，"旧衣新穿"一直在各地行动：Patagonia 的员工驾着一辆 1991 年生物柴油版的道奇皮卡车走遍北美各地，皮卡车的红木车顶帐篷是用废旧的红酒桶改装的。卡车上的修补工什么都给修，不管是从 Patagonia 买的，还是其他品牌，只要你拿给他们，他们都给修，而且免费。现在在欧洲也有这种旅行修补车，在英国、欧洲大陆四处修修补补。另外还有一辆在日本。

纽约设计师艾琳·费舍尔（Eileen Fisher）长期以来一直倡导生态时尚和循环时尚，她创建了一个叫作"Renew"的回收和转售项目。在过去的十年里，该公司已收到了 80 多万件旧服装（现在平均每天能收到 800 件），顾客每返回一件，公司就给予 5 美元的购物信用积分。四分之三的旧服装会经过重新处理，例如用石榴或红花等深色染料进行染色以遮盖污渍，用日本传统的 Boro 拼布和刺子绣工艺来遮盖或突出扯烂的地方和小破洞。Renew 每年能靠此获取约 300 万美元的收入。

剩下四分之一的旧服装是那些被认为已损坏到无法修复的废品，会被送到纽约伊尔文顿的费舍尔小工厂和西雅图的蒂尼小工厂。在这些工厂里，废品服装会被裁剪开，重新整理成新样式，并以她的品牌 Resewn 出售。边角余料会被送到一台毡制机旁，制成样式明快的被子一样的面料，用来制作抱枕和壁挂。2018 年夏天，费舍尔在布鲁克林开设了一家名为"Making Space"的综合概念店，在那里卖Renew系列产品和举办社区活动，例如开缝纫班和放映电影。费舍尔说："我们必须要分享。我们所从事的事业需要大家的参与。"

一些时尚领袖坚持认为，延长服装寿命的最佳方法是要少洗，还要正确地洗。Levi's的奇普·伯格认为永远都不要洗牛仔裤。他说："我们想都没想。衣服穿过之后，我们就自然而然地把它们扔进洗衣房。"但是"一件好牛仔裤根本不需要洗……或者不需要经常洗"。洗衣机会磨损牛仔布，还没穿烂就被洗烂了。伯格建议的做法是（他自己平时也是这样做的）：如果吃墨西哥卷饼的时候不小心弄脏了裤子，用牙刷把脏的那块刷刷洗洗就可以了。

如果你觉得牛仔裤只穿不洗太吓人了，觉得衣服还是要洗才行，那么你可以听听伯特·沃特斯（Bert Wouters）——宝洁公司全球织物护理品专营部门副总裁的建议：少洗，要洗也就三个步骤——使用高品质的护理液或二合一、三合一的洗衣球，用冷水快速循环洗，最后加入织物柔顺剂。他说："如果用这种洗涤方法，织物的寿命真的可以延长四倍。对环境的影响也是友好的，影响简直巨大无比。"

他并不是在夸夸其谈。如果我们将欧洲五分之一的服装寿命延长10%，仅如此我们就可以减少300万吨二氧化碳，节省1.5亿公升水并使640万吨服装免于被当作垃圾填埋。降低洗涤频率和缩短洗涤时间将大大减少流入我们水道中的微纤维数量。沃特斯说："这点是不言自明的。衣服放在洗衣机里旋转的次数越多，摩擦就越多，与粗糙产品的摩擦越多，当然，就会产生越多的微纤维。"

通过一系列举措，"从摇篮到摇篮"计划（"C2C"）一直在整个时尚界推广循环性操作模式。2005 年，麦克唐纳（McDonough）和布朗嘉特（Braungart）推出了"从摇篮到摇篮"认证的产品计划和 C2C 金牌认证，这是由独立的第三方同行评审颁发的认证印章。C&A 在 2017 年生产的可回收有机棉圆领衫，价格为 9 欧元（约合 10 美元），就成为其中一款认证产品——获得了 C2C 金牌认证。"工厂用风力发电。从工厂排出去的唯一废物就是蒸气。在那里工作的人们受到了优雅和有尊严的对待。"麦克唐纳在 2017 年哥本哈根时尚峰会上展示 T 恤的过程中说道，"这都是真实发生的事情。"

麦克唐纳还协助建立了 Fashion for Good——一个设在阿姆斯特丹的全球创新平台，最初由 C&A 基金会资助，现在 Ellen MacArthur 基金会和 Kering 集团也成为其合作伙伴。

Fashion for Good 于 2017 年建立，办公地址设于一栋优雅的三层新艺术风格建筑中，坐落于阿姆斯特丹主街道之一的 Rokin 街上，自诩为"变革的引领者"。其常务董事——卡特琳·莱伊（Katrin Ley）告诉我说，他们的运行主要是通过两方面：具有促进会、推广项目和时尚基金的创新平台；以及公众宣传平台，包括"Fashion for Good Experience"互动博物馆和"循环服装社区"的合作与活动。

博物馆每周 7 天免费开放，带领游客了解各种影响时尚可持续发展的问题。墙上闪现着一些骇人听闻的统计数字，例如："每年仅用于织物染色的水就有 5 万亿升"，和"目前仅 5% 的塑料废料被回收"。博物馆里面有循环品牌的衣服出售，包括 C2C 金牌认证的、可以定制的 T 恤。

"T恤衫之旅"展示出了这种随处可见的普通服装对环境造成的沉重打击。创新厅（The Innovation Lounge）里列出了支持循环经济的企业家，其中许多人已经通过了促进会或推广项目的认定。其中包括"回收再穿"；还有以色列TIPA公司，生产可用于堆肥的类塑料生物材料包装；以及位于英国剑桥的初创公司Colorifix，该公司采用生物工程颜料可以在不使用重金属、有机溶剂或酸的情况下对织物进行染色。莱伊说："如果想创造变革，还必须对广大公众开展宣传教育。"

在那次参观中，我碰到了"回收再穿"的辛迪·罗德斯，当时她正坐在创新厅的绿松石色沙发上，在博物馆的一台闪亮的白色iPad上观看创业者们的视频采访。她那次去阿姆斯特丹是与潜在客户会面，然后顺便去跟推广项目团队的人聊聊。她告诉我说："从来没有人这样做过。大多数促进组织都是B2B"（即企业对企业的形式）。我的这次会面是具有突破性的。"

第九章

怒抗智能时尚

多年来，我们一直听说技术将如何从根本上改变我们与服装的关系。

早期，技术关注的重点是"可穿戴设备"——嵌入服装里或作为附件穿戴的电子设备。有些产品做得很成功，例如 Apple Watch 和 Fitbit。有些则不然，例如 Google Glass，不知道它到底想做什么？ Levi's 的保罗·迪林格在我访问尤里卡创新实验室时说："我们所有的袜子抽屉里到处都是可穿戴设备，可不幸的是，发明这些的人自己都没有想清楚用它们来做什么。"

但是近年来，时尚界和科学界在创造原材料方面发生了更为明显的交集，例如：在 Modern Meadow 和 Bolt Thread，我看到了新型原材料的创造；在 Evrnu 及其类似公司里，我看到了原材料回收再造升级；通过机器人和自动化系统进行制造和传输；在时尚设计方面，采用了 3D 打印技术。

3D 打印技术有彻底变革整个时尚运行规则的潜力，并且这种变化来得比你想象的要快。未来学家雷蒙德·库茨魏尔（Ray Kurzweil）准确地预测了 20 世纪 90 年代互联网会呈指数式增长，以及 21 世纪初移动设备的普及。他相信，到 2020 年，我们会用 3D 打印方式给自己制作衣服。他在 2016 年《纽约时报》举行的全球领袖集体会议上说："3D 打印技术所需的材料供给越来越多，也越来越便宜，开源的免费服装设计和专有服装设计都将在短短十年内在网上推广开来。以后 3D 打印机将是每家每户的标配。"

我不止一次听到的说法是，从亚马逊到香奈儿，各大时尚品牌都不再卖衣服实物给你，你购买的只是一个链接而已，通过它你就可以自己在家打印衣服了。3D 打印技术即将给当前行业架构带来变革重组，它所带来的可能性是无限的。不管是在设计、生产方式、劳动力，还是在所产生的浪费方面都会带来翻天覆地的变化。

那到底是怎样一个运作方式呢？是不是任何衣服都能通过 3D 打印机打印出来？例如，如果你一直钟情于克里斯托瓦尔·巴伦西亚加（Cristóbal Balenciaga）著名的黑色"信封式连衣裙"（envelopedress，1967 年推出的无肩带裙系列，裙身像折叠纸一样包裹着身体，在肩膀处有四个尖角形），那你该怎么办呢？有了这种 3D 打印技术，你是不是就可以用打印机轻松将衣服打印出来，然后穿着去参加聚会了？Balenciaga 还可以在克利夫兰制造？

大都会艺术博物馆的服装研究所首席策展人安德鲁·博尔顿（Andrew Bolton）认为 3D 打印"在民主方面带来的影响将如同缝纫机在这方面的影响一样激进"。它将抹除新旧两者的区别，不再存在流行或过时。没人会再想起时尚制造业的种种。人们可以依据自己的尺寸想做什么就做什么，想什么时候做就什么时候做——这也意味着那些实力雄厚的品牌即将失去它们在生产、质量控制和分销方面的主导地位。得益于与其他制造技术的紧密结合，服装设计将只涉及文案制作，并将高端时装的顶尖之作带给中端市场消费者，而且不受空间地域限制。

3D 打印或称"增材制造"（additive manufacturing）并不是一项新技术。20 世纪 80 年代初期，名古屋市工业研究所的日本律师 Hideo Kodama 博士发明了一种快速成型技术，该技术使用紫外线硬化光致聚合物并分层形成固体形式，但他没能及时申请专利。之后，一群法国工程师开始研究这项技术，但却被他们背后的支持者——法国通用电气公司（后来改为阿尔卡特·阿尔斯通公司）和 CILAS（激光协会）下令停止研究，因为这并不能带来经济效益。后来，美国工程师查克·霍尔（Chuck Hall）利用这项技术打印出了一个漂亮的洗眼杯，他于 1986 年获得了专利。

3D 打印其实就是通过一层层地喷射细丝状的熔融聚合物或用激光熔化的聚酰胺铸模粉来铸成产品。汽车、医疗和建筑行业都开始运用

3D 打印。但是，高端重视手工艺、低端强调廉价劳动力的时尚界却对此漠不关心。

直到荷兰女装设计师艾里斯·范·赫本（Iris van Herpen）出现才改变了这一局面。

2018 年入夏后的第二天，天很冷，我在阿姆斯特丹拜访了 "Eeeereece"（艾里斯·范·赫本的外号），那天她刚过完 34 岁生日两个星期。我们坐在她工作室里的旧木桌旁聊天。这间工作室位于港口旁，以前是这座城市的木材港口，在一个由旧仓库改造成的破旧的单层阁楼里。19 世纪的时候，这里是进口巧克力、可可、咖啡和茶的仓库。现在，它是创造家们的前哨基地。这里除了是范·赫本的总部外，还是金工家、钢琴调音师、以及与她相恋了 9 年的男友萨尔瓦多·布雷德（Salvador Breed，一位声乐家，为她的表演创作萦绕心间的美妙音景）的工作室。

即使已入夏，但范·赫本依旧一身冬装打扮——一件厚实的二手黑色高领毛衣和一条牛仔裤，未施粉黛，也无珠宝装扮。她让我不由得想起莫迪利亚尼（Modigliani）画的一幅他妻子珍妮·赫布特尼（Jeanne Hébuterne）的肖像画——画里的女人脸庞细长，脸色苍白，一双杏仁眼，齐肩的、红金色天使般细柔的头发微微泛卷。她说话的声音亦如其人一样细腻温柔。

范·赫本将时尚和科技的融合作为自己的事业，并小有成就。21 世纪第一个十年中期的时候，她在英国设计师亚历山大·麦昆那里当实习生的时候磨炼了自己的高级时装技术，并且还一直在探索科学技术——我见到她的时候，她正在阅读一篇马克斯·泰格马克（Max Tegmark）

写的关于人工智能的文章——*Life 3.0*。在此之前，她还多次前往日内瓦附近的欧洲核子研究中心（CERN）参观大型强子对撞机（Large Hadron Collider）——世界上最大的粒子加速器与对撞机。"它简直漂亮极了。"她说着，眼里闪烁着兴奋的光芒，"你也该去看看。绝对值得一看。"

她兴趣广泛，在其设计中可见一斑。有时候，她的设计甚至看起来都不像是衣服，至少不像是挂在衣橱上或在街上看到的那种衣服。就拿我们俩旁边的人体模特身上穿的那件令人惊叹的3D打印衣服来说，那是她与加拿大建筑师菲利普·比斯利（Philip Beesley）合作的"Aeriform"系列中的一款，又短又薄的直筒裙，被一团团棒球大小的、像纸一样薄的金属球球包裹着。想象一下，如果你掉进一管香槟里会是什么样子，那差不多就是那件裙子的样子了。

范·赫本从2009年开始进行3D打印实验。她与伦敦建筑师丹尼尔·维德里格（Daniel Widrig）合作，用3D打印机为她的"水晶"系列打印出了一件白色的鹦鹉螺螺旋形状的短上衣。这件衣服质地坚硬，像甲壳一样包裹着肩膀。比利时数字制造商Materialize用聚酰胺粉末连续花了7个昼夜才将它打印出来。范·赫本告诉我："我当时想：如果成功了，我会展示于众；如果失败了，我就当是一次不错的实验。"最后的结果是它成功了。

该过程一经实现，就成了一种前所未有的时装制作方式。她说："有了3D打印，我可以用任何材质，做出任意复杂度、任何形状的服装。"实际上由于选择太多，"我感觉，我都不知道到底做什么好了！"不过，她也解释道，这迫使她"在做之前一定要想好成品的模样"。因为没有机会上身调试，没有机会去调整改进。"一旦从机器里做出来，那就是最终成品了。就像生孩子一样。"

范·赫本对 3D 打印的潜力和可能性兴奋不已，因此决定继续干下去，不过不是孤军作战，她总是选择与其他领域的专家合作。2011 年，她和维德里格为她名为"逃避现实"（Escapism）的时装展（主题是反映大众对屏幕的迷恋）制作了一件超棒的白色 3D 打印迷你裙，穿在身上就像宽宽的蕾丝缎带缠绕在身上一样。2011 年 7 月，在她名为" Capriole"（法语，意思是"空中飞跃"）的时装展上（这个主题来源于她对跳伞运动的热爱），她与比利时建筑师伊萨·布洛赫（Isaïe Bloch）和 Materialize 合作，制作了一件紧身的骨白色"骨架"迷你裙，像亡灵节那天穿的衣服一样。

2012 年底，范·赫本与美裔以色列建筑师、发明家、设计师内里·奥克斯曼（Neri Oxman）取得了联系，后者是麻省理工学院媒体实验室"介导物质组"（Mediater Matter）的小组负责人。该实验室是一个反学科研究中心，旨在鼓励不同学科的融合。奥克斯曼的研究领域是"材料生态学"（Material Ecology），这是她为由建筑学、工程学、运算学、生物学和生态学交叉形成的学科创造的术语。

范·赫本解释说，她是想为 1 月下旬在巴黎举行的下一届时装秀制作一件"完全灵活"的 3D 打印连衣裙，并想找人帮忙。奥克斯曼接受了她的求助。范·赫本设计了一款类似 Balenciaga 款的钟形迷你裙和空中飞人披风，上面都覆盖着短短的蜡质单色触手，就像海葵的触手一样。她将设计素描和照片发送给了剑桥的奥克斯曼，麻省理工学院的团队便开始了文案制作。

在整个假期的两个月中，两个女人通过 Skype 和电子邮件，融合各自的才华，完成了作品。测试是在麻省理工学院进行的，而整套裙子最终完全是在位于明尼苏达州的 3D 打印公司 Stratasys 完成的。这是首次在同一次打印中用到了不同的韧性材料（她们用了丙烯酸和聚氨酯橡胶）。这也是第一次边打印边上色，而不是像以前那样打印出来后再上色。这件作品被称为"Anthozoa 3D 裙子和披风"，并被普遍认为是 3D 打印进入时尚界的标志。

"那件裙子绝对是具有变革性的一步。"范·赫本告诉我。

当范·赫本和奥克斯曼忙于在阿姆斯特丹和剑桥市举办"Anthozoa"展览时，位于洛杉矶的珠宝、装饰品和舞台服装设计师迈克尔·施密特（Michael Schmidt）正在设计和生产第一件全铰接的 3D 印花连衣裙。

施密特告诉我："20 世纪 80 年代，我就听说 3D 打印了。我当时参加了在洛杉矶举行的 NASA 技术转化研讨会，他们展示了为探索太空开发的科学技术成果。"其中就有 3D 打印。他说："这些机器非常庞大，按照今天的标准来说还很粗糙，但是你真的可以从中看到未来的样子。我一直在关注这项技术，并等待其完善改进。"

我们坐在他工作室里的旧金属凳子上聊天。他的工作室在洛杉矶艺术区东四街桥（East Fourth Street Bridge）对面的一栋 20 世纪 30 年代仓库里，里面像个藏宝洞。我们周围的工作台上到处是装满钳子和喷灯的杯子。有各式工具井然有序地安放在墙上。一副塑料骨架耷拉在沙发上。

施密特的助手正在为万圣节作准备：给价格竞猜游戏——"The Price Is Right"的服装作最后的修饰，为新奥尔良的 Ace 酒店制作一台洛可可风格的聚酯点蜡枝形吊灯。

施密特一身日常工作的装扮：黑皮裤，黑 T 恤，自己设计的沉甸甸的银链手镯，黑色棒球帽盖在他乱蓬蓬的黑发上，黑色的机车靴，下巴黑色的山羊胡子被修剪得整整齐齐。他那只叫安妮（Annie）的救援犬，安妮以他在 Details 杂志社的创始编辑兼好友安妮·弗兰德斯（Annie Flanders）的名字命名，正在书桌下面的窝里打盹儿。

施密特是堪萨斯城人，高中差点没毕业，如今是洛杉矶最炙手可热的时装和装潢设计师之一。多年来，他为众多明星设计巡回演唱会的舞台装，包括 Cher，Madonna，Beyoncé，Rihanna，Janet Jackson 和 Lady Gaga；为艳舞女王蒂塔·万提斯（Dita Von Teese）设计舞台服装；为 Chrome Hearts 设计珠宝和时装；为杰里米·斯科特（Jeremy Scott）设计金属网眼迷你直筒裙。施密特的标志性设计风格，如同他的外表一样——随身携带一把锋利的弹簧小刀，妥妥的性感哥特式摇滚风。

2012 年底，他的一位客户——纽约 Ace 酒店打电话问他是否愿意为他们 3D 打印一件衣服，作为他们即将在三月份纽约时装周期间举办的一次技术研讨会的压轴作品。

"当然可以。"他说，"现在马上就做。"

他告诉我："艾里斯做 3D 打印很久了，我很喜欢她的作品。但她的作品雕塑感太强。我想要的是更柔和的效果，想要的是一件半成品纺织品，我想创造一个史诗般的时刻。为此，我需要一个拥有非凡身材和个性的人物，我立刻想到了蒂塔。"她就是享誉全球的脱衣舞艺术家万提斯，以让经典的艳舞表演重回流行舞台而闻名。

"我对她说，'我想为你专门量身定做一件 3D 印花连衣裙。'"她非常喜欢。于是，我回到 Ace 酒店项目的制作团队，跟他们说："我要在这里做一件闻所未闻的事情。"

他打电话给在好莱坞工作的几位计算机辅助设计专家（或 CAD 专家），看看他们是否可以帮助编写他需要的这款"面料"的代码。它并不是真正意义上的纺织品，而是像塑料一样的 3D 打印的尼龙网，用同样 3D 打印的尼龙环扣连接在一起。他回忆说："我向他们展示了我的设计，他们都说这根本不可能做到。"然后，他又联系了会用 CAD 的纽约建筑师、设计师弗朗西斯·比通蒂（Francis Bitonti）。"弗朗西斯是我遇到的第一个跟我说'是的，我想我可以做到'的人。"

施密特解释说："从本质上讲，这件礼服就是一圈圈绕挂在身体上的螺旋形。"他参考了黄金比例和斐波那契数列，"想从数学上量化最能展现美感的理想比例"。但是，设计并没有脱离他自己的风格：梅尔菲森特（Maleficent）式的黑色网眼圆柱形礼服，夸张的维多利亚时代肩部设计和深 V 的低胸设计。

他通过电子邮件将草图和万提斯的三围尺寸发给了比通蒂，然后通过 Skype 进行沟通。施密特说："弗朗西斯在他的计算机上构建了一个虚拟的蒂塔，我们可以将材料随时加在她身上看效果。"施密特将 CAD 程序员视为时尚界的"新式裁缝"。

比通蒂将代码发送给皇后区的 3D 打印初创公司 Shapeways，这件裙子就从下到上由尼龙粉末塑铸出来。在数周的时间里，这件裙子被按部位分批打印出来。施密特说："一开始，我们就陆续收到包裹，里面装着形状怪异的部件和结构灵活的网状物，我们还得手工将它们链接在一起。这种工作方式是我遇到过的最令人紧张不安的了。可以说简直恐怖，因为我们只有一次机会，链接错了就全毁了。"

总的来说，这件礼服由 17 块组成，总共有 3000 个链接部位。所有的部件都是白色的。施密特完成装配后，将这件衣服染成了黑色，并用了五万多颗施华洛世奇水晶装饰。他说："需要一些闪闪亮亮的东西。"

为了穿上这件衣服，万提斯要先穿上裸色紧身胸衣，然后用身体贴近裙子，最后在背后系上。

施密特也承认："我们第一次让她来试装的时候，我都不是 100% 肯定能成功。但可以肯定的是，我们真的做到了。她可以穿着裙子移动、走路，甚至跳舞。"

在我们旁边，一个旧 Stockman 人体假模特身上穿着一件长袍。这件长袍看起来很优雅、性感，也很笨重。万提斯告诉我说："实际上，最开始看起来并不是很重——但在舞台上穿了会儿，我就感受到这件裙子 65 磅的重量了。不过可以肯定的是，这件衣服带给了我前所未有的感觉。不得不说，它把我的胸部衬托得太好了。"

当万提斯穿着这件裙子出现在 Ace 酒店时，她几乎裸露的乳白色身体透过那些菱形的编织空隙若隐若现。她还穿着它让时装摄影师阿尔伯特·桑切斯（Albert Sanchez）拍摄了几组照片和一段视频。Ace 酒店的技术研讨会结束后，施密特便带着这件礼服开始了世界巡回展出，在各个博物馆和科技博览会上讲述这件礼服的故事。

他坦承,这件礼服是"一连串的奇思幻想",每个参与其中的人都贡献出了自己的时间和材料。他说,他们都是敢于尝试新奇事物的人,因为他们想要"试试到底可不可行验证概念"。

他觉得令人惊讶的是,在过去的几年中,这项技术发展得如此之快。如今,"我们用 3D 模型制作珠宝和做一些雕刻工作,"他说,"其中妙不可言的是你用它制作出来的东西是其他任何途径想都别想、也无法做到的。"

自从范·赫本和施密特取得突破性进展以后,3D 打印便在时尚界风行一时。2015 年,伦敦的帽饰设计师菲利普·崔西(Philip Treacy)3D打印了一系列金属艺术装饰风格的头饰,灵感来自葛丽泰·嘉宝(Greta Garbo)在 1931 年的惊险谍战片《玛塔·哈里》(Mata Hari)中戴的帽子。耐克、阿迪达斯、安德玛和新百伦的跑鞋有些部分就是打印出来的,其中有些鞋子还是通过 3D 扫描客户脚部的数据得来的。眼镜是 3D 打印的,手表部件、手提包扣和鞋扣也是——任何由聚合物制成的材料都可以。

技术的革新没有丝毫放缓的迹象。范·赫本说:"我们将激光切割与打印相结合。我们 3D 打印模具。甚至是 4D 打印。"

"4D 打印?"我问道。

"4D 打印出来是一个平面,打比方说,当这个平面变热或变湿时,你就可以按照你的需求把它叠成你想要的形状。"

我曾在日本设计师三宅一生（Issey Miyake）在东京的三宅褶皱（Pleats Please）工厂看到过类似技术，称为"蒸汽拉伸"（Steam Stretch），该工艺是用嵌有接缝、褶皱和平伏褶的聚酯提花面料制作比预期尺寸大 2 至 3 倍的服装。对其加热后，它就会收缩至应有的尺寸和形状。然后再对其施加蒸汽，它就会瞬间生成永久性的 3D 图案：玫瑰花朵、星云、华夫格图案或菱形图案，或者，最漂亮的一种图案——鹦鹉螺涡旋曲线，与人体曲线紧密贴合，就像范·赫本 3D 打印出来的那件裙子一样。

当我向范·赫本描述这种技术时，她兴奋起来。"三宅一生绝对是对我影响最深的设计师之一。"她说。

2018 年 1 月，"我的上一个系列——Ludi Naturae，是我与荷兰艺术家彼得·根特纳尔（Peter Gentenaar）合作的，他就是用的这种方式。"4D 打印技术，她继续补充道，"他从亚麻布中提取出纤维浆，将其分解成微小分子，然后让其像液体一样散开，在上面随机铺上几行竹纤维；随后，通过加热，这些天然竹纤维材料会被塑造成各种形状。就像超材料一样。"

"超材料？"

她说："就是借助纳米技术设计的材料。基本上，可以说是从头开始生成。"

"从原子开始？"

"是的。"

我又向她询问了这个圈子里正热门的其他新兴进展。

纳米无人编织机？

她说，这项技术仍在调试中。

用柔性材料 3D 打印服装？

这项技术快要成功了。

尽管范·赫本的所作所为看起来有些极端，并且她的设计对大多数消费者来说都遥不可及，但她却很好地反映出"天蓝毛衣"片段中所提到的涓滴式运作系统良好而诚实的一面。她、三宅一生还有施密特，他们通过高科技实验，推动了时尚的创造和创新。他们不断突破常规。他们将疯狂的梦想变为现实。他们每成功一次，科技就前进一步，大众也越来越从中受惠。现在，我们都可以挂上一副 3D 打印的窗帘了。

他们还鼓励其他人以前所未有的方式挑战这一体系，革新制衣概念、生产方式和消费模式。

他们并不是盲目追风，而是基于一个正当的理由：为了一切变得更美好。

借助 Anthozoa、蒂塔的连衣裙和"蒸汽拉伸"，这些不走寻常路的创造者们正在推动时尚界走向彻底的、必要的涅槃之变。

他们向我们展示了未来。

而未来就在现在。

自从 250 年前理查·阿克莱特创建量产模式以来，制造界就一直存在着两个指导原则：

> 1. 先生产产品，再销售。
>
> 2. 生产得越多，单位成本就越少，也就是所谓的"规模经济"。

因此，公司的产量往往远远超过其销售量。这种浪费，如我们所见，是整个时装业的主要罪责之一。3D 打印真正的考验在于它是否能做到高度机械化，以否定和取代以前的生产模式。

英国时尚服装定制平台 Unmade 正在尝试这样做。

Unmade 由两名创新工程师和一名针织服装设计师于 2013 年在伦敦成立，是一个按需针织和打印平台，能大规模地为客户开展个性化定制和快速制作服装和毛衣的服务。简而言之，他们开发了一种计算机程序，并将其安装到工厂现有的编织机上，指挥机器进行生产：先织一件紫色的圆领毛衣，再织一件红色的 V 领毛衣，接着再织一件黑白条纹的低圆领毛衣……客户订了什么款式，它就不停歇地一件一件织出来。这感觉就有点像娜塔莉·查宁和伊丽莎白·苏赞的操作方式，他们也是按订单生产成衣，只不过 Unmade 将这一模式上升到了工业化程度。

这项技术带来的影响是巨大的。客户点击电子商务网站上的"购买"之前，什么都不会发生，因此就不会造成库存积压，没有产品浪费，也不会产生残余剩料——这意味着没有降价打折，没有滞销商品的撕毁和焚烧处理。在 2017 年冬末的一天，这家初创公司的联合创始人兼首席产品官本·阿伦-琼斯（Ben Alun-Jones）在其伦敦的办公室告诉我说，传统的针织服装制造业"采用的是过时的、不透明的生产方式"，"我们力图创建一个更加透明、更加负责任，更可持续和更经济的生产方式"。

该公司位于萨默塞特府（Somerset House）最里面的几间封闭的房间内。萨默塞特府是 18 世纪以前建在泰晤士河上的大型政府建筑，在过去的 20 年里一直作为文化和学习中心。他们公司属于 Makerversity 社区的一部分，该社区专为初创企业提供联合办公服务和低价租金。

阿伦 - 琼斯（Alun-Jones）那时才 29 岁，看上去就是一个典型的高科技企业家的样子：高高瘦瘦，黑色毛衣，黑色牛仔裤，黑色 Adidas 运动鞋，蓬乱的黑色头发，修剪得很短的黑色胡须，圆框角质架眼镜。他的父母都是医生，他从小在莱斯特郡长大。说到这，他提醒我，在制造业向海外转移之前，莱斯特郡一直是英格兰袜业生产的中心。他在伦敦理工学院的专业是电气工程。

跟他一起来的是公司第二位联合创始人兼首席客服官科斯蒂·埃默里（Kirsty Emery）。科斯蒂·埃默里 31 岁，一双湖蓝色的眼睛，披散着一头赤褐色的头发，她的装束也是一身黑：黑色的束腰短装，黑色的紧身裤，黑色的系带绒面革靴子。她在苏格兰边境附近的诺森伯兰郡长大，然后来到伦敦的切尔西艺术学院上学，并于 2008 年获得纺织学士学位，专门研究针织服装。

还有一位没跟他一起来，那就是他们的第三位联合创始人哈尔·沃茨（Hal Watts），今年也是 31 岁，是公司的首席执行官。他出生于苏格兰，在巴黎尚蒂伊郊区长大。他的父亲是一名商业执照飞行员，在戴高乐机场附近的机场工作。他在伦敦理工学院获得了机械工程学士学位。

他们相识于 21 世纪 00 年代晚期，当时他们都在皇家艺术学院攻读硕士学位：埃默里学的是女装和针织服装，阿伦 - 琼斯和沃茨学的是创新设计工程。阿伦-琼斯和沃茨共同创立了一家技术设计咨询公司。他们负责的项目之一是为流行歌手小威廉·亚当斯（艺名 will.i.am）设计一套会弹钢琴、吉他和架子鼓的乐器机器人。另一个项目是帮一家英国品牌设计如何工业化生产定制高性能运动服。

当他们把这项任务告诉埃默里时，她说："对了，你们可以试试用编织的方式。"

他们编制了生产流程，并将估算结果一起提交给了客户。

客户通过了他们的计划，但是声称费用太高了。

"不管怎样，我们还是照做了，"阿伦-琼斯告诉我。

凭借从小威廉·亚当斯项目赚来的钱和一些政府拨款，他们开发出了一项技术：时装设计师手工绘制一件毛衣样式，扫描过后用插图软件对其进行编辑；编辑好的电子草图将通过电子邮件发送给 Unmade，或直接上传到其云盘；然后根据电子草图制作一个模板，埃默里说，也就是"将每一帧像素转换成针脚"。制造商将模板下载到针织机中，开始制作毛衣，完成后直接将其运送给消费者。[他们已经对系统进行了调整升级，创建了订单管理系统（OMS），这样制造模板文件就可以直接发送到工厂。]配货中心或批发商都不再需要了。

他们的目标从来都是，也将一直是基于可持续性的："我们希望以积极的方式改变地球，"埃默里说，"既然人们不会停下购买的脚步，那么我们不如就做他们想要和一定会穿的衣服。"

他们给公司取名为"Knyttan"（2015 年更名为"Unmade"），然后在自己的"样品中心"（就是我们聊天的那间毛茛黄的房间）里开始生产。我们旁边有两台德国制造的 Stoll 针织机和一台日本 Shima Seiki 针织机。阿伦 - 琼斯指着它们告诉我："这是针织领域的两个主要品牌。"它们都长约 25 英尺，宽约 3 英尺，它们都有外号：分别是汉瑟（Hansel），格蕾特（Gretel）和吉西（Yoshi）。他说："这两个品牌针织机公司生产的针织机产品占到了市场的 85%，主要用于生产高档服装、鞋类和 T 恤衫。"

最初，Unmade 在科文特花园（Covent Garden）萨默塞特府的快闪零售店和 Selfridges 百货商店出售其商品。他们在离埃默里家乡不远的苏格兰针织中心霍伊克（Hawick）的一家拥有 200 年历史的约翰斯顿·埃尔金（Johnstons of Elgin）纺织厂谈成了一项生产协议，然后开始奔走于各大时尚品牌招揽生意。然而他们得到的回应与莎莉·福克斯、娜塔莉、史黛西·弗林和迈克尔·施密特当时遭遇到的一样。

"他们告诉我们这是不可能的，我们简直疯了，"埃默里回忆道。

无论如何，他们还是奋勇向前，设法说服独立时尚品牌 Opening Ceremony 和电子商务网站 Farfetch 给他们机会一试，结果成功了。

要想从 Unmade 订购衣服，可以访问 Farfetch 网站，搜索"UMd × Opening Ceremony"。你会看到一个穿着毛衣的模特形象，你还可以根据自己的需求进行自定义，修改毛衣样式。（除了毛衣，他们也做自有品牌的围巾。）"顾客可以更改毛衣上的图案，可以更改领口样式，可以添加用自己名字首字母组成的图案。"埃默里解释道。

"感觉像是去找裁缝做衣服一样。"阿伦 - 琼斯说。"你可以将你的想法展现出来。本质上讲，我们是把针织品实物转化到一张空白的画布上了。"

订单完成后，商品便会在 7 到 10 个工作日内完成并发货。

此后，Unmade 还与其他几家公司签了约，其中包括 Christopher Raeburn，Moniker 和大约六个"全球生活方式"品牌。埃默里说，这些商家都通过自己的供应链进行配送，不愿承认 Unmade 是自己的供应商。Unmade 向品牌商收取许可费和生产准备成本，并免费向工厂提供软件。"我们对制造商的要求不一样了，"阿伦 - 琼斯解释说，"我们希望使事情尽可能简单。"

我们穿过黑暗而狭窄的走廊，来到了另一个大房间，那里有六个年轻程序员和数字设计师正在研究软件，并在台式计算机上安装程序。在他们背后的墙上靠着放着一些针织布样，衣架上挂着一排制作好的毛衣，有澳大利亚美利奴羊毛衫，有羊绒衫，还有棉衫。

公司在 2017 年被邀请参加现代艺术博物馆举行的名为"产品：时尚是现代的吗？"的展览。斯特拉·麦卡特尼的 Bolt Threads 连衣裙和 Modern Meadow 的 Zoa T 恤衫在那次展览中首次亮相，Unmade 公司也获得了不错的公关宣传。Unmade 为那次展览专门对经典的布列塔尼水手套头衫进行了改良，让其更有现代感，把背后的条纹做成了佩斯利涡旋纹图案。还准备了一个交互式触摸屏，访客可以在上面随意设计。到 2018 年春季，Unmade 筹集到了 400 万美元的风险投资，其中包括伦敦风险投资公司 Connect Ventures，Felix Capital 和 Local Globe 的投资。这使得他们公司的规模更进一步，来到了萨默塞特府的工作室区（由萨默塞特府基金会支持的技术创业公司平台和实验性工作区）。尽管仍然是地下室，房间里仍然没有窗户，但工作空间扩大了。而且他们也有实力雇用更多的员工来更快、更高效地制作软件了——到 2019 年初，他们的员工人数增加到了 30 名。

在那个潮湿的冬日里，当我从那栋乔治亚时代风格的大宅子出来，沿着泰晤士河向前走的时候，我意识到这次我又遇到了一群热情饱满，充满理想和创新意识，决心颠覆时尚的英国人。我问可持续时尚中心（Center for Sustainable Fashion）的迪莉斯·威廉姆斯（Dilys Williams），在她看来，为什么这么多的变革者要么来自伦敦，要么选择在伦敦发展事业？

她说："在其他时尚之都，人们关注的是要制作出精美、令世人接受，具有审美感的东西。而在伦敦，人们从来都是一副'谁搭理你啊'的态度。他们是统一和矛盾的结合体。"

赫伯特·乔治·威尔斯（H. G. Wells）、阿道司·赫胥黎（Aldous Huxley）、菲利普·金德里德·迪克（Philip K. Dick）和库尔特·冯内古特（Kurt Vonnegut）这些作家一直都在思考一个问题：到底技术本身是邪恶的，还是因技术引发了人类的邪恶？进步主义时代的经济学家托斯丹·凡勃伦（Thorstein Veblen）称赞技术，认为它会激起人类的善良之心。火车、飞机都是技术发展的成果，它们将人们带至世界各处，而不同文化的面对面碰撞又会激发同理心和相互尊重。但是在德累斯顿轰炸中幸存下来的冯内古特却不这样认为。正如他在他的小说《第五号屠场》（*Slaughterhouse-Five*）中所叙述的那样，技术会被人用来制造难以想象的恐怖。就像我们往飞机上装上核武器，往日本一扔那样，顷刻间就杀死了八万多人。（顺便说一句，三宅一生是广岛轰炸的幸存者。）

就像 Unmade、范·赫本和施密特所做的那样——主要是应用机器人，技术的好处在于，从理论上讲，它会使像棉都，三角衬衫工厂、塔兹林和拉纳广场的那些危险脏乱工作没有存在的必要，会使更多的工厂变得像我在胡志明市看到的那样整洁、安静，并配备有 AC'd Jeanologia。如果真能如此，那冯内古特笔下的现实世界又如何解释呢？

在我为本书做报告和研究的过程中，我听到的有赞成的观点，也有反对的呼声。机器人会从穷人那里剥夺他们赖以生存的工作，给发展中国家的新兴经济体以沉重的打击。机器人也会创造更好的工作机会，提高工人的技能，并推动前述新兴经济体的发展。机器人还将消除浪费。机器人会生产出更多我们想象不到的衣服。机器人只可能存在于那些富裕的国家。机器人将无所不能、无处不在。

在每次的对话和争论中，有两句话的出现频率最高：

机器人时代来了。

他们将从根本上改变我们制造和销售衣服的方式。

供应链顾问公司 Chainge Capital 的董事长约翰·索贝克（John S. Thorbeck）表示，"数字消费者是通过模拟供应链获得服务的"。自动化就是"对信息流的调整"。

如同 3D 打印一样，机器人的概念并不是什么新鲜事物。实际上，它们是阿克莱特时代水轮泵和水轮编织机（这些机器承担了几个世纪以来由人类完成的工作）自然发展到后来的产物。像 3D 打印机一样，机器人改变了美国汽车工业：首先出现的是 20 世纪 60 年代初期的点焊机；

然后 20 世纪 70 年代又出现了能组装配件的移动机械臂。但很明显，机器人的发展并没有止步于此。机器人被用来做手术已经有二十多年了。在众多领域，机器人正成为人类的伴侣。2018 年春季，在日本仓敷火车站，我遇到了一个穿着海军蓝色西装外套的可爱的半类人型机器人。由软银机器人公司（SoftBank Robotics）制造的这个名叫"Pepper"的机器人能够读取人类情绪，可以用来逗人开心，因此被安放在高峰时段的火车站。

时尚界对机器人发展的感知又一次滞后。唯一对此感兴趣的设计师是亚历山大·麦昆。1999 年，在他名为"No. 13"的时装展上，一双欢腾摇摆的机器手臂（像用来给汽车喷漆的机器手臂一样）作为压轴表演上场了：超模莎琳·夏露（Shalom Harlow）站在舞台上，身上绑着一件纯白色无肩带克里诺林裙衬，脚被绑在舞台的中央，机器手臂正对着她。当她像首饰盒里的芭蕾舞者一样旋转时，机器手臂在她身上涂鸦般地挥舞着，绘制出黄黑相间的图案。然而大家都视这段展出为一次艺术表演，而非服装生产的未来。

最终还是靠着美国国防部将时装业强行带入了机器人时代。

时间回到 21 世纪 00 年代晚期，那时候一批曾在佐治亚理工学院先进技术开发中心工作的研究人员就开始尝试用机器人来缝纫，也正是这批研究人员在自动驾驶汽车算法方面取得了突破性成功。按他们的假设，既然这项技术能让汽车按既定车道行驶，那么同样也能引导机器人沿直线缝纫。北美自由贸易协定后，佐治亚州的服装制造业分崩离析，为此他们感到很难过。他们认为，机器人化的先进工厂有可能会使服装制造业再次回到桃子州（佐治亚州的昵称）。一言以蔽之，就是要选择性离岸外包。

2012年，他们从国防部高级研究计划局（DARPA，在该部门的支持下，才有了互联网和自动驾驶汽车）获得了126万美元的资助，以研发"不直接采用人力的服装生产方式"。国防部的动机主要是为了削减预算：美国现有130万现役军人，按照美国法律规定，这些军人所需的制服必须在国内生产。美国制衣工人是按小时支付工资，而机器人不用。

研究团队刚制作出机器人雏形，便引起了阿拉尼斯瓦米·拉詹（Palaniswamy Rajan，昵称"Raj"）的注意。拉詹在印度出生，在美国读书，在亚特兰大创业，他自称"连环创业者"（serial entrepreneur）。我是在参加阿姆斯特丹举行的Fashion for Good展时了解到他的，作为能为公司带来新商机并赢得新客户的"造雨人"（rainmakers）之一，他的资料被展出在创新厅休息区中。他领导着一个名为"CTW Venture Partners"的投资基金，以"改变世界"为宗旨。他投资了几百万美元，成了一家名为"SoftWear Automation"的公司的董事长，然后又从其他地方筹集了一些资金，其中包括沃尔玛的一百多万美元，把"这项科学研究项目转变成了商业产品"，他说。他把这个机器人命名为"Sewbotss"，还以此名注册了商标。（到2018年，国防高级研究计划局总共提供了200万美元；沃尔玛基金会提供了200万美元；CTW Ventures提供了1000多万美元。）

缝纫机器人外形看上去并不像人，它们看起来像是一个个奇特的方形装置，连接在头顶上方的轨道上，在操作台上上下飞蹿。拉詹解释道，为了对机器人的运动进行编程，研究人员还专门研究了"裁缝在实际工作中是怎么操作的"。"（缝制工人）做的第一件事就是用眼睛看"，然后根据观察到的情况，"用手指、手、肘和脚对织物进行大范围或微小操作"。缝制机器人具有计算机视觉，可以对布料进行分析以辨别缝制的位置，然后模拟人工缝线和边脚处理操作。

两年后，SoftWear 在佐治亚州北部的一家工厂里安装了 Sewbots，并开始生产浴室防滑垫和毛巾。拉詹说："在沃尔玛和美国最大家纺零售商店 Bed, Bath and Beyond，只要你购买的浴室防滑垫是美国制造，那就很可能是我们生产的。"

2017 年，SoftWear 与中国服装制造商天源服装有限公司（阿迪达斯的主要供应商）达成协议。在阿肯色州小石城（Little Rock）耗资 2000万美元新建的工厂里，Sewbots 负责生产 T 恤衫和部分蓝色牛仔裤。拉詹说："这样做并不是因为爱国。这是做了一个在本地生产的商业决定。如今，贸易战打得火热，在这种情形下，中方公司总裁跟我说，在美国用机器人生产 T 恤要比在中国用人生产 T 恤便宜些。"

拉詹解释说："已经存在了 200 年的服装制造模式已经基本上瓦解了。在地球的一端，有人只顾生产，都不知道会不会有人买，而且还一做就是一年四季 12 个月不停歇。"

"想想怎样才能让这一生产模式更有效呢？"他问道。答案也许是通过建立"可量身定制按需供应的本地供应链"。

与 Unmade 一样，可以通过编程让 Sewbots 做出各种不同的缝制产品，并且精确度高于人工制作——现在 Sewbots 的差错率仅在 0.7%。差错率的降低意味着浪费的减少。

拉詹信誓旦旦地说，如果顾客住址离工厂不远，那么从他在电子商务网站上下订单到商品做好送上门，只需不到 48 小时；其他地方，只要是在美国境内，包括夏威夷，则只需不到 72 小时的时间。他预测，像美国、英国、法国、日本这些受离岸外包影响最重的国家，缝纫机器人会重振当地的产品制造业。这也是佐治亚理工学院的研究人员十年前着手做的事情。

拉詹选择 T 恤和牛仔裤作为 Sewbots 的首批产品，他说，这是由 T 恤和牛仔裤每年的销售量决定的。在美国，T 恤和牛仔裤每年的销售量就有 35 亿件。正如他指出的那样，"首先必须要保证有一定的产量，才能保障经济效益"。

产量——又是产量。

产量催生了血汗工厂。

产量使快时尚获利颇丰。

产量将我们的衣橱塞到爆。

产量使产品走向垃圾填埋场，落得个腐烂发臭的下场。

时装界中的一小撮人之所以选择机器人，是因为它们潜在的生产爆发力。

拉詹希望到 2021 年，小石城工厂能够每年生产 2400 万件 T 恤。这还只是个开始。如果一切按计划进行得顺利，那么未来五到十年，拉詹的 Sewbotss 每年将在美国生产 10 亿件 T 恤。

他说："T 恤卖得最好。"

平均每个美国人每年要买十件 T 恤。

他说："得有人抓住这个商机。"

2018 年，SoftWear 与总部位于香港的全球供应链咨询公司利丰有限公司（Li & Fung）合作，开始在海外用 Sewbots 生产 T 恤。当利丰公司上下欢呼，认为这笔交易将是"制造商和供应商改写局面的大好机会"的时候，该公司的首席执行官斯潘塞·冯则很清醒冷静。在宣布合作后不久，他对着一群高管和经理说："用不了多久，几乎整个供应链都能做到自动化了，这非常令人恐惧，特别是对于我们大多数正坐在这里的人来说。"

可持续时尚中心的迪莉斯·威廉姆斯明白他说的是什么意思。她说："在香港，有像利丰公司这样的制造商正在考虑使用更多的机器人技术来加速生产过程，以便持续生产出更多的东西。"

拉詹的 Sewbots 每 20 秒就会织出一条浴室地垫，每 25 秒就会织出一件 T 恤。

耐克的机器人组装跑鞋鞋面的速度比人工快 20 倍。

在巴伐利亚小镇安斯巴赫（Ansbach），有阿迪达斯的"Speedfactory"，另外还有一家在亚特兰大（Atlanta）郊外。在那里，鞋是由机器人裁剪，用计算机编织，并用 3D 打印机打印的。"目标是将交货时间从几个月缩短至几周，甚至是几天或几个小时。"阿迪达斯技术创新负责人盖德·曼兹（Gerd Manz）解释说。

优衣库整个工厂配套有日本岛精机制作所（Shima Seiki）的 3D 针

织机，全线服装都可以由 3D 针织机同时喷塑而出。

一想到这些，迪莉斯·威廉姆斯就双手捧住头，一副绝望的样子。

没过一会儿，正当我受她情绪影响，也觉得阵阵绝望袭卷而来时，她突然醒悟过来，在她那间位于马里波恩（Marylebone）中心地带的简易办公室里，就那么直瞪瞪地看着我说：

"也许某天它会自取其亡的。"

2016 年，国际劳工组织（ILO）在其报告《转型中的东盟：面临自动化风险的未来职场》（*ASEAN in Transformation: The Future of Jobs at Risk of Automat*）中预测，东南亚服装工厂中有多达 90% 的工人可能会因 Sewbots 和其他新兴技术（例如 3D 打印和人工智能）而失业。"东盟地区有 900 万个缝纫工。我们在柬埔寨采访的时候，所有参与采访的人都说：'如果制衣工都没有工作了，那么这个国家肯定会再度发生内乱。'"

SoftWear 的拉詹对此表示质疑。他辩解道："在月薪低于 600 美元的国家，Sewbots 从经济效益来讲根本不可行。从经济效益角度，在孟加拉国运用 Sewbots 根本讲不通，而这个世界是要靠经济效益运转的。"

他相信，在五到十年内，Sewbots 的产量将仅占服装总产量的 10%，而到 2050 年，他估计这个数字约为 25%。Sewbots 取代的是那些没人愿意做的令人生厌、单调的工作。他坚持认为："廉价劳动力的时代即将结束。"

其余未被 Sewbots 取代的服装制造岗位仍将需要真正的工作人员，他坚称，这些工作人员将在更清洁、更安全的环境中，做着适当的工作。

以小石城工厂为例：工厂里有四百名员工，而且总体上说，他们都是熟练的高级技工，有着体面的薪水。他说："机器人是靠人来操控的。"（平均来说，一个人要管理四台机器人。）"预处理、后处理、运输和包装"都需要人操控机器人完成。而且，一些复杂精细的工作和人工润饰仍然需要高级裁缝师完成。

高级时装永远不会消失。永远都需要像艾里斯·范·赫本这样的，每年只制作一百件，一百件独一无二的服装的设计师。他们设计的每一件服装都刻印着其独特的设计风格。正如拉詹也不得不承认的那样："我们永远都不会做新娘礼服。"

而且，从日常角度讲，我们都心存一种原始冲动———一种手工制作的本能，而且还强迫症似的希望穿在身上的服装都是同类编织出来的。人类学家长期以来的观点是，人与动物的区别在于：语言、双腿直立行走，还有就是自己做衣服穿。缝纫是人类的灵魂。

"这不仅关乎最终成品，"范·赫本告诉我，"手工缝制着眼于微小的细节，使人心灵放松。"

技术可以增进亲密感。

技术也会引发抽离感。

当互联网这一非同寻常的技术革命使全球化成为可能，使服装生产出来被运往海外时，迪莉斯·威廉姆斯说："人们变得不再珍惜他们买来的衣服。如果谁家里还有人缝制衣服，他们就不会像以前那样乱丢乱弃了。对制衣过程一无所知的人，是不会爱惜它的。"

第十章

买还是不买？

白金汉宫（Buckingham Palace）毗邻贝尔格莱维亚（Belgravia）高档社区，在它后面有一条幽静的鹅卵石小道，两旁是迷人的维多利亚式联排别墅和马厩改造的住宅区。其中一栋房子的门是一扇宽大的谷仓门，涂成了泛黄的浅粉色，门口摆放着黄杨木绿色雕塑盆栽。敲门后，会有穿制服的门卫来开门。

开门走进去，仿佛踏入了营销主管们口中一直念叨的奢侈的梦幻之地：长绒毛的象牙白地毯，蛋壳漆刷的墙壁，灰粉色的双人沙发，玻璃花瓶中插满了牡丹和春绿色的荚蒾，温和安静的灯光布置。穿着时尚的社交名媛，手握笛形香槟杯、苏打水晶杯游走于各个厅室，打量着镀有 24K 金的 iPad 和彩色的宝石手镯。在那里，你还有可能翻阅到科罗拉多州的精品书店 Juniper Books 出售的弗朗西斯·斯科特·基·菲茨杰拉德（F. Scott Fitzgerald）所著的《人间天堂》（*This Side of Paradise*）定制布面精装版。你还可能有机会欣赏到放置在茶几上的时尚黑色剑桥包。一位穿着正装、彬彬有礼的年轻英国女士会走上前来告诉你，这是 Mark Cross 家的旅行箱——也是女星格蕾丝·凯利（Grace Kelly）在阿尔弗雷德·希区柯克（Alfred Hitchcock）所拍摄的电影《后窗》（*Rear Window*）中打开的那个旅行箱的复制版。在电影中，她打开那个行李箱给她的男友［吉米·斯图尔特（Jimmy Stewart）饰］看她带了她的丝绸睡衣。

这是一栋马厩改造的房子，也是在线奢侈品零售商 Moda Operandi 的私人展厅。所有展出的商品都可以出售。

Moda Operandi 由前 *Vogue* 编辑劳伦·桑多·多明戈（Lauren Santo Domingo）和冰岛女企业家阿斯劳格·马格努斯多蒂尔（Áslaug Magnúsdóttir）于 2010 年创立，它摒弃了 YOOX 和 Neta-Porter 等一些早期在线零售商仍然奉行的传统时装零售模式——这种模式的操作方式是：买家猜测客户的需求，提前六至八个月订购商品，然后堆满仓库，卖不出去的最终折价销售或毁损丢弃处理。显然，这种模式已无法跟上电子商务发展的步伐。

与之不同的是，"Moda"（喜欢 Moda Operandi 的人对它的称呼）实行的商品零售模式模仿了娜塔莉·查宁、伊丽莎白·苏赞、Unmade 和拉詹的 Soft Wear 业务模式：展示样品供客户选择，商品选定后再由品牌厂家生产。Moda 体现出的商业模式既明智又时尚，是引领时装零售革命的先锋。

在 Moda 购物的过程很简单。比如，2018 年 12 月 1 日，我在 modaoperandi 官网上看到了 Off-White c / o Virgil Abloh 的 2019 度假系列中的一款漂亮浅绿色单肩紧身裙，价格为 831 欧元，发货日期为 2019 年 4 月 1 日——需要四个月才能发货。如果我想买，我可以先支付 50% 的押金，也就是 415.50 欧元。这样，裙子就可以进入制作流程了。收到裙子后，我再付清尾款。

由于大多数商品都是定制生产的，因此滞销货品会更少，对环境或对公司盈利的威胁也就更小了。桑多·多明戈说，公司的收益率为 17%。相比之下，传统在线时尚电子商务的收益率通常为 52%，而如果有百货商店预购的话则约为 75%。这是因为，"我们帮助女性减少购买次数，同时提高购买满意度，"桑多·多明戈说，"我们不鼓励冲动消费。"由于 Moda 的全价商品售罄率非常高，因此利润率要比许多实体零售商高得多。2015 年，当时负责 Moda 融资的富达投资集团（Fidelity Investments）的拉明·阿拉尼（Ramin Arani）表示，利润率约达 58%。

桑多·多明戈是一位金发碧眼、身材婀娜的新英格兰人，嫁给了哥伦比亚的一位啤酒商继承人。她是和 *Vogue* 同事一起参加时装秀时产生了创建 Moda 的想法。她说："我们和好莱坞新秀、社交名流坐在一起观展，而且我们有资源可以直接从设计师那里定服装。据我所知，很多女性，我的一些朋友，一直都希望能直接从设计师那里定制服装。"

时尚都市
Fashionopolis

数十年来，来自上流社会的少数人可以通过一种（专为 VIP 顾客安排的）称为"时装预展"（trunk show）的老式零售招数直接从设计师那里定制服装。待时尚杂志拍完几组服装的照片，宣传广告也摄制好了之后，设计师就开始带上资料，四处奔走宣传。他们通常会在商店内举行午宴、茶会或鸡尾酒会，邀请有限的几位顶级客户参加，客户看上哪件就穿上试试，喜欢就下单。一般在当年，当季的服饰一送达商店，他们就可以拿到他们的新衣服。

比尔·布拉斯（Bill Blass）是"时装预展"的领军人物。他 70 多岁的时候，仍在美国几大市场上搞巡回展出，每年亲自策划组织至少五六次。另外还在圣安东尼奥（San Antonio）、塔尔萨（Tulsa）和克利夫兰（Cleveland）等二级市场举办 20 次左右的展出，由他的助手负责推动。品牌和商店都受益于"时装预展"（有时还受益匪浅）：1993 年，在曼哈顿萨克斯第五大道的旗舰店举办的一次"时装预展"中，布拉斯赚了将近 50 万美元，打破了当时"时装预展"经济收益的纪录。布拉斯 20 世纪 90 年代初在纳什维尔停留时说道："预展有时一搞就是好几天，我要不停地和人打交道，以提高自己的知名度。""时装预展"又像一个焦点小组——他可以直接从顾客那里收集一些营销数据。他当时在报告中说："我可以负责任地告诉你，不管其他人怎么想，这个国家很大一部分地区的人仍然喜欢印花连衣裙。"

桑多·多明戈认为：为什么不把"时装预展"这种方式运用到互联网营销中去，这样受众会更广，传播会更快？

就在她向潜在投资者们介绍自己的商业计划之际，社交媒体也在飞速发展中。2006 年，Facebook 和 Twitter 大行其道；次年，iPhone 和手机应用程序革命相继到来；2010 年 7 月，Instagram 最终成为重要的时尚平台风靡起来——比 Moda 登录网络早了两个月。

在此之前，零售一直都是"时装到消费者的链条：秀场、零售商、媒体和杂志宣传"，罗伯特·伯克（Robert Burke）告诉我说。他于 1999 年到 2006 年在伯格多夫·古德曼百货公司担任时尚总监。"消费者被强制灌输流行的趋势，被告知买什么合适。就像'秋季十件必不可少的物品'这样的广告。我们一行 50 个人将前往纽约、伦敦、米兰和巴黎。琼·凯诺（Joan Kaner，伯格多夫姐妹公司零售商 Neiman Marcus 的资深时尚总监）和我会逐一浏览（秀场）照片，选出我们想要购买和代理的产品。我们会与 Vogue 举行会议，复述我们将要购买的产品以及如何宣传造势。是我们在创造流行趋势。假如说有女性拿着《女装日报》（WWD）的封面或杂志上的一张照片跟我们说：'我想要这件。'这种情况是很少见的。"

伯克说，电子商务和社交媒体渐渐兴起，"客户开始掌控自己的消费。他们自己决定购物的时间，而不是被告知只能是上午 10 点至下午 6 点之间购物。他们可以只看自己想买的东西，这一行为被视作他们应有的权利。他们对自己的消费对象了解得透透彻彻。参观走秀的人可以用智能手机拍下秀场的情况，并将图像发布在 Twitter 或 Instagram 上。关注他们社交账号的人可以马上滚动浏览图片并自行编辑，而不用等零售商和高端时尚编辑发布最新图片。他们可以走进商店，在智能手机上打开图片，然后说：'我想要这件。'"

伯克说："这是一个革命性的改变。这场改变打得零售商和杂志社措手不及。"

自 20 世纪 90 年代中期以来，时装业高管们一直都在谈论本行业的"民主化"问题。对于奢侈品阶层而言，"民主化"意味着需要在全球范围内开设精品店，并且店内"入门级"的印有品牌标志的物品要品种齐全、备货充分，例如围巾、太阳镜、口红。这样，谁都可以买得起品牌主管口中的"梦想单品"。而在大众阶层方面，"民主化"意味着快时尚，意味着成千上万的商店里挂满的全是这些昂贵的"梦想单品"的廉价仿制品——正如《穿 Prada 的女魔头》里的那件天蓝色毛衣。

但是，这种"民主化"与草根时尚的逆袭和品位的形成无关。时尚的掌控阶级仍然统治着大众市场，且他们的生产和营销手段还刚刚得到了升级。

如今，靠社交媒体才算真正实现了时尚民主化。无须受邀参加时装秀或"时装预展"，就能及时对秀场情况瞄上几眼。不必非得跑去市中心购物。也无须订阅 Vogue 或 Harper's Bazaar，即可了解流行趋势或学习穿搭方法。桑多·多明戈说，在社交媒体兴起之前，高端时装客户们"才不会去看博客呢"。现在的客户会"刷 Instagram，关注造型师吉尔瓦娜·巴塔莉亚（Giovanna Battaglia）"。不得不承认，当过模特、做过编辑的巴塔莉亚也算是时尚掌控阶级的一员。即使时尚掌控阶级仍然有一定影响力，但是消费者是有史以来第一次，在传统中间市场机构（例如杂志社或百货商店）推销宣传之前就拥有发言权并做出购物决定。老旧的零售周转模式正面临致命的威胁。渠道权力正在发生改变。

现在，美国人在数字媒体上花费的时间比在工作或睡觉上花费的时间更多，且大多数都用在了浏览时装销售网站和在线购物上了。2017年，服装仅次于电子产品，成为美国电子零售销售额第二高的类别。在全球范围内，时尚电子商务在 2018 年达到了 4812 亿美元。预计到 2022年，这一数字将达到约 7130 亿美元。麦肯锡指出，不仅仅是快时尚，近 80% 的奢侈品购买都会受到"数字化影响"。

即便如此，不管哪个阶层的人都仍喜欢逛街购物的过程。92% 的奢侈品购买都是在实体店内完成的。2017 年，由美国国家零售联合会联合发起的一项研究表明，在 21 岁以下的消费者中，有 67% 更喜欢去逛他们口中的"实体商店"，而不是浏览互联网。我的女儿，十几岁的青少年，她们那一辈人更喜欢用脚丈量，而非用手点击。这可是一群出生于 21 世纪的新一代啊，要知道他们离开了亚马逊网站，都不知道该怎么生活了。伯克说，在线与实体店的这种全渠道融合是一种"新零售方式"。

因此，这就是桑多·多明戈在 2014 年开设 Mews 的原因。之后，她在曼哈顿东六十四街又开了第二家，叫 Moda Madison，并计划在2019 年底在香港再开第三家。这种模式在行业中被称为"体验式零售"（experiential retail），体现的是亲密性和个性化。伯克说，这种零售方式是"人们无法从单纯的网络购物"中体验到的。她解释说："互联网需要灵魂或心灵。否则，它就只是一个无脑机器人。"

她有一个由漂亮、细心的造型师和销售人员组成的团队。她和她的团队成员每一次都将展场布置得十分舒适，然后举办现场"时装预展"，组织私人时装参观，主要是那些难得一见的罕见商品和走秀服装。"昨晚我们举行了一场 40 人的鸡尾酒会和晚宴。"她一边领着我穿过一楼的沙龙，一边告诉我说，"那感觉就像是在哪个人的家里，壁炉生着火，舒适又温暖。"

Moda Operandi 还提供私人衣橱咨询服务。如果你将要去度假，并想要为此购置一身行头，Moda 的造型师会专为你准备好一套，包括"浴衣、太阳镜、太阳裙、纱笼、帽子"，打包好，并附上一本穿搭指南（以便让你清楚如何搭配），用 FedEx 送到目的地。"我们可以查到会不会有同一地区的女性顾客买的是同款装备。如果有的话，我们会让其知晓，并给他们机会重新下单。"她说，"如果两个女人穿着相同的衣服，在同一个地方撞衫，那就是我们的失败。"

2017 年，大家的关注点不只在于电影 *überrich* 上。同年，总部位于西雅图的连锁百货公司 Nordstrom 在西好莱坞新开了一家宽敞通透、爬满常春藤的前哨设计店——Nordstrom Local。在那里，你可以做做手足美甲或形象设计，或者在吧台桌旁找个位置用笔记本工作一会儿，或是与朋友们坐着享用免费的有机果汁、啤酒或葡萄酒。那里的服装只是用来试穿和做下单参考的，概不售卖。

在伦敦，著名电子零售商 Matchesfashion.com 在梅费尔（Mayfair）的一栋五层楼的优雅大宅邸里设有一个铺有毛绒地毯、类似会员俱乐部性质的线下体验店 5 Carlos Place。零售楼层的产品每两周左右更换一次，而且跟在 Mews 一样，所有展出的东西均可出售，包括由英国非营利性画廊和艺术家工作室伏尔泰工作室（Studio Voltaire）策划和摆放的当代艺术品。12 月的某个周六，我顺道到此一访，店里的一位"时尚顾问"告诉我说："我们提供的商品都是万里挑一的精品，但我们对待顾客却不挑剔，我们欢迎所有到访的顾客，而不仅仅是顶级客户。"零售楼层楼上是举办主题沙龙的地方（我去的那天，正好在举办主题为"圣诞节礼物"的沙龙活动），里面还有私人套房，可以供顾客在宽敞、灯光绚烂的化妆间里试衣服。顶层是一个宽敞通透的咖啡厅，每周由当地厨师负责轮流为顾客提供免费餐饮服务。5 Carlos Place 还经常组织签名售书、演讲和主题讨论、大师授课和音乐会活动，并且由工作室进行现场直播。带我参观的工作人员说，这是一种超越"盲目购物"（mindless shopping）的实地体验。

伯克自 21 世纪 00 年代中期离开伯格多夫以来，一直在纽约经营着一家零售咨询公司。伯克认为，占地面积缩小、体验感增强将成为实体店的未来发展趋势。"也就是一万两千平方英尺与十万平方英尺的区别，而这种动辄十万平方英尺的传统商店到处都是。未来的实体店模式与客户之间的联系更加紧密，提供的产品新颖、新潮。可以进行内容销售和产品造势。我认为，过不了多久，英国全球著名女性时尚电商 Net-a-Porter 和亚马逊就会朝这个方向发展。"

根据客户给她的反馈，桑多·多明戈也赞同这种说法。

她的客户跟她说："在这里，有 6 位工作人员为我忙前忙后，挑选的衣服都符合我的尺码，符合我的品位，他们非常清楚我需要什么、不需要什么，绝不会选重样。既然如此，我为啥还要跑去百货商店，爬十楼自己慢慢选呢？我是不会再去百货商店了。"

　　与现代时尚一样，现代零售业也是 19 世纪中叶诞生于巴黎，当时法国企业家阿里斯蒂德·布西科（Aristide Boucicaut）收购了一家名为蓬马歇百货公司（Le BonMarché）的出售新奇物品的商店，并将其改造成一家大型现代百货商场，专注于顾客服务，而不是招揽顾客。蓬马歇百货公司开创了在报纸上广泛刊登广告的宣传方式，是第一家固定价格的商店，还是第一家接受退换货的商店。与传统商店氛围不同的是，顾客在那里没有购买压力，可以自由、悠闲地逛逛、看看。在那里，购物成为普通市民消磨时光的一种愉快方式。

　　1869 年，在欧洲美好年代的鼎盛时期，巴黎经拜伦·奥斯曼男爵（Baron Haussmann）设计进行了重新拆建，街道拓宽，两旁栽满梧桐，十字路口铺满鹅卵石。布西科也借巴黎城市改造之机，在距哈斯拜耶大道几步之遥的巴黎第七区塞夫勒路上建造了一栋更大、更漂亮的蓬马歇百货公司。新的百货大楼有四层，顶部是一个乳白色玻璃搭成的中庭，其奇特的外观造型和富丽堂皇的装饰吸引了大量顾客（主要是女性顾客）。

　　蓬马歇百货公司在当时就是反映社会经济现象的名利场，法国作家爱弥尔·左拉（Émile Zola）觉得十分有趣，于是在 1883 年，以蓬马歇百货公司为缩影，撰写了《妇女乐园》（Au Bonheur des Dames），对当时的社会和经济风貌进行了妙趣横生的刻画。左拉写道："我想把《妇女乐园》写成一部反映当代事件的史诗。总而言之，在这个各阶层都在奋力拼搏、相互倾轧以求存的时代，要应势而生，顺势而为。"

　　蓬马歇百货一直号称是世界上最大的百货公司。直到 1914 年，它的地位被当时位于州街的马歇尔·菲尔德百货公司（Marshall Field and Company）——一家新兴的、真正巨型的芝加哥时尚基地前哨站所取代。但马歇尔·菲尔德百货的规模之大也是被另一家零售业巨头——Selfridges & Co（英国的"贵妇百货"）逼出来的。

1906 年，美国商人哈利·高登·塞尔福里奇（Harry Gordon Selfridge）在伦敦度假期间，对伦敦的评价是，这座城市缺少像他曾效力过 25 年的马歇尔·菲尔德这样有活力的百货商店。于是他在伦敦市中心的牛津街上修建了一栋六层楼的大厦，大厦横跨整个城市街区，号称拥有 50 万平方英尺的面积。大厦于 1909 年开业。

Selfridges & Co 不止销售商品。它就是市中心的一大"马戏团帐篷"。1909 年，在那里展示了第一架横渡英吉利海峡的单翼飞机，吸引了 12000 人前来参观。1925 年，苏格兰发明家约翰·罗杰·贝尔德（John Logie Baird）在商店引入了后来发展为电视机的新技术。在顶楼设有小型高尔夫球场和女子射击俱乐部。"发射！"砰！砰！Selfridge 的发展与顾客需求的契合度如此之高，以至于被称为"百货中的龙头老大"。

最终，经济大萧条、第二次世界大战以及董事长挥金如土的生活方式导致商店的销售额和利润骤降。Selfridges & Co 倒闭，财产被多次转售。20 世纪 60 年代，Selfridges & Co 由西尔斯集团（Sears Group）接管。

在整个 20 世纪六七十年代，美国的百货商店都在稳步向前发展。它们从逐渐衰败的城市中心迁移到中产阶级居住的近郊区和城市远郊富裕家庭居住区，成为闪亮的新购物中心的支柱。20 世纪八九十年代，百货业经过一系列的合并和收购得到了整合，许多老牌大型百货公司纷纷倒闭，其中包括马歇尔·菲尔德百货和 19 世纪工人权利开拓者——沃纳梅克百货公司（Wanamaker's）。如今，这两家百货公司以前在市中心的旗舰店都易主为梅西百货。

　　然而接下来，互联网革命又给郊区的购物中心迎头一击。明明可以在网页上选好想要的商品，手指轻轻一点，就可以轻松送到家，究竟为什么非得钻进车里，一路开到购物中心，停在离商店几英里的地方，在商店里走上几英里，排长队结账，然后又走上几英里回到停车场，坐进车里开回家呢？

　　去购物中心购物的人越来越少。高端零售商退出商城，商品品类下滑。接着，那些无法支撑下去的店铺也纷纷退出。仅 2017 年，估计就有 8640 家购物中心关闭，接下来还有更多购物中心关闭。瑞士瑞信银行（Credit Suisse）2017 年预测，在 5 年内，美国现有的购物中心中将有四分之一会被关闭。

　　第五大道和百老汇大街上的那些旗舰店曾威风八面——早在 20 世纪 30 年代，比尔·布拉斯每周四晚上都要驻足于旗舰店绚丽壮观的橱窗旁，流连忘返。即便如此，它们也受到了威胁。2019 年初，苦苦挣扎的零售商罗德与泰勒百货（Lord & Taylor）达成了一笔交易，以 8.5 亿美元的价格将其在第五大道上拥有百年历史的意大利风格旗舰店出售给了一家美国众创空间供应商 WeWork。这座 11 层楼高的市中心巨型建筑将成为 WeWork 这家拥有 9 年历史的初创公司的全球总部。底下三层还是零售店，但不再是罗德与泰勒百货了。

　　罗德与泰勒百货的母公司哈德逊湾公司（Hudson's Bay Company）

一直都在考虑卖掉其另外一些历史性资产，其中最著名的是其所有资产的鼻祖，即曼哈顿中城拥有 150 年历史的萨克斯第五大道精品百货店（Saks Fifth Avenue）。2017 年，其市值约为 37 亿美元。哈德逊湾的股东 Land and Buildings Investment Management 表示，亚马逊可能对此感兴趣。

据报道，亚马逊负责人杰夫·贝佐斯（Jeff Bezos）在 2007 年告诉他的员工说："为了成为一家市值 2000 亿美元的公司，我们必须学习如何销售衣服和食物。"

此言一出，刚好十年后，通过收购全食超市（Whole Foods Market）供应链和推出亚马逊时尚（Amazon Fashion），他 10 年前定的两个目标都实现了。是的，在亚马逊时尚网站上，服装类别除了有如袜子和内衣之类的普通主打服饰外，也上新了一些个人时装品牌，如 Zara 风格的 Lark & Ro，以及一些家喻户晓的品牌，如 Calvin Klein，Tommy Hilfiger 和 Theory。到 2017 年底，亚马逊公布的收入为 1750 亿美元，并且有望在第二年突破 2000 亿美元的门槛。预计到 2018 年，亚马逊服装和鞋类的预计销售额将达到 300 亿美元，这使它有望超越沃尔玛和梅西百货，成为美国第一大服装零售商。曾为亚马逊提供咨询服务的伯克说，亚马逊这个电子零售商计划提供 100 个私人时装品牌。分析人士预测，到 2020 年，亚马逊的服装年销售额可能会达到 450 亿至 850 亿美元，到 2021 年将占据 16% 的美国服装市场。

为了实现目标，亚马逊聘请了一位金发美女克里斯汀·波尚（Christine Beauchamp）担任亚马逊时装部的总裁。她曾是维多利亚的秘密美容产品的前首席执行官，以及拉尔夫·劳伦集团旗下 Lauren 和 Chaps 品牌的全球品牌总裁。

在她的指挥下，亚马逊于 2018 年 6 月推出了一款名为 Echo Look 的智能小工具：一款解放双手的照相机和人工智能私人造型师，零售价 199 美元。这就像有了一个 Mews 私人销售助理一样，只不过不是在 Mews，而是在家里。Echo Look 与亚马逊的虚拟助手 Alexa 连接，当你穿上衣服后，它可以拍摄你的全身照或六秒钟的视频，还可以建立外形资料库，方便按照季节、样式、颜色或穿着场合进行分类。"样式选择"（Style Check）功能可以比较你穿着不同服装的照片（就像杂志里那些"谁穿起来更好看"功能），并在屏幕上将这些照片并列排放，然后告诉你，哪一张里的穿着好看，哪一张不好看——语气中肯，不带恶意中伤。"这件更合身。""这件衣服的版型更好。""这件颜色更适合你。"

亚马逊还开始向亿万名亚马逊黄金会员提供名为"黄金会员衣橱"（Prime Wardrobe）的先试后买服务。（摩根士丹利的研究表明，黄金会员从该网站购买时装的可能性是非黄金会员的两倍。）与时尚零售初创公司 Stitch Fix 一样，"黄金会员衣橱"可以让你在网上选择喜欢的衣服、鞋子和配饰，打包成一箱，寄送到家，然后在自己家中一一上身试装。试完觉得不合适的都可以寄回，不用支付任何费用；合适的，你可以买下。如同之前与其他行业争夺主导地位一样，亚马逊这次的一系列举措同样也让服装零售业同行们感到敬畏。Levi's 的奇普·伯格说："亚马逊有可能成为服装零售业的巨头。"

这是为什么？"他们想要创建自有品牌并拥有供应源。"罗伯特·伯克（Robert Burke）向我解释道。为此，2017年，亚马逊获得了按需定制、自动化生产的服装工厂的专利，这意味着它可以与 Unmade 一样，只有在顾客完成购买后才开始生产衣服。在专利申请材料中，亚马逊宣称其计算机化系统可以为"提高服装制造效率提供许多新方法"。面料可以完全交由一个全自动的现场系统进行印刷、裁剪和缝制，系统上还设置有摄像头，就像一个机器人经理一样，时刻监控着制作过程。"图像分析仪"会在出现问题时（比如布料被机器卡住，或有地方被剪歪了）发出信号，要求工作人员到场调整、解决问题。成衣的试装调整过程会被拍照记录下来，其中重要的调整数据会被编入制作系统中。

顾问兼前亚马逊经理詹姆斯·汤姆森（James Thomson）告诉英国《金融时报》（*Financial Times*）说："如果亚马逊拥有1亿客户的三围尺寸数据，想象一下会发生什么？亚马逊不会复制别人的业务。他们找到了一种更便宜的大规模生产方法，并赶上了所有同行，这些人一脸懵圈：'刚刚发生什么了？'"

2018年10月，亚马逊在伦敦创建了它的第一个时尚实体店。实体店以"快闪店"的形式出现，像其他快闪店一样，开设在了意想不到的地点。在贝克街（Baker Street）地铁站附近的一家临街店面里（距离牛津购物街还要走一小会儿），亚马逊推出了自有品牌以及一些知名品牌，如 Tommy Hilfiger 和 Calvin Klein 的秋冬服装，并且跟快时尚精品店一样，店内会精心挑选一批服饰并定期更换以吸引回头客。亚马逊的快闪店还可以定制 Pepe 牛仔裤，举行音乐会，邀请英国 *Vogue* 杂志编辑来举办潮流演讲，与某著名生活方式导师一起组织瑜伽课。

"快闪店"这个概念是由一位日本时尚先锋——Comme des Garçons 品牌的创始人川久保玲（Rei Kawakubo）于 2004 年首次提出。被称为"品牌游击店"的快闪店，常常开在如巴塞罗那、新加坡和斯德哥尔摩等时尚热点城市中尚未被士绅化（pregentrified）的偏僻角落（最好是那些废弃、未经翻修装饰的地方）。在柏林，快闪店有可能设在一家废弃的书店里。在赫尔辛基，快闪店可能在一家中世纪药房里。快闪店出售的衣服不分季节，在一个地方待一段时间后，收拾好所有东西，打包走人。从经济收益上讲，快闪店的概念非常明智：租金便宜、投资少，可以吸引粉丝，也可以吸引好奇的顾客。其销售超出了预期：设在华沙的快闪店第一周的收益就是月度预期的 3 倍。

如今，从奢侈品到休闲运动品，临时性店铺零售方式都是一种流行趋势，它带来的体验感与 Mews 和 5 Carlos Place 一样。Hermès 举办了一个名为"Carré Club"的巡回快闪活动，在纽约、多伦多、洛杉矶和米兰等国际大都会进行为期三到四天的各式活动，有卡拉 OK，也有限量版签名方巾。2016 年，这家法国奢侈品品牌又启动了另一个名为"爱马仕丝巾快闪清洗店"（Hermèsmatic）的概念快闪活动——也就是将移动自助洗衣店开到奥斯汀、京都、阿姆斯特丹和曼彻斯特等二线市场。鼓励顾客把家里的旧 Hermès 真丝斜纹方巾（特别是上面的装饰性图案看起来很旧的那种）带到店里，然后经过免费的专业深度浸染工艺（如紫红色、蓝绿色和芥末黄），使方巾图案色彩恢复亮度和饱和度，看起来更漂亮。（多么注重循环利用啊！）阿迪达斯在柏林的快闪店：顾客可以对自己的身体进行 3D 扫描，然后支付 200 欧元，按照自己的要求定制一件羊毛毛衣，四个小时内就可以交货。

"快闪店已成为零售业不可或缺的一部分，"伯克告诉我，"如今，顾客对可预见的事物——也就是他们觉得好像看到过的事物产生了反感。"就像他们经常在社交媒体上，或是在购物网站上看到的那些一样。快闪店关注的是"新颖性"，伯克说，所以，"快闪店还将继续发展下去"。

"面包和马戏团"的销售噱头在 Selfridge 百货又风行起来。每年，蓬马歇百货公司都会聚焦于不同地区，如日本、巴西、布鲁克林、洛杉矶，以其为主题精心策划一系列商品，并布置一些意义深远的（甚至稍有些老套的）主题橱窗秀（法国人称其为"动画"电影）。在布鲁克林，有一个老式的纽约风格的理发店、一家快闪文身店、一座"布鲁克林快闪游乐园"（一幅超宽荧幕，播放着电子音乐组合 Polo & Pan 的音乐，"康尼岛的过山车"环形穿越整个市区）。2018 年，在洛杉矶，几位滑板运动员在悬挂在商店天花板上的 U 形管里进行花式滑板表演。

每周星期天，Row DTLA（一家位于洛杉矶市区偏远地段的时尚崭新的露天购物中心，也是 American Apparel 的所在地）都会举办 Smorgasburg LA 美食街活动，除展示其固定商家的产品之外，还集合了该地区周边五花八门、各式各样的产品——时装、古董、保健品等。

所有这些商家活动都可以编制成一条条信息，发送到 Instagram 上秀一下。

Instagram 在时尚方面的宣传力量不可小觑。首先是上面的网络红人发帖及其里带"#ootd"或"今日穿搭分享"话题标签的帖子；到 2018 年末，在 Instagram 上的网络红人及其粉丝的帖子中，"今日穿搭分享"类话题出现了超过 2 亿次。接着，该应用程序引发了一种被称为"灰姑娘综合征"的新病态：坚决避免穿同一套衣服在同一社交媒体上出现两次。"灰姑娘综合征"患者们经常网购衣服，穿上衣服、藏好标签、摆 pose 拍照，发到 Instagram。然后把衣服折好放回包装盒，"啪"的一下贴上运输标签（通常是免费寄回），打电话叫与联邦快递网点合作的快递公司上门取货。这就像以前有些女人专门从商场买来一件裙子参加聚会，完了之后又退回去一样——都属于"无标签，不退货"政策下的小把戏。如今，"灰姑娘综合征"变得如此泛滥，品牌商和零售商都深受其害。

所有这一切（如快闪店、展厅一样的实体店、主题活动、社交媒体发布）都是亚马逊英国时尚发言人所谓的"大数据学习经历"—— 一种技术用语，旨在收集数据。

数据是当今大多数行业首选的焦点议题，对时尚界来说尤其如此。"每个零售商都要习惯数据思维。"科特沙蒙全球管理和战略咨询公司（Kurt Salmon）董事总经理丹·墨菲（Dan Murphy）说。现在应停止仅靠"本能和直觉"做事了。

数据的收集方式有很多种。亚马逊的操作方式很简单，就是在贝克街的快闪店内要求顾客填写调查表。不过，当然，当你进行任何形式的在线购买，单击网站并查看商品时，数据就已经在进行收集了。平台和品牌商会利用数据给予的信息给你推送更多的商品。Facebook 和 Instagram 全球奢侈品主管 Morin Oluwole 负责一个在巴黎的营销团队，该团队与各品牌合作，帮助他们在社交媒体平台上开展以数据为基础的营销活动。她告诉我:"我们可以跟踪到消费者在 Facebook 或 Instagram 上浏览了什么广告,他们有没有点击链接网站,他们花了多少时间去看,并且具体点击查看了哪些产品,最终购买了哪些产品。我们的目标是确保……只要他们一进商店,十有八九就是冲着要买去的。"

另一种更具极权式的数据收集技术是微定位技术。Oluwole 将其解释为"商家在其商店中设置信标,该信标可以与你手机已有的位置服务相连接",以"测量计算商店的访问量"。最后,商店还会设置面部识别功能,这样一来,当有常客进店时,就会发信息提示经理——就像一个不用做具体事务的精明的领班一样。

伯克说,"在数据、客户服务和市场营销方面",零售业中的领军企业之一是总部位于西雅图的百货连锁店 Nordstrom。在很大程度上,这要归功于它所处的地理位置。他告诉我:"他们从亚马逊招了很多人。"亚马逊总部也位于西雅图。"因此,他们的在线业务和数据领先其他所有同行几光年。"

现在,消费者可以随时、随意地向品牌商和零售商吐露他们的想法以及他们认为最应受到重视的方面:他们的情绪、他们的嫉妒、他们的恐惧和焦虑。如今的消费者分析不再像听听诊、把把脉那么笼统单一,而是像抽血检查一样指标明确、数据清晰。如今,能够做到领先其他同行的时装公司一定是那些不只是把数据用来将顾客分为"奢侈品"和"运动休闲"等目标群体的公司,他们会将数据置于更远大的愿景中去分析,并传达真正的信条和价值观,例如社会责任和环境意识。

时尚都市

Fashionopolis

在这方面做得最好的要数 Selfridges 百货。这间老牌大型商场已然转型为地球上最具生态意识的百货商店。

从繁华的牛津街走进去，乍一看，Selfridges 像是一家典型的高档市中心集市。耀眼的灯光照得化妆品柜台熠熠发光，漂亮的销售人员拿出新推出的、不同香型的香水试香纸让顾客试闻，闪亮的货架上摆满了昂贵的手提袋。看起来跟其他百货商店并无二致。

但仔细一看会发现：灯是 LED 的；印有商场标志的黄色购物袋部分由可回收的一次性咖啡杯制成〔采用的是曾获奖的纸杯回收（CupCycling）工艺〕；在很多衣服和配饰上悬挂着草绿色的书签状标签，上面写着 "Buying Better/Insipring Change"（明智购买，启迪改变）——这是 Selfridges 商店在 2017 年发起的一项可持续发展意识运动的标语。这个标签表明该产品是否经过认证是有机的，或是在生产过程中是否减少了用水量，或者是否是英国制造。2019 年，Selfridges 商店还计划增加两项：商品是否由 "环保皮革" 或 "不会对森林造成危害的" 原材料制成的。为了宣传该计划，Selfridges 商店在其社交媒体上专设了名为 "buyingbetter" 的主题标签。

这一切都要归功于 Selfridges 集团董事长阿兰娜·韦斯顿[1]。阿兰娜于 2004 年加入公司，担任 Selfridges 的创意总监。

韦斯顿是一位虔诚的环保主义者，她说，比起名牌高跟鞋，她更喜欢穿登山鞋。2011 年，她在 Selfridges 的四家商店（包括牛津街旗舰店）

---

1. 阿兰娜·韦斯顿：Alannah Weston，Selfridges 连锁店所有人、英裔加拿大零售业亿万富翁盖伦·韦斯顿（Galen Weston）的女儿。

发起了可持续发展改革运动。首先，她通过与伦敦动物学会合作发起了"海洋项目"（Project Ocean）——一个海洋保护项目，呼吁人们关注过度捕捞和对海洋生物的杀害。举行的活动包括在牛津街店进行为期五周的展览，展出由著名帽饰设计师菲利普·崔西为 Lady Gaga 设计的龙虾帽，以及亚历山大·麦昆里程碑式的"柏拉图的亚特兰蒂斯"（Plato's Atlantis）系列中的水洗印花连衣裙。韦斯顿说："当我第一次向团队提出'海洋项目'的想法时，他们的反应就像是'你为什么要这么做？'但是我父亲爽快地通过了。任何能制造话题的东西他都喜欢。"

三年后，韦斯顿创建了一个可持续发展部门，并聘请了资深媒体人丹妮拉·维加（Daniella Vega）来负责管理。维加 40 岁出头，穿着时尚，一头深褐色头发，在职业生涯的最初 10 年里，她负责监管天空电视公司企业责任方面的问题，用她自己的话说就是"利用媒体平台提出问题"。这也是韦斯顿想要的。

维加与可持续时尚中心的迪莉斯·威廉姆斯及其团队取得了联系，希望其帮助规划商店的发展路径。所有路径都是围绕"明智地购买"零售系统构建的。2017 年 6 月，在一个温暖的早晨，维加在商店的 Aubaine 咖啡厅吃早餐时说，为了推行公司发展路径，可持续时尚中心和 Selfridges 的管理层为顾客和销售助理组织了研讨会，以"深入研究诸如内衣、男装、美容品和鞋子之类的特色产品，以了解产品的制造方式和原产地。我们希望建立起员工的产品知识体系，并使可持续发展成为他们工作方式的一部分"。

Selfridges 在每年一月份还举办一次提高环保意识的活动——充分

利用公众新年伊始喜欢下决心、作展望的心理，用一系列的街头橱窗展呼吁人们关注时装和设计中的生态伦理学。2016 年的首次活动名为"创意新事物"（Bright New Things）——受 1930 年那部反映英国初入社交界的社交名媛的电影《光彩年华》（*Bright Young Things*）启发，祝贺在可持续发展方面做得很好的英国新兴企业，例如 Unmade。第二年名为"材料世界：你穿的究竟是什么？"（Material World: What on Earth are You Wearing?）的活动重点介绍了一些新型材料（如牛绒等），以及褶裙等手工工艺技术。维加解释说："阿兰娜认为，与非政府组织或环保主义者相比，零售商向客户出售可持续性概念要容易得多。"

2017 年，Selfridges 在其数字平台上推出了"蝴蝶标志"（Butterfly Mark）——一种国际互认标志，每年为其两千万客户现场提供每一种产品品牌的供应链信息。"蝴蝶标志"是由环保主义积极分子戴安娜·伍德·涅托（Diana Verde Nieto）创立的，她是一家总部位于伦敦肖尔迪奇的可持续时尚平台 Positive Luxury 的创始人，其宗旨是向全球消费者宣传其标志认可品牌的环保意识与措施。到 2019 年初，包括 Louis Vuitton，Temperley，Sergio Rossi 和 Christian Dior 在内的近 150 个品牌通过了审核程序并获得了蝴蝶标志。

使用网页端浏览获得蝴蝶标志的产品信息的方式为：输入某品牌名字，点击旁边的蝴蝶标志，或进入 Positive Luxury 网站，点击你想要查询的品牌名称旁的蝴蝶标志，然后就会出现此品牌在保护环境和社会责任方面采取的"积极行动"。你可以通过查询 Selfridges 网站或下载商店 App 来获取 Selfridges 店内获得蝴蝶标志的产品信息，具体方式为：找到商品，单击蝴蝶标志，然后阅读此商品的供应链信息。

维加一直在不断努力，以使 Selfridges 尽可能绿色环保。她鼓励设计师在店内尝试新零售概念，就像斯特拉·麦卡特尼用来展示手袋的 ECONYL 墙那样。当她意识到每年 Selfridges 餐厅和食品大厅都要售出四万瓶塑料瓶装水时，她立即下令禁止出售瓶装水，改成传统的饮水机供顾客取水饮用。2016 年，Selfridges 曾承诺，到 2020 年公司的碳足迹将减少 15%。她说："我们是世界上第一家也是唯一一家获得'碳信托三重标准'（Carbon Trust Triple Standard）认证的百货商店。为了保持这一标准，我们每年必须减少能源的消耗、废弃物的排放和水的使用量。"当她跟我说这句话的时候，服务员刚好把我的橙汁放到我桌上，橙汁杯里插着一根塑料吸管。她指着吸管说："这个也不能要。"果然，三个月后，Selfridges 再也看不到塑料吸管了。

Selfridges 在环保上的投资和专注最终获得了回报：2018 年，世界百货联盟（Intercontinental Group of Department Stores）第四次将 Selfridges 评为世界最佳百货商店（World's Best Department Store），有效期两年。2018 年，该公司斥资 3 亿英镑，对牛津街旗舰店启动了为期 4 年的翻新工程，这是有史以来对百货商店最大的支出。除此之外，公司公布 2018 年突破了 17.5 亿英镑（22.7 亿美元）的销售额，连续 12 年创造销售额纪录，营业利润也再创新高，达 1.81 亿英镑（2.34 亿美元）。在百货商店挣扎求生的时代，Selfridges 巧妙地将客户紧密联系起来。罗伯特·伯克评价道："如果要我说谁做得最好，那非 Selfridges 莫属。"

为了宣扬 Selfridges 的环保理念，维加和她的团队计划将其技术运用和实践经验与竞争对手和其他品牌分享。他们的观点是，生态伦理不是一项营销策略，也不是对现有商业模型的加加减减，就像为新车增加电动车窗和皮革内饰购买选项，生态伦理涉及零售商业模式的整体重塑。她说："如果可持续的商业操作模式只在商场的某一小角落店面里小打小闹，而在整个商场中却无迹可寻，那么对于我来说，这都不算是真正在做可持续。"她说，"我梦想有一天，从商场里走一圈下来，可以看到每个品牌都在传达着可持续的信息。"

但是，如果你没有那么多钱买衣服呢？如果你眼高手低——看上的是 Moda 或 Selfridges 上的衣服，而手上握的却是 H&M 的预算，该怎么办呢？你会怎么做？

这使我想起了之前我也问过斯特拉·麦卡特尼同样的问题，她的回答是："如果你买不起新的，那就等打折的时候去买，或等折上折的时候去买，或等跳楼大降价的时候去买，又或者买二手的。"

很长一段时间以来，寄售商店里都是些过时、土里土气的时装，对于那些喜欢淘二手商店，或是手头较紧的学生（记得我还是本科生的时候，就喜欢淘救世军店里的一美元货架），或者是反主流文化的人来说，根本选不到一件称意的二手服装。但是在 2000 年左右的时候，当整个世界都执迷于追逐新时尚、新款式时，好莱坞女星们（为彰显自己的与众不同，在其他奢侈品加持的女星中脱颖而出）却回身一转，回到高定时装的辉煌岁月中寻找合适的红毯秀礼服。还记得蕾妮·齐薇格

（Renée Zellweger）参加 2001 年奥斯卡金像奖穿的那件飘逸的金丝雀复古 JeanDessès 礼服吗？那是她在贝弗利山庄的古董店 Lily et Cie 里淘到的。旧物新用，大家对二手衣物的忌讳也逐渐消散。

不过请注意，当时好莱坞明星选择穿二手古董礼服，并不是因为他们觉得这样做环保、可持续。"他们买二手古董礼服穿是因为他们觉得这样很酷——只不过是名人彰显个人风格的一种方式，而个人风格能为他们争取广告代言的机会，"西好莱坞复古精品店 Decades 的创始人兼所有者卡梅伦·西尔弗（Cameron Silver）告诉我，"之后好莱坞和时尚人士又意识到了古董衣物所代表的环保意义——并不是因为'过时废旧'而穿，而是为'传承和发扬光大'而穿。于是，穿二手古董衣物就变成了一件更酷的事情。"

同时，时装的生产和消费周期正在不断加速，产生了大量剩余时装——其中很多都还没穿过，这些都急需加速消费。

这些问题该如何解决呢？

寄售。线上寄售。

朱莉·温赖特（Julie Wainwright）是二手奢侈品时尚电子商务中的佼佼者，她掌管着位于旧金山的全渠道二手奢侈品寄售平台 The RealReal。The RealReal 成立于 2011 年，是时尚爱好者梦寐以求的寄售商店：在上面你可以淘到 Louboutin 的细高跟鞋、Louis Vuitton 公文包、Gucci 连衣裙、Chanel 西装还有高级珠宝，而且价格公道合理。你可以选择在线购买或在其任何一家精品店中购买。截至 2018 年，The RealReal 有两家精品店：一家位于曼哈顿下城的伍斯特街，占地 6000

平方英尺，共两层；另一家位于西好莱坞，有伍斯特街那家的两倍大。通过平台寄售的人最多可以从最终销售额中获取85%的利润。

温赖特在创建The RealReal之前并没有任何时尚经验。她是一名经验丰富的软件和电子商务高管，之前她在这方面做过的最大尝试就是创建了Pets.com，不过该公司于2000年倒闭了。但她敏锐地观察到了千禧一代既对高级时装着迷又推崇生态伦理的心理。寄售商品，从核心上看推崇的是循环利用，有鉴于此，The RealReal正好把握到了千禧一代的两种心理。

温赖特的团队从2018年开始仅在美国范围内接受寄售的商品，并对商品进行从"完好"到"崭新"的等级评估，然后放到网站和精品店中出售。（她有一个很厉害的软件，可以同步在线和商店中的商品数据，如果有人正在实体店的试衣间里试穿某一件衣服，那么这件衣服在网上就暂时无法点开查看。）她说："向我们寄售商品的人中有70%以前从没寄售过商品。50%的买家在此之前也从未购买过寄售的二手商品。"

The RealReal在任何时间点的库存量都是以数十万计，并且98%的库存都会在发布后的120天内售出。她在2018年哥本哈根时尚峰会上说："我们的顾客有些从我们这里买了商品后，下个季节又拿给我们转售，然后她又从我们这里买别的。我们通过自己创造的循环经济，帮助人们在循环利用中获益。"

温赖特自己向该合资公司注资了10万美元；到2018年末，她已经筹集了2.88亿美元。第一年，她的营业额达到了1000万美元；2018年，她的目标是10亿美元。而且预计营业额还会持续增长。根据对美国市场的一项研究表明，转售商品的数量预计将显著增长——远快于新商品数量的增长。因此，她有将公司发行上市的想法也不足为奇。

支持绿色环保的时尚集团——法国酩悦·轩尼诗—路易·威登集团（LVMH）和 Kering 集团都十分认可 The RealReal，而斯特拉·麦卡特尼（毫无疑问）肯定也 100% 支持。温赖特说："麦卡特尼真的相信，既然她花了时间和精力制作出一件衣服来，那么它就应该获得重生，应该转售。"为了鼓励二手转售的做法，麦卡特尼在 2018 年推出了一项协议，凡是在 The RealReal 寄售她家品牌商品的人将获得 100 美元的门店信用额度。她告诉我："转售是一种无须不断创造新产品，也无须从地球掠夺资源，就能生成交易业务的方式。"

一些品牌仍在思考如何以最好的形式将转售模型与自己的业务实践相结合。正如 Michael Kors 全球采购副总裁罗伯特·里佐洛（Robert Rizzolo）所承认的那样，转售的关键就在于它的可持续性，这点不容忽视。针对当前的情况，他说道："当你买了一个二手香奈儿包时，有可能当时你并不觉得你是在保护环境。但是最终，消费者，尤其是年轻的消费者，会慢慢将两者联系起来。这必将促进转售的发展……未来将属于转售市场。我们必须找出能从中牟利的方式。"的确，到 2022 年，服装转售市场预计将达到 410 亿美元。

然而，一些品牌对 The RealReal 的做法表示怀疑。时尚奢侈品牌对其唯恐避之不及的原因：一是在线销售，老派的奢侈品高管仍然认为电子商务不具吸引力；一是二手产品的转售，因为转手的商品有可能是假货。The RealReal 也因此受到奢侈品牌的打击。2018 年 11 月，Chanel

起诉 The RealReal，指控其以假充真，出售仿品。Chanel 在其指控中称，这名受托转售商"通过商业广告和营销手段，试图欺骗消费者，让他们误以为 The RealReal 获得了 Chanel 的某种认可，或与 Chanel 有任何合作或从属关系，或者让他们相信 The RealReal 出售的所有 CHANEL 品牌商品都是真品"。（Chanel 在对另一家二手奢侈品平台 What Goes Around Comes Around 的控诉中也用了相同的说法）。

The RealReal 否认了这些指控。公司的一名女发言人告诉《时尚法则》（*The Fashion Law*）："香奈儿的诉讼无非是为了阻止他们的消费者转售二手正品，阻止我们的顾客以折扣价购买到这些商品而已。他们是在试图阻止循环经济。"

温赖特说，循环经济不是想阻止就能阻止的，因为这里有消费者的信念——拥有共同价值观的美好愿景。她说："常有一些妈妈给我们发邮件说，她们正在教导自己的孩子要在我们的网站上买东西，因为这有利于保护地球。还有些父母……给（他们的孩子）送礼品卡，让他们尝试第一次在 The RealReal 上买东西……为的是改变他们的消费观。"

假如你完全抛开"所有权"这个概念，会发生什么呢？

当你说你一无所有，除了背上的这包衣服时，其实你想说的是你有"zero, zippo, zilch"（也就是真的什么都没有）。如果你是故意这样说的呢？

如果你把别人想买的衣服抢先买到手，然后又转租出去呢？

对于男人来说，租衣服穿没什么大不了的。我高中时的男友就是租的晚礼服去参加舞会。我丈夫在婚礼当天的上午穿的礼服也是租来的。

但是租衣服穿对于女人来说呢?租件礼服参加化装舞会,反正其他时候也用不着这样的礼服? 呃,想都别想,这种事绝对不可能发生。

为什么呢?

因为时尚界一直千方百计地让女性买买买。

要不然还有什么其他办法可以让生产消费周而复始,利润滚滚来呢?

应运而生的是共享经济,即我们不必拥有某件东西的所有权也可以使用和消费它。我们共享汽车、音乐和房屋。共享衣橱也是迟早的事情。

如果说互联网和社交媒体开启了时尚民主化,那么服饰租赁则进一步巩固了时尚民主化。服饰租赁可以使那些不那么富裕的消费者获得(即使是短暂的)与富人相同的流行奢侈品和时装款式,不需要等待,而且只需要花其零售价(经常是膨胀了好几倍的)的一部分就可以获得。唯一需要购买的物品就只剩内衣、睡衣、泳衣和鞋了。比起任何其他服装商业模式,服饰租赁更能满足 *Vogue* 杂志编辑安娜·温图尔的想法——让更多的人有机会像时尚人士那样穿着打扮,而且每天如此。

毫无疑问,服饰共享的领头羊要属总部位于纽约的 Rent the Runway。它是由两位哈佛商学院的学生詹妮弗·海曼(Jennifer Hyman)和詹妮弗·弗莱斯(Jennifer Fleiss)于 2009 年创立的。公司在其发展的近十年里,专注于为一些特殊场合提供服装租赁服务,例如舞会礼服和宴会服装——也就是平民版的红毯走秀装。

要想拉品牌加入并不容易。许多人担心服装租赁会蚕食他们的销售额。当 Rent the Runway 与总部位于纽约的品牌 Derek Lam 联系时，该品牌的首席执行官 Jan-Hendrik Schlottmann 就质疑这样的方式是否会降低其品牌的声誉。但是他随后又意识到，"租赁服装的这批顾客本来就不是我们的目标客户群啊，"他说，"这批人是不会花 1500 美元买一件衣服的。"

确实是不会，但她们会买快时尚和高仿品啊。既然如此，不如以与快时尚和高仿品大致相同的价格将自己的正品服装放到" Rent the Runway"上租赁，说不定是一种反击的妙招呢。

来看看玛丽·卡特兰佐是怎样与制假者们进行持续不断的斗争的。我用谷歌搜索了一下"玛丽·卡特兰佐"和"租金"，然后弹出的是一个英国时装租赁网站 girlmeetsdress.com，她有一些数字印花连衣裙在那上面提供租赁，租金为 49 英镑（合 62 美元）。干得漂亮，我心想。如果女性朋友们能够以与仿品相同的价格租到她设计的服装，并且对租来的服装满意得多，那么盗版市场可能就会凋零而亡。

2016 年（Rent the Runway 最终实现盈利的第一年），该公司推出了日常服饰的订阅服务，例如西装、日常裙装、当季和过季的外套服装以及珠宝和配饰。海曼的说法是，7500 万美国职业女性每年至少要花 3000 美元来买衣服，而且买了就买了，你只能在买下的这批衣服里选来选去。更糟糕的是，尽管这些衣服花费了你很多时间和金钱，但你仍偶尔会盯着衣橱，觉得自己没啥可穿了。

每月支付 159 美元（一年 1908 美元），就可以一次性最多租赁四件衣服，但只要把租赁的衣服归还回去，一次性租四件衣服的权利又自动恢复，且不限次数。（对于预算不够的用户，可以选择每月 89 美元但限定次数的订阅方式，称为"RTR Update"。）租赁一件衣服的价格通常是这件衣服全价的 10% 到 20%。海曼说，Rent the Runway 有一个远大目标，那就是"让 Zara 和 H & M 破产"。

这很有可能。服饰租赁可能会改变服装行业的整体格局。想象一下，如果每年 3000 美元的服装预算用在了租赁而不是购买上，会产生怎样的后果呢？生产的衣服更少了，市场上循环利用的衣服越来越多，丢掉的衣服越来越少。"天蓝色毛衣"涓滴式的运作模式将成为过去式。我们所有人都可以穿上漂亮、性感的原创服装，而不是制作粗糙、批量生产的仿版。

Rent the Runway 的客户基础很广泛，从新娘的母亲到光鲜的杂志编辑（与预期的相反，他们并没觉得不好意思）。有一个编辑从 Rent the Runway 租了一身装扮去参加 2016 年在哈瓦那举行的 Chanel 时装秀，这笔租赁费用她还报销了。一些 Rent the Runway 的会员有时本只想去展厅里随意逛一下，结果逛着逛着就当即决定在那里租上一套，穿着去上班或去约会了。因为"不限次数"，所以她们毫不犹豫，看上一件礼服裙，一扫标签，蹦进试衣间，迅速换上，整装上路。2018 年，Rent the Runway 在 15 家 WeWork 共享办公室设置了衣物回收箱。

客户会在网站上留言，对租来的服装进行评论，这样后来的租赁者就能知晓服装穿上身的真实情况——这是该行业的另一项革新。时尚行业从来都是神神秘秘的：绝不会透露谁做的这套衣服，成本多少，是否有刮擦，是否穿着很笨重或很闷热，又或者是否穿上后根本无法坐下。

时尚要的就是看起来毫不费力，轻松惬意，优雅完美。然而，租用客户的评论却把这光鲜背后的真实情况揭露得清清楚楚。

当然，服饰租赁业有问题存在。有时，衣服即使经过干洗，可能仍留有前一个人的体味。Rent the Runway 尝试用花香味的除臭剂来掩盖。"经过长时间努力，衣服上有体味这个问题真的改善了很多。"一位"无限次"订阅客户告诉《纽约客》说，"虽然有时候会遇到衣服闻起来有陌生人味道的情况。但一般来说，只有在你把衣服穿热了的时候才闻得到。"

为了完善公司业务运作方式，Rent the Runway 聘请了甲骨文公司（Oracle）的一位首席科学家来负责运作数据分析，租赁过程的每个阶段都要经过精确的算法来确定。Rent the Runway 业已积累了大量租赁方面的数据：比如客户的评论，以及客户在什么地方、穿了什么衣服、穿了多少次等统计数据。公司将这些信息加载到其个性化主页中，然后再次利用数学算法，为客户推送其他建议。在理想情况下，Rent the Runway 希望将客户滚动浏览和选择的时间缩短到两分钟。嗖嗖两下搞定！品牌商们也看好信息数据库。"网络数据量惊人，传统零售商一般不会拿出来分享的，"Derek Lam 公司的施洛特曼（Schlottmann）说，"坦率地说，这是一种非常出色的市场研究方式。"

为了亲自尝试一下服装租赁，我选择了 Panoply——一家巴黎奢侈品时装租赁公司，由两位法国企业家英格丽德·布罗查德（Ingrid Brochard）和伊曼纽尔·布里泽（Emmanuelle Brizay）创立。我是从麦卡特尼那里了解到 Panoply 的。她的团队考察了几个租赁平台，并最终选择了 Panoply，她的发言人告诉我说，因为这是跟她们公司"最志趣相投的一家"。

是的，女士们，先生们，如您所想，Panoply 的服装时尚雅致。都是些高端服饰。优雅华丽、妙不可言。就算是奥黛丽·赫本也不会放过里面的任何一件。

布罗查德和布里泽是通过两人共同的朋友认识的——布罗查德负责了一个叫"MuMo"的慈善宣传项目，向各省的法国学童讲解艺术。布里泽曾担任妇女经济与社会论坛（妇女版的达沃斯论坛）的常务董事，并管理着几个法国童装品牌。

他们决定一起创业。当他们达成一致意见后，一系列问题又接踵而至。"我们怎样才能让女性负担得起奢侈品呢？"布里泽告诉我说，"即使对于一个年满 40，有工作，有成就的女人来说，也负担不起啊。我们该如何设法调和你'想穿'和你实际'能穿'之间的矛盾呢？"

法国女性很早以前就深谙服装搭配艺术，衣橱整理非常用心：各种服饰搭配成套——剪裁讲究、品质高端的中性色调基本款服装，搭配一条彩色围巾、一双时髦的鞋子或一件彰显个性的"风格配饰"，顿时增彩不少。

布里泽和布罗查德寻思着：他们如何将这种适度的消费模式推向全球呢？

他们想到了共享经济。

确切地说就是，布里泽回忆道："如果我们所追求的不再是所有权，那么这将对时尚产生什么影响呢？"

他们自 2016 年初开始在朋友圈中（类似"俱乐部"那种）试行，也想到了一些解决问题的方法。11 月，他们在离协和广场（Place de la Concorde）几步之遥的皇家街（Rue Royale）上开设了一家服饰展厅，向大众推广。2018 年 4 月，他们在老佛爷百货公司（Galeries Lafayette）商店里增加了一处。展厅里挂的都是名牌服装，顾客也是被这些知名品牌吸引而来。最开始是他们联系品牌，现在是品牌主动找上门。（"连香奈儿最近也在与我们保持联系。"）跟传统零售商一样，他们从品牌商那里批发进货，不过只选几种款式，每种款式也只选择两到三个尺寸。服饰的租金包含了送货、取货和干洗费用（干洗服务主要是由位于巴黎的生态清洁商 Le Comptoir des Blanchisseurs 提供）。网上下单的商品周一至周五通过自行车快递送达；另外，客户也可以在网上选好后，自行到展厅或老佛爷百货（Galeries Lafayette）门店取货。Panoply 还将在整个欧洲提供 DHL 快递服务。

时值 Panoply 成立两周年之际，我在其位于皇家街的展厅里（在一栋典雅的 18 世纪建筑里，它曾是一间公寓）见到了布里泽。她看起来就是那种典型的巴黎女生：身材苗条，五官轮廓分明，不施粉黛，淡金色的头发剪成了精致短发。那天，她穿着自己的 Joseph 的黑色皮裤，Nicole Farhi 的黑色羊绒套头衫，Charlotte Olympia 的花卉织锦平底鞋，以及从 Panoply 租来的 Christopher Kane 的正装外套。对法国人来说，即使是星期五举办的休闲活动也是要精心装扮一番的。

我们坐在 20 世纪中叶风格的椅子上，周围是一排排的衣服。在我身后挂着巴黎裁缝 Pallas［法国第一夫人布丽吉特·马克龙（Brigitte Macron）的最爱］的长裤套装和正装礼服。拐角处挂着黛安·冯·芙丝汀宝（Diane von Furstenberg）的裹身连衣裙。布里泽的背后是新到的一批货：斯特拉·麦卡特尼的礼服、西服外套和大衣。

一次性客户有寻找派对礼服的青少年，也有为参加孙女婚礼寻找礼服的 80 岁老太太。订阅客户群为 35 岁至 55 岁的职业女性。2018 年，Panoply 拥有约 6000 名一次性客户和 500 名订阅客户。Panoply 的营销和业务负责人莎拉·达卢尔（Sara Dalloul）坦言道："现在的固定客户还不是很多。"但也不是很少。展厅每天都很忙碌——大概会接待 7 到 8 个客户。

接下来的那一周，我参加了在伦敦可持续时尚中心举行的会议，觉得租件衣服去比较合适。Panoply 的造型师贝蒂娜·赫图巴巴纳波（Bettina Hetoubanabo）接待了我。她 30 岁，焦糖肤色的脸上缀着几颗雀斑。她的那身装扮我也喜欢：白色的吊带背心，黑色的牛仔裤，黑色的靴子和摩卡色的脏辫，下面一半染成了金色，并扎成一个犹如冰淇淋般线条旋转的马尾。"卖衣服已经过时了，"她一边告诉我，一边把一件紫红色窗格纹的斯特拉·麦卡特尼海军羊毛服递给了我，"租衣服才是看待事物的新方式。"

方格外套配上九分裤，也是活跃的格子图案，我自己是绝对搭配不出来这样一身衣服的。而且这身衣服零售价为 1720 欧元，也远远超出了我的承受能力。但是花 255 欧元租来穿一穿？我觉得还是可以的。我上身试了一下，里面搭配了她为我找的一件菲利普·林（Phillip Lim）

的真丝吊带背心（零售价 400 欧元，租赁价 48 欧元）。我不是那种喜欢穿吊带背心的人。但是整个一套搭配起来很棒，让我感到惊艳。Brizay 曾说过，租衣服穿会让女性越来越大胆——迫使她们敢于冒险尝试新事物，现在我终于懂她的意思了。我的个人风格已经固化，除了非常稳妥的搭配，我不会想去尝试其他的。"我们的造型师面对的客户形形色色，"达卢尔说，"如果我们遇到一位像这样的客户：'我两周后要参加一个成人仪式，我想找件衣服遮住我的胳膊，因为我不想让别人看见。'那么我们的设计师就会准备一个情绪板（一种帮助设计师跟客户沟通的实用工具）然后发给他。"

要想租到衣服，订阅客户需要购买积分套餐，一个积分 69 欧元，三个积分 159 欧元，五个积分 229 欧元，然后像游乐园门票一样，按需分配。（如果你购买的积分套餐越大，租金价格就会越低。）吊带背心要花掉我一个积分，西服三个积分。哎呀！我的吊带背心已经被人预订了，但是这套西装我还可以预订，期限为 8 天。第二天，西装就用自行车送上门来，我带着它去了伦敦。

穿着那身衣服参会期间，我收到了很多赞美。当我回复他们说这是我租来的时，又获得了更多的赞扬。绝对的可持续时尚！绝对的循环经济！

2016 年，Panoply 筹集到了 170 万欧元（190 万美元）的融资，其中包括来自投资基金 Experienced Capital 的资金。在我拜访期间，他们即将开始第二轮融资，目标金额是在之前的基础上翻一番。具体来说，截至 2018 年，Rent the Runway 已筹集了 2.1 亿美元，其中包括来自 Blue

Pool 资本公司（由阿里巴巴创始人马云、蔡崇信等联合设立的家族财富基金）的 2000 万美元。2017 年，Panoply 买下了英国租赁服务公司 Chic by Choice。随后又买下了一家可持续的干洗服务公司 Clean Cleaners，及其拥有 35 万条数据的数据库。此次收购使 Panoply 成为欧洲第一大时尚租赁公司。

布里泽和布罗查德对未来发展有着进一步的规划。到伦敦开设快闪店。与法国航空合作，为从日本飞往巴黎的尊享客户提供服装租赁服务，"这样他们就可以不用拖着托运行李到处走了，"布里泽解释道。为愿意合作的品牌颁发"白色伙伴标签"，这样品牌商就可以直接出租服装给消费者，而 Panoply 只是在其中默默地协助而已。（Rent the Runway 也正在考虑这样做。）甚至有可能与 Rent the Runway 建立合作关系，以提供横跨大西洋的无缝服务，就如同一个全球租赁网络。

2018 年春季，法国总理爱德华·菲利普（Édouard Philippe）公布了该国实施循环经济的路线图，其举措包括禁止时装品牌和零售商扔掉或焚烧未售出物品。取而代之的是，要求未售出物品必须捐赠给慈善机构或回收商（对于 Worn Again 和 Evrnu 来说是个好消息）。Panoply 也从中看到了机会。也许他们会将那些未售出物品接收回来，然后再出租出去。

在这个时尚都市里，大多数时尚商家有着各自不尽相同的路径规划。与搞慢时尚的商家相比，选择性离岸外包公司的目标和规模有所不同。高端时装永远都离不开流行季，甚至连斯特拉·麦卡特尼都承认，高端时装要不断推出新款式。而这又与那些尝试回收和对现有材料升级再造的公司情况不同。对于避免发生像孟加拉国血汗工厂那样的恐怖事件，

Alabama Chanin 和 Sewbotss 都能发挥一定的作用，尽管如此，他们永远也不会朝着相同的目标发展。Moda 的运营模式也与"Rent the Runway"的运营模式大相径庭。

当今的时尚都市，我们所面临的是一个前所未有的复杂乱局，不管大家有着怎样的路径规划，最终都会汇聚起来，攻克难题，并建立一个更美好、公正的时尚生态系统。本书中关注的每个个体都在以他们各自的方式与显然不可持续的商业模式做抗争，在抵制无休止的消费、追求更低价格（无论是通过窃取某人的艺术作品还是他人的人权来实现）以及贪婪逐利的行为，在控诉那些故意造成大量滞销商品的运营模式，在回击那些不计后果、以破坏环境为代价的行为。

时尚革命不仅仅是创新者们的责任，这需要我们每一个人的参与。少买衣服。巧洗衣服。修补或升级再造衣服。多想想衣服的材料会给环境造成怎样的影响。多想想如何改造生产服装的供应链。多想想该以什么样的方针原则指引公司生产和销售。我们需要塑造的是一种个人风格，一种对世界有利而无害的个人风格。

暂时来说，服饰租赁可能是我们能做到的最环保的事情了。通过服饰租赁，我们既可以让自己保持最时尚的装扮，又能使这些时尚单品得到无限利用。它可以使当前的着装风气更具可持续性。

不过确实，不管是服饰租赁，还是其他新兴技术和创新运动都有可能遭遇挫折，正如自阿克莱特第一次在生产中引入水力纺纱机以来它们所遭遇的那样。毕竟更快的消费速度可以使一切加速：创造、生产和销售。

如果我们不对衣物投入太多感情，我们会不会更加不屑一顾？它们会不会像在速配约会中来来回回的人呢？

服饰租赁会不会成为"我真的不在乎，你呢"的最终体现？

我希望不会。

我希望我们不仅将衣物视作穿在身上的物件，而且要看到在衣物背后的整个生态系统。

我可以肯定的是，今后早上穿衣服的时候，我不会再像以前那样随意了。

也许我会穿上一件由精选有机棉制成的、柔软又结实的 Alabama Chanin T 恤和一条 Stony Creek 生产的靛蓝染料染制而成的李维斯牛仔裤，系上一条 Modern Meadow 皮带，再套上一件制作精良的斯特拉·麦卡特尼西装外套——制作外套的羊毛取自在新西兰草场里欢快吃草的绵羊。

或者，也许我会租一些漂亮的衣服穿着出门逛逛，回来后再还回去。

当这些衣服实在无法再穿了以后，史黛西·弗林和辛迪·罗德还会继续将它们分解、分离，升级再造成原始材料，以供再次编织、染色、裁剪、缝制和穿着使用。

可持续发展会议的第二天，我回到了巴黎。

第二天，大约中午时分，Panoply 快递员来到了我的公寓，取回了衣服。

西装归还了。

我伤心了。

我真的、真的很喜欢那件西服。

我甚至开始想象：我买下了它，把它放进我的衣橱，它成了我的日常生活着装。

然后我又决定：

不，还回去，这才是正确的做法。

不是非得拥有它，我才能活下去。

毕竟，下一次，或者下一次的下一次，我还会借到我喜欢的衣服。

致　谢

没有这群坚强聪明的女人，就不会有这本书的诞生。

负责我这本书的编辑——企鹅出版社的弗吉尼亚·史密斯·尤因斯（Virginia Smith Younce）和我的经纪人——WME 经纪公司（William Morris Endeavor）的蒂娜·班奈特（Tina Bennett），感谢她们对我和这本书的信任，是她们帮助我出色地完成了书的撰写和出版。

我的研究助手尚特尔·塔托利（Chantel Tattoli），每当我词穷的时候总能帮助我找到合适的词语，使我持续专注写作。

我的第二位助手艾米丽·沃尔（Emily Wall）负责对一些鲜为人知的事件深挖细查，并总能在我最需要鼓励的时候发来激励的讯息。

事实核查员芭芭拉·基恩（Barbara Kean），吉莉安·奥尔德里奇（Gillian Aldrich），莱斯利·威金斯（Leslie Wiggins）和里贾纳·布雷斯勒（Regina Bresler），她们在我写作后期及时救场，避免了错误的发生，简直威猛无比！

图片编辑师金妮·帕尔（Ginny Power）四处为我搜寻图片，镇定自若、毫无怨言。

企鹅出版社助理卡罗琳·辛迪妮（Caroline Sydney）眼光独到犀利、观点新颖时尚，经由她打磨后的书稿显得更加亮眼夺目。

这是一本由女性撰写的、有关女性的书。

我必须感谢那些许许多多敢于接纳我进入她们的世界，并坦诚相待的女性朋友们，尤其是斯特拉·麦卡特尼、玛丽·卡特兰佐、艾里斯·范·赫本、萨莉·福克斯、娜塔莉·查宁、迪莉斯·威廉姆斯、朱迪·吉尔哈特、玛尔·马丁内斯、卡尔波纳·阿克特、莎拉·贝洛斯、特蕾西·潘内克、拉法埃拉·曼德里奥塔、翠西·霍金斯、苏珊·李、杰米·班布里奇、史黛西·弗林，辛迪·罗德斯，伊丽莎白·帕佩、伊曼纽尔·布里泽、她们都是我的灵感源泉。特别是克莱尔·伯格坎普，她不厌其烦地为我提供了很多信息。

纽约时报的凡妮莎·弗里德曼（Vanessa Friedman）和乔伊·西卡（Choire Sicha），准许我引用了那篇关于孟加拉国的报道，并对我的一稿相应部分进行了编辑。

Town & Country 的斯特里妮·沃兰德斯（StelleneVollandes），是她最先建议我关注劳伦·桑多·多明戈和 Mews。

在达卡调研期间，我的同行向导柯川·艾费尔·阿克拉姆·荷森

（Coltranephiliper Akram Hosen）带着我从一个地方到另一个地方，随程为我翻译，解决各类问题。克拉拉·范努奇（Clara Vannucci）则一路上为我们拍摄了很多珍贵的照片。没有他们，我绝对完成不了那次调研旅程。

骏卡耐（Jun Kanai）和南希·诺克斯·托尔克特（Nancy Knox Talcott）精心策划了我的日本之旅，并在整个行程中都让我备受优待。愿我们之间的友谊长存！

波士顿美术博物馆的米歇尔·费纳莫尔（Michelle Finamore）和她的同事们让我见识到了时尚的未来。

利比·卡拉威（Libby Callaway）、卡拉·奥托（Karla Otto）及其团队为我安排了几次重要的采访。

乔什·弗里德曼（Josh Friedman）、汤姆·詹宁斯（Tom Jennings）、乔纳森·洛根（Jonathan Logan）以及纽约伦斯勒维尔市的凯里全球公益研究所（Carey Institute of Global Good）的每个人都热情欢迎我加入洛根非小说类研究计划（Logan Nonfiction Fellowship），并接纳我在那个美丽而宁静的天堂进行了三个月的写作。我与莫莉·奥尼尔（Molly O'Neill）很快成为终生挚友，是她经常借车给我去纽约。

此书的大部分写作都是在伦敦的黑兹利特酒店（Hazlitt's Hotel）和巴黎的美国图书馆（American Library）这两个地方完成的。

还有一些朋友在我写作的初期，耐心地阅读或倾听我的初稿，在我感觉无助丧气的时候，为我提出建议，为我加油鼓劲，让我豁然开朗。他们是辛迪·瓦尔（Cindy Wall）、罗斯·阿波达卡（Rose Apodaca）、蒂娜·艾萨克（Tina Isaac）、奥伯伦·辛克莱（Oberon Sinclair）、泰瑞·阿金斯（Teri Agins）、德洛雷斯·当斯（Doreres Downs）、珍妮弗·沙利文（Jennifer Sullivan），以及洛根研究计划的同事们：米歇尔·欧文斯(Mitchell Owens)、劳伦·柯林斯(Lauren Collins)、罗伯特·福雷斯特(Robert Forrest)、迈克尔·罗伯茨(Michael Roberts)、劳伦·阿德瑞娜(Lauren Adriana)和尼克·布里格斯（Nick Briggs）、安东尼·莱恩（Anthony Lane）、卢卡·格达戈尼诺（Luca Guadagnino）。

在奎斯特拉夫（Questlove）经典的 Michelle Obama Musiaqualogy 歌单的陪伴下，我完成了本书的最后三章。

最后，最需要感谢的是，埃尔维·阿吕安（Hervé d'Halluin）和露西·阿吕安（Lucie d'Halluin），他们的生活因为我而再次陷入凌乱与疯狂。

他们是我最勇敢的伴侣。

参考文献

ANGUELOV, NIKOLAY. *The Dirty Side of the Garment Industry: Fast Fashion and Its Negative Impact on Environment and Society.* Boca Raton, FL: CRC Press, 2016.

BALFOUR-PAUL, JENNY, *Indigo: Egyptian Mummies to Blue Jeans.* Buffalo, NY: Firefly Books, 1998.

BLAss, BILL AND CATHY HORYN, ED. *Bare Blass.* New York: HarperCollins, 2002.

BOLTON, ANDREW *Manus x Machina: Fashion in an Age of Technology.* New York: The Metropolitan Museum of Art, 2016.

BROWN, JOHN. *A Memoir of Robert Blincoe.* Sussex, UK: Caliban Books, 1977.

CHAZEN, JEROME. *My Life at Liz Claiborne: How We Broke the Rules and Built the Largest Fashion Company in the World.* Bloomington, IN: AuthorHouse, 2011.

DORGAN, BYRON L. *Take This Job and Ship It: How Corporate Greed and Brain-Dead Politics Are Selling Out America.* New York: Thomas Dunne Books, 2006.

DOWNEY, LYNN. *Levi Strauss: The Man Who Gave Blue Jeans to the World.* Amherst: University of Massachusetts Press, 2016.

ENGELS, FRIEDRICH. *The Condition of the Working Class in England.* Oxford: Oxford University Press, 1993.

HARNEY, ALEXANDRA. *The China Price: The True Cost of Chinese Competitive Advantage.* New York: Penguin Press, 2008.

HONORÉ, CARL. *In Praise of Slowness: Challenging the Cult of Speed.* New York: Harper Collins, 2004.

IRIS VAN HERPEN: Transforming Fashion. Atlanta: High Museum of Art, 2015.

KOIKE, KAZUKO. *Where Did Issey Come From?* Tokyo: Mizue Nakamura, 2017.

LAVERGNE, MICHAEL. *Fixing Fashion: Rethinking the Way We Make, Market and Buy Our Clothes.* Gabriola Island, BC: New Society, 2015.

LEE, SUZANNE. *Fashioning the Future: Tomorrow's Wardrobe.* London: Thames & Hudson, 2005.

LIVERIS, ANDREW. *Make It in America: The Case for Re-Inventing the Economy.* Hoboken, NJ: John wiley & Sons, Inc., 2012.

MCCLENDON, EMMA. *Denim: Fashion's Frontier.* New York: Fashion Institute of Technology, 2016.

MCDONOUGH, WILLIAM AND MICHAEL BRAUNGART. *Cradle to Cradle: Remaking the Way We Make Things.* London: Vintage, *2009.*

RIVOLI, PIETRA. *The Travels of a T-Shirt in the Global Economy: An Economist Examines the Markets, Power, and Politics of World Trade.* Hoboken, NJ: John Wiley & Sons, Inc., 2015.

ROBINSON, HARRIET H. *Loom and Spindle: Or, Life Among the Early Mill Girls.* Kailua, HI: Press Pacifica, 1976.

SCHOENBERGER, KARL. *Levi's Children: Coming to Terms with Human Rights in the Global Marketplace.* New York: Atlantic Monthly Press, 2000.

SHELL, ELLEN RUPPEL. *Cheap: The High Cost of Discount Culture.* New York: Penguin Press, 2009.

SOYER, DANIEL, ED. *A Coat of Many Colors: Immigration, Globalization, and Reform in New York City's Garment Industry.* New York: Fordham University Press, 2005.

STEIN, LEON, ED. *Out of the Sweatshop: The Struggle for Industrial Democracy.* New York: Quadrangle/ New Times Book Company, 1977.

THE HISTORY OF COTTON. Virginia Beach: The Donning Company Publishers, 2005.

VON DREHLE, DAVID. *Triangle: The Fire That Changed America.* New York: Grove Press, 2003.

WALDINGER, ROGER D. *Through the Eye of the Needle: Immigrants and Enterprise in New York's Garment Trades.* New York: New York University Press, 1986.

YAFA, STEPHEN. *Cotton: The Biography of a Revolutionary Fiber.* New York: Penguin, 2005.

YVES SAINT LAURENT. New York: The Metropolitan Museum of Art, 1983.

图片版权

INTRODUCTION: Melania Trump. © 2018 by Chip Somodevilla/ Getty Images.

CHAPTER ONE: Cate Blanchett at the 71st Cannes Film Festival. © 2018 by George Pimentel/Getty Images.

CHAPTER Two: Shila Begum at Rana Plaza. © 2018 by Clara Vannucci.

CHAPTER THREE: Sally Fox. © 2012 by Paige Green.

CHAPTER FOUR: Natalie Chanin picking cotton on the Lentz farm in Trinity, Alabama. © 2012 by Rinne Allen.

CHAPTER FIVE: Tower Mill. © 2015 by Chris Bull/Alamy Stock Photo.

CHAPTER SIX: Sarah Bellos in her indigo fields. © 2016 by Larry McCormack / The Tennessean.

CHAPTER SEVEN: Stella McCartney at Bolt Threads. © 2016 by Stephane Jaspar.

CHAPTER EIGHT: Patagonia's Worn Wear Wagon. © 2014 by Erin Feinblatt.

CHAPTER NINE: Iris van Herpen's Anthozoa suit, Spring-Summer Haute Couture 2013 fashion show in Paris. © 2013 by Don Ashby/FirstVIEW.

CHAPTER TEN: Playing "midget" golf on Selfridges's roof garden. © 1930 by General Photographic Agency/Getty Images.

图书在版编目（CIP）数据

时尚都市:快时尚的代价与服装业的未来 /（美）
戴娜·托马斯（Dana Thomas）著；刘丽萍.－－重庆：
重庆大学出版社，2020.12
（万花筒）
书名原文：Fashionopolis:The Price of Fast
Fashion and the Future of Clothes
ISBN 978-7-5689-2278-4

Ⅰ.①时… Ⅱ.①黛… ②刘… Ⅲ.①服装工业—工业
发展—研究—世界 Ⅳ.①F416.86

中国版本图书馆CIP数据核字（2020）第115937号

时尚都市：快时尚的代价与服装业的未来
SHISHANG DUSHI:KUAI SHISHANG DE DAIJIA YU FUZHUANGYE DE WEILAI

〔美〕 黛娜·托马斯（Dana Thomas） 著

刘丽萍 译

责任编辑：张 维 高雅洁
责任校对：杨育彪
装帧设计：崔晓晋
责任印制：张 策

重庆大学出版社出版发行
出版人：饶帮华
社址：（401331）重庆市沙坪坝区大学城西路21号
网址：http://www.cqup.com.cn
印刷：北京盛通印刷股份有限公司

开本：880mm×1230mm 1/32 印张：10.5 字数：240千
2020年12月第1版 2020年12月第1次印刷
ISBN 978-7-5689-2278-4 定价：99.00元

版贸渝核字（2019）第 05 号

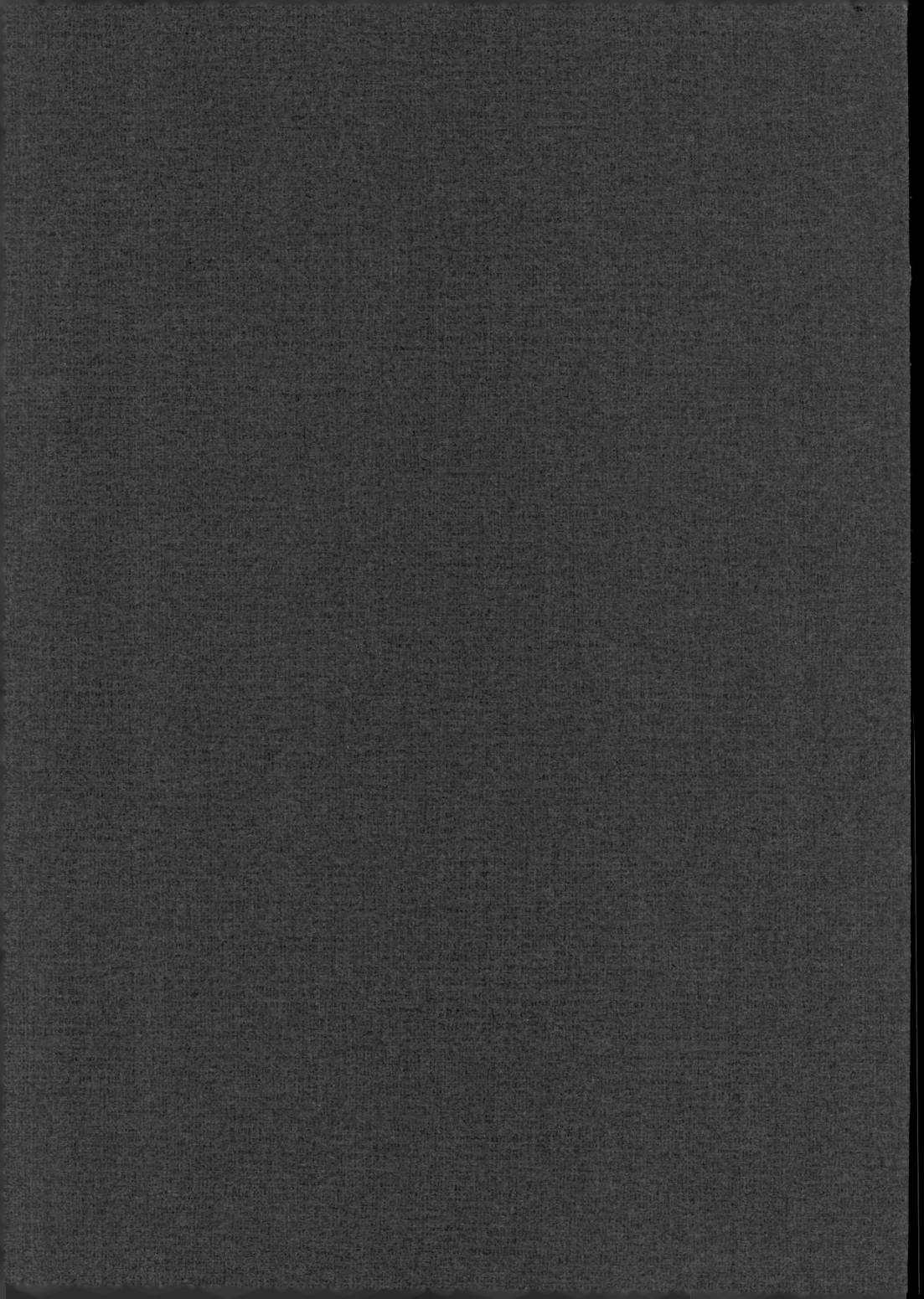